Fischer TaschenBibliothek

Jorge Bucay ist davon überzeugt, dass der Mensch von sich aus auf Entwicklung und Wachstum, auf Selbstdistanzierung und Selbsttranszendenz angelegt ist. Doch wie überschreitet der Einzelne die Grenze, die ihn von dem nicht Greifbaren, dem Transzendenten trennt?

Um den Leser auf den Weg der Spiritualität zu führen, geht Jorge Bucay von einem »neutralen Konzept« von Spiritualität aus. Anregung findet er bei den großen Menschheitslehrern – von Buddha bis Einstein, von C. G. Jung bis Laotse – und natürlich in seinen eigenen spirituellen Erfahrungen. Mit Humor und Leichtigkeit, in Geschichten und Anekdoten gibt uns der »Innere Kompass« vielfältige Anregungen für einen Weg, der auf eine neue Ebene der Selbstwahrnehmung führt.

Jorge Bucay, 1949 in Buenos Aires geboren, stammt aus einer Familie mit arabisch-jüdischen Wurzeln und wuchs in einem überwiegend christlichen Viertel auf. Er studierte Medizin und Psychoanalyse und ist heute einer der einflussreichsten Gestalttherapeuten des Landes. Mit »Komm, ich erzähl dir eine Geschichte« gelang ihm der internationale Durchbruch. Bucays Bücher wurden in mehr als dreißig Sprachen übersetzt und haben sich weltweit über zehn Millionen Mal verkauft. Zuletzt erschien bei S. Fischer »Eltern und Kinder. Vom Gelingen einer lebenslangen Beziehung«.

Lisa Grüneisen, 1967 geboren, arbeitet seit ihrem Studium der Romanistik, Germanistik und Geschichte als Übersetzerin. Sie übersetzte unter anderem Bücher von Carlos Ruiz Zafón, Carlos Fuentes, Miguel Delibes, Alberto Manguel und Frida Kahlo.

Weitere Informationen finden Sie auf www.fischerverlage.de

Jorge Bucay

Der Innere Kompass

Wege der Spiritualität

Aus dem Spanischen von Lisa Grüneisen

FISCHER TaschenBibliothek

5. Auflage, 2026

Erschienen bei FISCHER Taschenbuch
Frankfurt am Main, Dezember 2018

Die spanische Originalausgabe erschien 2010 unter dem Titel
»El camino de la espiritualidad. Llegar a la cima y seguir subiendo«
bei Random House Mondadori S.A., Barcelona.

Published by arrangement with UnderCover Literary Agents
Umschlaggestaltung: hißmann, heilmann, hamburg
Satz: Dörlemann Satz, Lemförde
Druck und Bindung: CPI books GmbH, Leck
ISBN 978-3-596-52213-2

Kontaktadresse nach EU-Produktsicherheitsverordnung:
produktsicherheit@fischerverlage.de

Inhalt

Viertes Buch: Die Ergebnisse

Prolog

Als mein Vater die Texte schrieb, aus denen später *Cartas para Claudia* (Briefe für Claudia) entstand, wusste er nicht, dass er gerade ein Buch schrieb. Er schrieb diese Briefe zu seinem Vergnügen, aus Interesse und, so nehme ich an, um seine eigenen Gedanken zu ordnen. Ich war damals neun Jahre alt und kann mich nur noch schwach erinnern, wie mein Vater während eines Urlaubs an der See auf einer orangefarbenen Schreibmaschine tippte oder mit Bleistift in ein Heft schrieb.

Da er nicht einmal wusste, dass er ein Buch schrieb, konnte er erst recht nicht wissen, dass es das erste von vielen sein würde (zumindest mir erscheinen achtzehn Bücher viel). Und auch ich konnte damals weder wissen noch mir im Entferntesten vorstellen, dass ich eines Tages das Vorwort zu einem Buch meines Vaters schreiben würde.

Und da sind wir nun. Fast fünfundzwanzig Jahre sind seither vergangen. Für meinen Vater fiel in diese Zeit der allmähliche Übergang von der Arbeit mit Patienten in seiner Praxis zur Tätigkeit als Vortragsreisender und Schriftsteller, begleitet von einer Popularität, die mit jedem weiteren Buch zunahm und sich auf andere Länder und andere Medien ausweitete. Für mich brachte diese Zeit die Entscheidung fürs Medizinstudium, dann die Ausbildung zum Psychiater und Psychotherapeuten, die sich vertiefende klinische Erfahrung und seit einigen Jahren regelmäßige Ausflüge in die Welt des Schreibens.

Dennoch und obwohl es anders aussehen mag, war dieser Weg für uns beide nicht frei von Umwegen, Sackgassen und Widerständen. Ich weiß, dass mein Vater oft mit den Nachteilen seiner Bekanntheit und des Ruhms zu kämpfen hatte: mit den Vorurteilen derer, die, weil sie selbst keinen Erfolg haben, auch anderen keinen Erfolg gönnen; damit, dass er bewusst oder unbewusst missverstanden wurde; dass seine Familie mehr Aufmerksamkeit von ihm forderte. Ich kann mir gut vorstellen, dass er mehr als einmal darüber nachdachte, ob er weitermachen oder in die vertraute Welt seiner Praxis zurückkehren sollte. Ich weiß, dass er sich gelegentlich fragte, ob es die ganze Sache wert sei, und zum Glück beantwortete er diese Frage mit Ja.

Ich wurde mitten in der Pubertät von der »Berühmtheit« meines Vaters überrascht, was nicht immer mit den Erwartungen in Einklang zu bringen war, die jedes Kind an seinen Vater hat. So kam es, dass ich manchmal ein bisschen wütend auf ihn war und alles ablehnte, was mit seiner beruflichen Tätigkeit zu tun hatte. Ich erinnere mich noch, dass wir bei einer seiner Lesungen (ich weiß nicht mehr, welches Buch es war, aber ich muss damals etwa zwanzig gewesen sein) darauf warteten, dass mein Vater vom Podium kam, als einer der Veranstalter, eine Videokamera im Schlepptau, durch den Saal ging und die Leute aufforderte, Fragen zu stellen, die mein Vater danach beantworten würde. Irgendwann kam der »Interviewer«, der mich nicht kannte, zu mir und fragte mich, ob ich den »Doktor« etwas fragen wolle. Und ich packte nicht ohne eine gewisse Grausamkeit die Gelegenheit beim Schopf, nahm das Mikrophon, schaute in die Kamera und sagte: »Also, ich würde den Doktor gern fragen, ob er all diese Dinge, von denen er in seinen Büchern schreibt, auch zu Hause umsetzt.«

Ohne jede Frage, ein gemeiner Schachzug. Eine halbe Stunde später wurde das Video mit den Fragen abgespielt, und mein Vater gab völlig ahnungslos seine Antworten, als plötzlich ich auf der Leinwand erschien. Ich hatte mich noch nicht zu Ende angehört, als ich vor Scham fast im Boden versank und wünschte, ich hätte die unbequeme Frage nie gestellt, doch jetzt war es zu spät. Aber mein Vater ließ sich überhaupt nicht aus der Ruhe bringen. »Das ist mein Sohn Demián«, erklärte er für die, die mich nicht kannten. Dann sagte er, an mich gewandt, auch wenn er mich gar nicht sehen konnte, weil ich irgendwo in der Menge saß: »Um deine Frage zu beantworten, mein Sohn: Ich versuche es. Manchmal gelingt es mir nicht, aber ich versuche es.«

Und dann beantwortete er die nächsten Fragen, als ob nichts gewesen wäre. Ich weiß nicht, ob diese Episode für meinen Vater dieselbe Bedeutung hatte wie für mich oder ob er sich überhaupt daran erinnert. (Ich werde es mit Sicherheit erfahren, wenn er das hier liest.) Aber für mich war es ein erhellender Moment, weil ich wusste, dass es die Wahrheit war, noch bevor ich seine Antwort ganz gehört hatte. Ich wusste, ohne den Hauch eines Zweifels, dass er es versuchte. Und was kann man mehr von einem Vater verlangen, als dass er versucht, das zu tun, was er für das Beste hält? Was kann man mehr von einem Menschen verlangen, als dass er versucht, dem treu zu bleiben, woran er glaubt, auch wenn es ihm manchmal nicht gelingt?

Es gab eine Zeit, in der ich Angst hatte, durch meinen allseits – auch von mir – bewunderten Vater könnte ich dazu verdammt sein, für immer »der Sohn von Jorge Bucay« zu bleiben. Zum Glück – oder vielleicht, weil wir genau wussten, dass dies das Wichtigste war – haben mein Vater und ich nie die Fähigkeit verloren, über das zu reden, was uns bewegt. Als ich ihm meine Gefühle schilderte, erzählte er mir (wie könnte es anders sein) eine Geschichte:

In einem kleinen Dorf lebte ein Rabbiner. Alle Dorfbewohner waren sehr zufrieden damit, wie der Rabbi das geistliche Leben im Ort lenkte. Er hatte stets ein aufmunterndes Wort oder einen weisen Ratschlag für jeden, der zu ihm kam.

Doch der Rabbi war schon alt, und es war klar, dass er bald sterben würde. Die Dorfbewohner versammelten sich, um zu entscheiden, wer sein Nachfolger sein sollte. Alle waren sich darin einig, dass die Wahl auf den Sohn des Rabbis fallen solle, der ebenfalls den jüdischen Glauben studiert hatte, denn wer konnte besser geeignet sein, das Erbe des Vaters anzutreten, als sein eigener Sohn?

Bald darauf starb der Rabbi, und sein Sohn nahm seinen Platz ein. Doch es dauerte nicht lange, und der neue Rabbi begann Veränderungen anzuregen und Ratschläge zu geben, die das genaue Gegenteil von dem waren, von dem alle glaubten, dass sein Vater es getan hätte. Die Dorfbewohner versammelten sich erneut, um zu beraten, was zu tun sei, und sie beschlossen, mit dem Rabbi zu reden.

Als sie vor ihm standen, fasste sich einer ein Herz und sagte:

»Schauen Sie, Rabbi, um ehrlich zu sein, sind wir ein wenig in Sorge wegen all der Veränderungen, die Sie einführen. Wissen Sie, wir haben Sie ausgewählt, weil wir dachten, Sie wären wie Ihr Vater. Aber so ist es nicht.«

»Ihr irrt«, antwortete der neue Rabbi. »Ich bin genau wie mein Vater. Er hat immer das getan, was er für das Beste hielt. Und genau das mache ich auch.«

Ich weiß nicht, ob es mir gelungen ist, so zu sein wie der Sohn des Rabbi, ob ich diesen Charakterzug geerbt habe, den mein Vater besitzt und den man Überzeugung nennen könnte. Ich hoffe, dass ich das eines Tages von mir behaupten kann. Was ich auf jeden Fall behaupten kann, ist, dass mein Vater wie der Rabbi aus der Geschichte ist. Er hat immer versucht, sein Leben auf eine einzige Art zu leben: seine eigene. Er hat immer versucht, dem treu zu bleiben, was er glaubte, dachte und fühlte.

Würde heute ein anderer mit einer großen Klappe daherkommen und meinem Vater die dreiste Frage stellen, ob er sein Leben nach dem richte, was er in seinen Büchern schreibt, wäre ich der Erste, der antworten würde: Ja, zumindest versucht er es immer. Und genau deshalb lohnt es sich, ihm auf den Wegen zu folgen, von denen er spricht, denn er kennt sie aus erster Hand. Vielleicht mehr als jeder andere, den ich kenne, hat mein Vater den Weg der Selbstabhängigkeit erforscht und sich dabei immer auf dem schmalen Grat zwischen Abhängigkeit und Selbstgenügsamkeit bewegt. Ich weiß (und das aus eigener Anschauung), wie sehr ihm daran gelegen ist, mit anderen den Weg der Begegnung zu beschreiten, auf dem jede Beziehung ein Ort der Geborgenheit und des Wachsens sein soll. Ich habe gesehen, wie er den Weg der Tränen beschritt, ich habe ihn weinen und um Verluste trauern sehen, und ich habe auch gesehen, wie er als neuer Mensch aus ihnen hervorging. Auf dem Weg des Glücks hat er stets versucht, seine eigene Definition von Glück zu leben – Glück als die Überzeugung, auf dem richtigen Weg zu sein, und auf diese bescheidene Weise ist er, so denke ich, glücklich gewesen.

Der Weg der Spiritualität unterscheidet sich nicht von den vorherigen, denn ich bin ziemlich sicher, dass es der Weg ist, den mein Vater in den vergangenen Jahren beschritten hat. Mir gefällt der Gedanke, dass dies einer der Gründe dafür ist, dass er mir, ausgerechnet mir, vorgeschlagen hat, diese Vorrede zu schreiben. Spiritualität, so wie ich sie verstehe, erzählt von dem, was größer ist als man selbst, von dem, was über uns hinausgeht. Ich stelle mir vor, dass mein Vater, wenigstens zum Teil, durch die Botschaft in seinen Büchern und durch seine Kinder, meine Schwester Claudia und mich, zu dieser Transzendenz gelangt ist. Mir gefällt der Gedanke, dass schon der Umstand, dass ich diese Vorrede schreibe, etwas Spirituelles hat.

Demián Bucay
Oktober 2009

Statt eines Vorworts

Jeden Morgen, wenn wir die Augen aufschlagen, überschreiten wir die Schwelle zurück in unser alltägliches Leben. Wir kehren aus einem magischen und manchmal unbegreiflichen Universum, dem Universum der Träume, in die nicht weniger magische (und oft noch unbegreiflichere) Welt der fassbaren Wirklichkeit zurück. Jeder von uns würde sofort bestätigen, wie überwältigend die Vorstellung dieser Erfahrung ist, und doch ist uns nie ganz bewusst, wie wunderbar diese tägliche Rückkehr ist. Die meisten von uns wissen das »Wunder« eines jeden Erwachens nicht im richtigen Maß zu schätzen.

Dieses Erlebnis ist so beeindruckend, dass die wichtigsten Denkerschulen und alle jene Männer und Frauen, deren Worte die Zeit überdauerten, eine weiterreichende, metaphorische Bedeutung des Wortes »Erwachen« geschaffen haben, die weniger mit dem Schritt vom Schlafen zum Wachen zu tun hat, sondern vielmehr die tiefgreifende Erfahrung der Erleuchtung und den (einfachen) Zugang zum spirituellen Weg meint.

Einer der umstrittensten spirituellen Lehrer, Gurdjieff, lehrte, dass der Mensch im tagtäglichen Kampf ums Überleben nichts weiter tue, als einen Schritt vor den anderen zu setzen wie ein Schlafwandler. Doch früher oder später müsse er sich seinem Erwachen stellen.

Georgios Iwanowitsch Georgiades, wie Gurdjieff mit Taufnamen hieß, kam Ende des 19. Jahrhunderts auf russischem Boden zur Welt und war sein Leben lang auf Pilgerschaft durch Indien, China, Japan und den Mittleren Orient, auf der Suche nach endgültigen Antworten auf die immerwährenden Fragen. Sein außergewöhnlicher Lebensweg erscheint als eine Abfolge von Erfahrungen und Abenteuern, die seine kühnen und provokativen Ideen (für die einen genial, für die anderen wahnsinnig) illustrieren und rechtfertigen.

Gegen Ende seines bewegten Lebens, er lebte damals in Frankreich, wo er 1949 auch starb (zufällig einen Tag vor meiner Geburt), sollte er einige seiner bedeutsamsten Gedanken niederschreiben.

Der für mich provokativste ist jener Text, in dem er behauptet, um wirklich zu leben, müsse man zunächst erwachen, doch ein Erwachen sei nicht möglich, wenn man nicht zuvor den Mut gehabt habe, einige Tode und ebenso viele Wiedergeburten zu durchleben.

Basierend auf diesem Gedanken, behaupte ich, dass diese »Erweckungen« kein Exklusivrecht einiger weniger Erwählter oder Auserlesener sind; im Großen oder Kleinen sind sie Bestandteil eines jeden Lebens. Manchmal sind sie überraschend und persönlich verändernd, andere Male sind es scheinbar unbedeutende, nebensächliche Vorkommnisse. Aber sie alle – oder vielmehr die Summe all dieser Ereignisse – formen unseren Weg des Wachstums und sind das grundlegende Fundament unserer persönlichen Entwicklung.

Ich möchte hier noch einmal an die Geschichte von der Erleuchtung Buddhas erinnern, die du sicher schon einmal gehört hast:

Der Legende nach wurde Siddharta Gautama zum Buddha, nachdem er eine ganze Nacht unter einem Feigenbaum meditiert hatte. Es heißt, dass er an jenem Maitag des Jahres 542 vor unserer Zeitrechnung, nachdem er, der Fürstensohn, auf die Bequemlichkeiten und die Macht seiner Herkunft verzichtet und als Bettler nach dem Mittel gegen das Leiden des Volkes gesucht hatte, nachdem er seinen Leib auf tausend Arten kasteit und vierzig Tage gefastet hatte, einen gewaltigen, herrlichen Baum erblickte, umgeben von tiefem Schatten und großer Ruhe. Aus irgendeinem Grund spürte er, dass dies der Ort war, und seiner Eingebung folgend, setzte er sich unter den Baum, um im Schein des Vollmonds zu meditieren.

An jenem Morgen erwachte Siddharta als Buddha. Der Tradition folgend, hatte er durch die Erleuchtung alle menschlichen Beschränkungen hinter sich gelassen und sich über alle Dualitäten erhoben: Leben und Tod, Zeit und Raum, Du und Ich.

Den Baum der Erleuchtung*, Mahabodhi (oder vielleicht einen seiner Nachfahren) gibt es immer noch; er ist der nachgewiesen älteste Baum der Geschichte, da er seit seiner Pflanzung gehegt und gepflegt wurde. Heute ist der Baum von einer Einfassung umschlossen und von Tempeln umgeben, in denen die Pilger beten und meditieren. Der von Girlanden bekränzte Bodhi wird von den Besuchern als das verehrt und gefeiert, was er ist: ein lebendes Monument der menschlichen Fähigkeit zu erwachen.

Überflüssig zu erwähnen, dass nicht jede Erweckung von solcher Erhabenheit ist wie jene Buddhas, aber ich sage es noch einmal: Jeder von uns hat Erweckungsmomente gehabt und wird sie weiterhin haben.

---

* Es handelt sich um eine sogenannte Pappelfeige *(Ficus religiosa)*, die heute in der buddhistischen Tempelanlage in Annuradhapura, Sri Lanka, steht.

Um alles aus ihnen zu schöpfen, was sie uns zu geben haben, heißt es, sie erkennen zu lernen und unsere Einsichten aus ihnen zu ziehen.

Der erste Ratschlag fast aller Meister lautet, wachsam zu bleiben, um diese Momente, wenn sie sich ereignen, zu erkennen, auch wenn ein solches Erkennen nicht zwingend notwendig ist. Es kann auch vorkommen, teilen sie uns mit, dass der eine oder andere das Glück hat und der Ruf, der ihn ereilt, so nachdrücklich ist, dass er erwacht, obwohl er unvorbereitet ist.

Meine erste Begegnung mit einem Weisen:

Weitab von den großen Lehrern, möchte ich eine meiner tiefgreifendsten und bedeutsamsten Erinnerungen mit dir teilen.

Ich mag damals zehn, elf Jahre alt gewesen sein, und es gab nichts Schöneres für mich, als mit Tante July spazieren zu gehen. Sie war meine Lieblingstante, obwohl sie eigentlich nicht zur Familie gehörte. July und meine Mutter waren seit Schulzeiten enge Freundinnen, und mir wurde erst viel später klar, dass mein Bruder und ich in ihrem Herzen den Platz der Kinder einnahmen, die sie nie hatte.

Sie unternahm mit jedem von uns die Sachen, die ihr am angebrachtesten erschienen. Aus irgendeinem Grund ging sie mit Félix zum Fußball, ins Kino oder zum Drachensteigen. Mit mir ging sie ins Theater, zu Musikveranstaltungen oder zum Tee ins *Ritchmond*, eine piekfeine englische Konfiserie im Stadtzentrum.

»Darf Jorge am Freitag mit mir zu einem Vortrag gehen?«, hatte July sonntags zuvor beim Mittagessen gefragt.

»Zu einem Vortrag?«, erkundigte sich meine Mutter. »Von wem denn?«

»Krishnamurti kommt nach Buenos Aires«, sagte meine Tante begeistert.

»Wer ist das?«, fragte ich.

»Ein spiritueller Lehrer«, erklärte July. »Ein weiser Mann, der in Indien geboren wurde und nun durch die Welt reist und wunderbare Dinge lehrt.«

»Aber findest du nicht, dass Jorge noch ein bisschen zu klein ist, um zu diesem Vortrag zu gehen?«, gab meine Mutter zu bedenken.

»Mag sein, aber ich glaube nicht, dass Krishnamurti noch einmal nach Buenos Aires kommt«, antwortete die Tante prophetisch. »Vielleicht ist es für ihn die einzige Gelegenheit in seinem Leben, ihn zu sehen.«

»Also gut«, willigte Mama schließlich ein. »Wenn er will, kann er mitgehen.«

Nichts lag mir ferner, als einen Ausflug mit Tante July sausenzulassen, also gingen wir am darauffolgenden

Freitag in den Veranstaltungssaal einer großen Versicherung an der Plaza de Mayo, um den fremden Besucher reden zu hören.

Es war ein äußerst beeindruckendes Erlebnis für alle, und für mich ganz besonders.

Es war Krishnamurtis dritter und letzter Vortrag. Über dreihundert Menschen hatten sich eingefunden, um zu hören, wie dieser kleine, verletzlich wirkende Mann mit der sanften Stimme und dem Engelsgesicht über Indien, die östliche Welt und die Spiritualität sprach.

Vieles von dem, was er sagte, verstand ich nicht, aber ich wusste, dass meine Tante mir hinterher alles erklären würde.

Nachdem er fast eine Stunde gesprochen hatte, sagte Krishnamurti, dass nun der Moment für Fragen gekommen sei.

»Gestern«, setzte er hinzu, »fragte mich jemand im Anschluss an den Vortrag nach meiner Definition von ›Leben‹. Ist derjenige hier?«

»Ja, Meister«, sagte jemand von weiter hinten.

»Ich bin nicht dein Meister«, antwortete Krishnamurti. »Dein Meister ist in dir selbst … Gestern bat ich dich, zwei Kichererbsen, zwei Linsen oder zwei Bohnenkerne mitzubringen, damit ich dir deine Frage beantworten kann. Hast du sie dabei?«

»Ja, hier sind sie«, sagte der Mann.

Ein Herr um die vierzig kam nach vorne und überreichte Krishnamurti zwei weiße Bohnenkerne. Der nahm je einen in jede Hand, schloss diese zur Faust und sagte:

»Ich hebe mir die Antwort bis zum Ende auf.«

In der nächsten halben Stunde beantwortete Jiddu Krishnamurti alle möglichen Fragen zu allen möglichen Themen. Ich weiß noch, dass er mit seinem Kunstgriff der aufgeschobenen Frage – falls es ein Kunstgriff war – meine Neugier geweckt hatte.

Dann war der Moment gekommen, sich zu verabschieden. Krishnamurti senkte den Kopf und sagte ganz leise:

»Ihr fragt mich, was für mich ›das Leben‹ sei … Ich glaube nicht, dass ich eine solche Frage nur mit Worten zu erklären vermag; das Leben spürt man, sieht man, lebt man … Ich kann keine Definitionen liefern, aber vielleicht kann ich ein Beispiel geben.«

Nach einer kurzen Pause fuhr Krishnamurti fort:

»Das Leben ist der Unterschied zwischen dem hier« – damit deutete er auf die Bohne in seiner linken Hand – »und dem hier.« Damit deutete er auf die Bohne, die er in seiner rechten Faust gehalten hatte.

Ein erstauntes Raunen ging durch den Saal.

Und zu Recht.

Ein kleiner Keim trieb aus dem Bohnenkern, der für alle sichtbar auf seiner rechten Handfläche lag.

In kaum mehr als einer halben Stunde hatte einer der Bohnenkerne, nur einer, durch die Feuchtigkeit und Wärme seiner Hand gekeimt.

Später, viel später erst, kamen die Fragen.

Was war da passiert?

Wie hatte er das gemacht?

Doch alle Erklärungsversuche führten unweigerlich zu weiteren Fragen: Wie kann ein Mensch die Feuchtigkeit, die Wärme und Energie seiner geschlossenen Faust so beherrschen, dass in so kurzer Zeit eine Bohne keimt?

Und wieso nur in einer Hand?

Doch das alles kam erst viel später … Für den Jungen, der ich damals war, zählte in diesem Moment nur eines: das Staunen und die Entdeckung einer Botschaft, die man unmöglich wieder vergessen konnte:

Das Leben ist Ausdehnung, Wachstum, Sich-Öffnen …

Das Leben ist Freude, es ist Erwachen und, ja, auch ein Mysterium.

Aufsteigende Ebenen

Am Ende meines Buchs über das Glück stellte ich meine Theorie von den aufsteigenden Ebenen vor.

In dieser kleinen Abhandlung legte ich dar, dass sich der Mensch unweigerlich weiterentwickelt. Wir lernen ein Leben lang – weil wir Freude daran haben, weil es uns nützt und weil es uns gefällt. Schon damals meinte ich das, was ich zehn Jahre später jedoch anders formulieren möchte:

Lernen ist eine Sache, Wachsen die andere.

Es sind zwei so eng verwandte und doch so unterschiedliche Begriffe wie:

Älter werden und reifen.

Viel gelesen haben und wissen.

Begreifen und leben.

Denn wachsen, ich sage es heute noch einmal, bedeutet, eine neue Ebene zu erreichen.

Wenn jede Daseinsebene eine Stufe darstellt, so denke ich damals wie heute, dann beginnen wir diese stets in dem Bewusstsein zu erklimmen, dass wir zunächst nur ein winziges Pünktchen irgendwo am linken unteren Rand der Ebene unserer jetzigen Gegenwart sind (zumindest kommt es uns so vor). Eine Art Nichts in dieser Realität, die von den anderen und unserer Umgebung geformt wird.

Angesichts dieser Perspektive wird uns klar – den

Ungeduldigen zuerst, allen anderen später –, dass noch ein weiter Weg zurückzulegen ist, wenn wir wirklich danach streben, zu wachsen.

Ist diese Entscheidung getroffen, beginnen wir mehr oder weniger ehrgeizig und mit mehr oder weniger Erfolg, die nächste Stufe zu erklimmen, und lernen dabei, mit jeder Eventualität zurechtzukommen.

Zunächst unbeirrbar und ohne zu verweilen, zumindest bis zum ersten Sturz (der uns an den Anfang zurückkatapultiert). Es ist ein harter Schlag für unser Ego, wenn uns klar wird, dass wir wieder von vorne anfangen müssen, um vorwärtszukommen … Aber wir tun es.

Und ganz nebenbei lernen wir, dass man den Weg nach oben in Etappen zurücklegen muss, zwei Schritte vor und einen zurück, drei Schritte vor und einen oder zwei zurück.

Wir alle haben so angefangen und uns so manches Mal wie ein unbedeutendes Staubkorn in einem unendlichen Kosmos gefühlt … Und dann machen wir uns mit Geduld, Mühe, Eifer und Verzicht auf und legen den ganzen Weg des Wachsens zurück, immer weiter und weiter auf unserer Ebene nach oben.

Eines Tages, früher oder später, ist es so weit.

Wir sind am höchsten Punkt angekommen.

Und uns wird auf einmal klar, dass wir etwas Bedeutendes geschafft haben. Und uns wird klar, dass es gut ist, dort zu sein, sehr gut.

Die Übrigen, die auf ihren eigenen Wegen auf derselben Ebene unterwegs sind, vielleicht noch ein bisschen weiter unten, schauen zu uns auf. Auch sie sehen, was wir geschafft haben: Wir sind oben angelangt. Einige lächeln, andere applaudieren. Sie blicken erneut zu uns. Sie suchen unsere Nähe, loben uns, bewundern uns. Viele fragen arglos: Wie hast du das gemacht? Phantastisch! Wie hast du das gemacht?

Wir würden gern antworten, doch dann wird uns klar, dass die Frage rhetorisch ist und eine Antwort eigentlich sinnlos, zumindest für die Fragenden … Und doch zwingt uns ihr Verhalten, zurückzublicken auf alles, was wir auf unserem Weg erlitten, durchlebt und verloren haben, und wir erkennen, dass das Vergangene die Mühe wert war, wenn es der Preis dafür war, hier zu sein. Nicht wegen der Bewunderung der anderen, sondern wegen des Wissens, wie weit wir von dem Nichts entfernt sind, das wir einmal waren.

Die Zeit vergeht …

Und nachdem man immer wieder jeden Punkt der Ebene erkundet hat, merkt man, dass man nicht ewig dort verharren kann. Man bewegt sich immer routinierter; beherrscht die ganze Ebene, meistert jede Schwierigkeit immer gekonnter, immer schneller …

Die anderen jubeln vor Begeisterung, als wir, gewollt oder ungewollt, mit dem Kopf gegen die Decke stoßen …

Und dann kommt der große Augenblick, verbunden mit immer stärkeren Nackenschmerzen, weil wir die ganze Zeit mit dem Kopf dort oben festhängen: Der Erfolg und der Beifall beginnen uns zu langweilen, und wir verlieren das Interesse daran, an diesem vielbeneideten Ort zu sein.

Das ist der Moment, in dem man die große Entdeckung macht:

In der Decke befindet sich ein verborgener Ausgang. Eine Art Falltür, die sich nach oben öffnet und aus der Ebene herausführt. Eine Öffnung, die man erst sieht, wenn man ganz dort oben mit dem Kopf an der Decke klebt.

Man öffnet die Tür … nur ein klein wenig … und schaut …

Die Tür führt zu einer weiteren Ebene, von der wir noch nie zuvor gehört haben.

Wir sind noch nie auf den Gedanken gekommen, dass diese Ebene, auf der wir uns von jeher bewegt haben, nicht die einzige sein könnte.

Und man steckt den Kopf durch die Luke. Und stellt fest, dass die Ebene, die wir nun erreichen, genauso groß ist wie die vorherige, vielleicht noch größer. Durch das, was wir bisher gelernt haben, wissen wir, dass wir hindurchschlüpfen und weitergehen könnten, um Neues zu entdecken und weiter zu wachsen, aber wir ahnen, dass es kein Zurück mehr gibt, falls wir es tun, und, was noch schlimmer ist: Wir wissen – ohne zu wissen, woher –, dass wir niemanden mitnehmen können. Es ist ganz klar: Jeder kann nur weitergehen, wenn es für ihn an der Zeit ist, und dies hier ist unsere Zeit, einzig und allein unsere.

Es ist ein schmerzlicher Gedanke, alle zurückzulassen und alleine weiterzugehen.

»Ich warte auf euch … Dann können wir zusammen weitergehen«, verspricht man, ohne dass die anderen überhaupt verstehen, was man sagen will.

Aber die Zeit wird lang, der Nacken schmerzt, und das Nichtstun wird unerträglich. Und alles wird sinnlos und belanglos.

Bis wir eines Tages ganz unerwartet durch die Tür rutschen, fast hindurchgestoßen werden und diese wie erwartet zufällt und uns einsam auf der neuen Ebene zurücklässt.

Einmal auf der anderen Seite, stellen wir wie schon in anderen Momenten und Situationen fest, dass wir uns entscheiden könnten, dort zu bleiben, wo wir sind, am Anfang von allem, oder aber vorwärtszugehen, doch was wir ganz sicher nicht können, ist umkehren.

Viele von denen, die auf der vorangegangenen Ebene zurückbleiben, halten uns für ein Vorbild, dem sie folgen können, sie erzählen uns ihre Probleme und lauschen aufmerksam unseren Antworten. Und das ist kein Verdienst, es ist eine logische Folge.

Andere sind verärgert und kritisieren uns grundlos. Und das ist noch nicht das Schmerzhafteste. Schmerzhafter ist, dass keiner der bisherigen Weggefährten wirklich versteht, was wir empfinden …

Als Neuankömmling auf der neuen Ebene hat man ein seltsames Déjà-vu.

Wieder steht man unten, in der hintersten Ecke …

Wieder allein …

Wieder voller Ängste und manchmal verzweifelt …

Wieder fühlen wir uns wie ein wertloses, unbedeutendes Nichts, auch wenn wir jetzt »ein Nichts auf einer höheren Bewusstseinsstufe« sind, mit der Erinnerung daran, dass wir einmal für andere ein Führer, ein Lehrer, ein Vorbild waren.

Sie applaudieren immer lauter, aber auf der neuen Ebene kann man sie fast nicht hören; vielleicht braucht man nicht mehr so viel Anerkennung und Wertschätzung.

Sie wissen es nicht, aber wir sind nicht mehr dieselben.

Erstes Buch

Der Weg

Einleitung

Der freie Wille gibt uns die Möglichkeit, zu lernen oder nicht zu lernen, das Gute zu tun oder das Schlechte; zu lieben oder der Liebe zu entsagen und sogar, leben zu wollen oder nicht (und nicht immer ist nicht leben wollen gleichbedeutend damit, dass man versucht, sich umzubringen). Wir sind frei, und wir können diese Freiheit dazu nutzen, uns selbst als Menschen und die Welt um uns herum besser zu machen oder auch das genaue Gegenteil. Der Mensch ist kein Ding unter vielen. Die übrigen Dinge bedingen einander; der Mensch aber bestimmt in letzter Instanz über sich selbst. Was innerhalb der Grenzen seiner Möglichkeiten und seiner Umgebung aus ihm wird, muss er selbst erschaffen.

Viktor Frankl

Über die Spiritualität

Wir alle sind irgendwann in unserem Leben, was das Spirituelle betrifft, durch eine Phase der Orientierungslosigkeit gegangen. Verstärkt noch durch das kommunikative Chaos, das es bedeutet, über etwas zu sprechen, das für einige ein Rätsel ist, für andere eine Religion oder eine Philosophie und für wieder andere eine Art okkulte Wissenschaft.

Auch wenn ich gleich zu Beginn klarstellen möchte, dass jeder seine eigene Haltung haben kann (vor allem angesichts des Fehlens sprachlicher Übereinkünfte), erscheint es mir wichtig, zu betonen, dass wir in diesem Buch die meiste Zeit von Spiritualität im Sinne der Verbindung des Menschen zur spirituellen Welt sprechen, verstanden als die Summe der Wesenszüge jedes Einzelnen, die über seine irdische Bestimmung (Name, Alter, Personalausweisnummer, Besitz und berufliche Position), seine Erfolge und die Anerkennung durch seine Mitmenschen hinausgehen. Die Welt der Beziehung des Einzelnen zum nicht Greifbaren, Übersinnlichen, all jenem, was wir als grundlegend erachten oder erahnen, was das Wesentliche und Innerste jeder Person ausmacht.

Diese Definition mag dir zu vage oder ambivalent erscheinen, aber sie beruht auf meiner grundlegenden Absicht, ein neutrales Konzept von Spiritualität zu vermitteln, dem jeder zustimmen kann, um ihm dann seine persönliche Note hinzuzufügen und damit die Substanz seiner Erfahrungen und das Ergebnis seiner individuellen Suche. Das selbst Erlebte ist wie immer am nützlichsten, außer natürlich, man versucht es zur Rechtfertigung eines radikalen Fundamentalismus zu nutzen, der uns vom Entscheidenden abhält: der Möglichkeit, es mit anderen zu teilen.

Deshalb hoffe ich, dass das Konzept von Spiritualität, das ich hier darzustellen versuche, so einfach, so umfassend und so glaubens- und religionsunabhängig ist wie nur möglich.

Eingedenk der Theorie von Ockhams Rasiermesser, auf die wir später noch zu sprechen kommen, werde ich versuchen, immer die einfachsten Worte, die naheliegendsten Fragen und die unkompliziertesten Beschreibungen zu wählen. Nicht die bequemsten, nicht unbedingt die, die meinem eigenen Geschmack am nächsten kommen, nicht zwangsläufig die kürzesten, noch diejenigen, die irgendeine erlauchte Mehrheit für die angemessensten hält.

Ich hoffe, dass mir das Wissen hilft, dass ich selbst auf diesem Weg unterwegs bin. Um auf die spirituelle Ebene zu gelangen, ist es notwendig gewesen, einige Gemeinplätze hinter mir zu lassen, die einen großen Teil meines Lebens bestimmten. Aus den Rollen auszubrechen, die ich in meiner Familie, bei meiner Arbeit und bei meinen Freunden einnahm. Meinen Überzeugungen zu misstrauen, mich von nahezu allen Vorstellungen zu befreien, die ich von mir selbst hatte, und mich meinen Gefühlen zu überlassen, und mochten sie noch so widersprüchlich sein …

Wenn ich tatsächlich in der Lage wäre, diesem Weg zu folgen, wenn ich mich endgültig dazu durchringen könnte, die Sicherheiten hinter mir zu lassen, die all diese Bezüge mir geben, und immer weiterzugehen, dann bin ich sicher, dass irgendwann das Wahrhaftigste in mir zum Vorschein kommt, dass sich das Innerste meiner Person offenbart und die Quintessenz dessen fließt, was mich ausmacht.

Diese Entdeckungsreise (und ich spreche jetzt von meiner, als ich beschloss, dieses Buch zu schreiben) ist nicht auf ein Ziel ausgerichtet, sondern will eine Richtung weisen auf dem Weg zu dem, was schon der Titel des Buchs ankündigt: die Möglichkeit, diesen Weg zu finden, von dessen Gipfel aus wir immer weitere Höhen erklimmen können (so die Definition des Sufismus von Spiritualität und Erleuchtung).

Einen spirituellen Weg im 21. Jahrhundert einschlagen

Die neuen Technologien, die alle alten Paradigmen in Frage stellen, konfrontieren uns und unsere Kinder mit Gegebenheiten, die man sich vor dreißig oder vierzig Jahren nicht einmal hätte vorstellen können. Es gibt Situationen, Konflikte und sogar Verbrechen (das Angebot von Kinderpornographie und Auftragsmorden oder auch die öffentliche Preisgabe des Privaten im Internet, um nur einige Beispiele zu nennen), mit denen man noch nicht adäquat umgehen kann, weil die Gesetze nicht berücksichtigen, dass es so etwas geben könnte, und weil die Sicherheitskräfte noch nicht über die Mechanismen und Möglichkeiten verfügen, sie zu bekämpfen. Man muss sich in Erinnerung rufen, dass diese Generation die erste ist, die das Bild der Erde vom Weltraum aus gesehen hat. Ein kleiner Planet, fast bedeutungslos angesichts der Weite des Universums ringsum und doch »das Haus« sämtlicher Lebensformen, die wir kennen. Eine Welt, die von außen eine Einheit zu sein scheint, obwohl der Mensch alles dafür tut, sie in immer kleinere Entitäten zu gliedern. Mir gefällt die oft gehörte romantische Vorstellung, dass vom Weltraum aus die Ländergrenzen nicht sichtbar sind; von weit weg betrachtet, sind wir alle eins.*

Vielleicht erklärt und rechtfertigt dies das neuerwachte Interesse der Gesellschaft am Spirituellen. Es ist wie ein Versuch, uns nicht allzu weit voneinander zu entfernen, die Menschheit zu bewahren, solange noch Zeit ist.

In den letzten Jahren wird mancherorts eine Spiritualität propagiert, die nicht einigen wenigen Auserwählten vorbehalten, sondern für alle verständlich ist. Eine neue Dimension des Menschlichen, die uns

---

* Bis vor kurzem glaubte ich, die Chinesische Mauer sei die einzige Ausnahme. Aber ich wurde belehrt, dass es sich nur um einen Mythos handelt und auch sie nicht zu sehen ist, wenn wir den Planeten aus der Ferne betrachten.

einen Weg eröffnet, das Chaos aus Angst, Gewalt und der Ausbeutung des Menschen durch den Menschen zu überwinden.

Eine Spiritualität, die »humanistisch« zu nennen ich mir erlaube, weil sie sich einige Leitgedanken des Humanismus zu eigen macht, wie er heute verstanden wird, insofern, als der Mensch ungeachtet seiner Rasse, seiner Religion, seiner Kultur und seiner finanziellen Situation stets im Mittelpunkt stehen und das Ziel aller Überlegungen und Bemühungen sein sollte.

Eine Spiritualität, die auf der Vorstellung basiert, dass Unterschiede uns bereichern und ergänzen. Die nach der absoluten Freiheit aller strebt, die keine Unterscheidung der Menschen in »Bessere« und »Schlechtere«, in »die da oben« und »die da unten«, »die, die befehlen« und »die, die gehorchen« zulässt, insbesondere, weil sie versucht, der Menschheit die Augen für eine Welt zu öffnen, die dem Wichtigen Bedeutung zumisst und nicht dem Überflüssigen.

Anfang der neunziger Jahre erlebte der gregorianische Gesang in Europa eine neue Blüte. Dieser lateinische Gesang ohne jede instrumentale Begleitung entstand in den Klöstern des Mittelalters und wird bis heute in den meisten Klostergemeinschaften nahezu unverändert gepflegt. Die Geschichte erzählt, dass er in Frankreich zur Zeit Papst Gregors des Großen entstand, daher der Name gregorianisch. Traditionell wird das französische Kloster von Solesmes als die Wiege des gregorianischen Gesangs und als Gralsstätte der Bewahrung dieser Musik angesehen. Doch als die Gregorianik in den Neunzigern wieder in Mode kam, geschah dies nicht aufgrund einer Schallplatte der französischen Mönche, sondern durch eine Aufnahme aus einem Kloster in der zentralspanischen Provinz Burgos namens Santo Domingo de Silos.

Die Mönche von Silos hatten mit einfachsten technischen Mitteln eine Platte aufgenommen, die ihren Weg aus dem kleinen Dorf in die Welt hinaus fand. Sie wurde, so schätzt man, über eine Million Mal kopiert und überschritt alle Grenzen. Monatelang suchten Tausende von Leuten erfolglos in den Schallplattenläden nach diesen gregorianischen Gesängen. Aufgrund der Nachfrage in Ländern wie den USA wollte die bekannteste Plattenfirma der Welt die Rechte an diesem Projekt erwerben, in dem sie eine Gelddruckmaschine witterte. Auf dem Höhepunkt der Mund-zu-Mund-Propaganda, als unzählige schlechte Tonbandmitschnitte die Runde machten, schickten die Bosse der größten Plattenfirma einen langen, einschmeichelnden Brief an die Mönche von Silos, in dem sie ihnen einen millionenschweren Vertrag für eine weitere Platte anboten, diesmal mit der neuesten Technik aus ihrem Hause. Die Mönche lehnten ab, obwohl das Angebot sämtliche Einnahmen, die das Kloster seit Jahrhunderten durch den traditionellen Verkauf von Likör und Gebäck erwirtschaftete, bei weitem überstieg.

Die Plattenbosse nahmen die Absage nicht einfach so hin. Sie dachten, es handele sich um ein Kommunikationsproblem und die Mönche hätten ihr Angebot nicht verstanden. Die Verantwortlichen beschlossen, von den USA nach Spanien zu fliegen, um persönlich mit Pater Clemente, dem Abt des Klosters, zu sprechen. Da Silos logischerweise keinen Flughafen besaß, charterten sie in Spanien einen Hubschrauber, der sie zu dem Kloster bringen sollte. Um landen zu können, hatten sie vorher eine beachtliche Summe hinblättern müssen, damit auf einer nahe gelegenen Wiese ein provisorischer Hubschrauberlandeplatz eingerichtet werden konnte. Der Deal, der ihnen vorschwebte, rechtfertigte jede Investition.

Als die Amerikaner im Kloster ankamen, empfing Pater Clemente sie genauso, wie er auch jeden einfachen Besucher empfing. Die Plattenbosse legten ihre Argumente in Form eines Vertrags auf den Tisch und Pater Clemente die seinen: Die Berufung der Mönche, so sagte er, sei nicht die Musik, sondern das spirituelle Leben. Sie hätten bereits eine Platte aufgenommen und sollten nicht ständig von ihren alltäglichen Pflichten abgelenkt werden. Daraufhin brachten die Plattenbosse das finanzielle Argument vor: Mit so viel Geld könne das Kloster die sicherlich notwendigen Reparaturen vornehmen; sie könnten sogar diesen neuen Gebäudeflügel in Angriff nehmen, ein altes Vorhaben des Ordensgründers, das immer wieder aufgeschoben wurde.

»Pater, bei allem Respekt«, sagte schließlich der, der wie der oberste Wortführer der Abordnung aussah, »wenn Sie unseren Vertrag nicht akzeptieren und, wie Sie sagen, auch den der Konkurrenz ablehnen werden, die mit Sicherheit bald hier aufkreuzen wird, wo wollen Sie das Geld für alle diese Baumaßnahmen hernehmen?«

Doch auch dieses Argument ließ Pater Clemente kalt. Er lächelte nur und sagte:

»Darum solltest du dir keine Sorgen machen, mein Sohn. Der Herr wird es richten.«

Ich denke nicht, dass Pater Clementes Antwort die Plattenbosse wirklich zufriedenstellte, denn als sie merkten, dass nichts zu machen war, verließen sie wütend das Kloster und stiegen wieder in den Hubschrauber, ohne auch nur ein Wort mit einem der Mönche zu wechseln, die im Klosterhof standen und den Besuchern zum Abschied hinterherwinkten.

Pater Clemente blieb in seinem Arbeitszimmer, um ein Paar zu empfangen, das den priesterlichen Segen für sein noch ungeborenes Kind erbeten hatte. Mit seinem ewigen Lächeln bat Pater Clemente die beiden herein und unterhielt sich lange mit ihnen, bevor er ihnen seinen Segen erteilte. Es war dasselbe Lächeln, mit dem er einen Plattenvertrag über Millionen von Dollar abgelehnt hatte, das gleiche Lächeln, mit dem er einige Tage später das Angebot eines winzigen Verlages für ein Buch annahm, das dem Kloster natürlich nicht mehr einbringen würde als die paar Peseten aus den Beteiligungen an möglichen Verkäufen.

Mit aller Liebe und ganz sicherlich mit einem Lächeln machte sich Pater Clemente an die Vorbereitung seines Buches: eine wunderbare Zusammenstellung von Texten verschiedener Autoren aus allen Zeiten, die eines gemeinsam haben: Sie schildern den Weg, dem sie gefolgt sind, um Gott näherzukommen. Das Buch trägt den Titel *Gott begegnen.*

Vielleicht denkst du wie ich, dass die Mönche das Angebot hätten annehmen sollen. Schließlich hätten sie damit sakrale Musik in Millionen von Haushalte gebracht. Schließlich wäre es eine Möglichkeit gewesen, mit dem Geld aus den Plattenverkäufen Gutes für die Gläubigen zu tun. Schließlich war ja nichts Schlechtes oder Verbotenes daran, zum Lobe Gottes zu singen, ganz im Gegenteil …

Doch die Mönche von Silos sahen das anders.

Wie Pater Clemente selbst schreibt: Es gibt nicht den einen, einzigen spirituellen Weg, so dass man unmöglich mit Gewissheit sagen kann, ob diese oder jene Entscheidung richtig oder falsch ist. Ich kann ihn auf diese Weise gehen und du auf eine völlig andere. Man kann nach Norden gehen und der andere nach Süden und trotzdem am Ende gemeinsam an einem Tisch sitzen, denn der Weg ist nicht vorgegeben, und wie der Pater ebenfalls in seinem Buch schreibt: »Das Geheimnis besteht darin, zu gehen, nicht in der Richtung, die man einschlägt, denn wer auf der Suche nach einem spirituellen Weg ist, hat ihn bereits gefunden.«

Spiritualität als praktische Erfahrung

Wie wir alle wissen, wird viel über Spiritualität geredet. Einige sind auf der Suche nach ihr, andere präsentieren sich als Gurus, die behaupten, den einzig wahren Weg zu kennen. Meine persönliche Erfahrung, die auch etliche meiner Patienten bestätigt haben, scheint klar darauf hinzudeuten, dass der Weg umso falscher ist, je komplexer und ausgefeilter die verlangten Mittel sind. Deshalb sollte es auf unserer Suche nach Spiritualität der erste und einfachste Schritt sein, einfach loszulaufen, um unterwegs zu lernen.

Die Suche, um die es geht …

ist ein Weg ohne Ziel, aber mit großen Freuden.

ist eine Wanderung ohne Karte, aber mit einer Richtung.

ist ein einzigartiger und persönlicher Weg, der dennoch allen offensteht.

ist eine Straße ohne Ende, die man aber jederzeit verlassen kann.

ist eine Reise, die zu unternehmen man manchmal keine Wahl hat und die dennoch stets voller Wahlmöglichkeiten steckt.

In den achtziger Jahren hauchte Steven Spielberg mit *Indiana Jones* dem Genre des Abenteuerfilms neues Leben ein. In einem der letzten Filme der Reihe macht sich der berühmte Archäologe auf die Suche nach dem Heiligen Gral. Als Ausgangspunkt seiner Nachforschungen dient ihm das Tagebuch seines Vaters, in dem dieser jahrelang sorgfältig alle Spuren und Hinweise auf die berühmte Reliquie vermerkt hatte.

Im Laufe des Films gelingt es »den Bösen«, das Tagebuch zu stehlen, doch schon bald stellen sie fest, dass es ihnen ohne die beiden Jones nichts nützen wird, weil nur sie die Aufzeichnungen entschlüsseln können. Indiana und seinem Vater ergeht es ohne ihr Tagebuch nicht besser.

Hier spiegelt der Film auf geniale Weise zwei Grundprinzipien jeder Suche nach Erkenntnis wider: Jeder Schritt ist die Basis und das Fundament, auf dem alle weiteren Schritte aufbauen. Und jede Notiz und jeder Hinweis auf dieser Suche sind nur für den hilfreich, von dem sie stammen. Anders gesagt, wir können den Weg nur selbst in Angriff nehmen und sind dabei auf all das angewiesen, was wir zuvor gelernt haben.*

Um das Leben seines Vaters zu retten, ist Indiana schließlich gezwungen, zum Gralstempel zu gehen und unter Hunderten von Kelchen den wahren Gral herauszufinden. In weiser Entscheidung (so die Botschaft ans Publikum) verschmäht er die kostbaren, glänzenden Gefäße, als sei etwas derart Heiliges nicht mit materiellen Werten vereinbar, und greift nach dem einfachsten, kärglichsten Holzbecher, bei dem es sich – im Film – tatsächlich um den Heiligen Gral handelt.**

---

* Als ich vor fast vierzig Jahren Medizinstudent war, sagte mein Physiologieprofessor immer zu uns, ein Arzt, der vergessen habe, wie man eine richtige Injektion setzt, könne kein guter Arzt sein.

** Dabei entfernt sich der Film Fachleuten zufolge ziemlich weit von der Realität. Das Letzte Abendmahl, bei dem Jesus von Nazareth den Gral benutzte, war ein Paschamahl, und der Gral müsste zwangsläufig der Becher der Verheißung sein. Ein frommer Jude, wie Jesus einer war, hätte wohl schwerlich einen Holzbecher verwendet, da er ihn als nicht »würdig« erachtet hätte, um den rituellen Paschawein aufzunehmen.

Ein Ausflug in die Historie: Körper, Seele und Geist

Unsere frühen Wurzeln sowohl in philosophischer als auch in sprachlicher Hinsicht verbinden uns mit dem alten Griechenland. Seit jener Zeit werden die Wörter Körper und Seele verwendet, um die beiden Instanzen zu bezeichnen, die den Menschen als Ganzes ausmachen. Ein Binom, dessen beide Glieder manchmal untrennbar eins sind, andere Male ebenso getrennt wie gegensätzlich. Später kam noch der Begriff des Geistes als etwas von der Seele zu Trennendes hinzu (deren Bestandteil er Platon zufolge ist); er umfasste all jene zutiefst innerlichen Aspekte, die nicht an das Irdische gebunden sind, weder als Materie noch als Emotion, sondern über das Denken und Handeln des Menschen hinausgehen.

Wollte ich das Bild der Kutsche wiederaufnehmen, das ich in jeder meiner Abhandlungen über die vier Wege verwendet habe, ließe sich ohne weiteres auch unsere neue Suche in diese Metapher kleiden. Die Kutsche als solche wäre auch hier der Körper, der Kutschbock und die Pferde stünden für die Aspekte der Seele, wie wir sie heute definieren, und der Reisende, der ewig Reisende, hat ziemliche Ähnlichkeit mit dem Geist. Einerseits ist er das einzige Teil, das nicht unbedingt notwendig ist, damit sich die Kutsche vorwärtsbewegt; andererseits das einzige, das verhindert, dass die Reise umsonst ist.

Keine Frage, der Körper ist unerlässlich für unser irdisches Leben, aber darüber hinaus ist er nach klassischer Vorstellung auch der Sitz der Seele, vom ersten Atemzug bis zum letzten. Es ist folglich ein naheliegender Schluss, dass der Körper auch für die Erforschung der spirituellen Ebene unerlässlich ist.

Wie bei jeder Wanderung durch unbekannte Gefilde fällt der Weg leichter, wenn wir ihn mit einem gesunden, kräftigen Körper angehen, und dafür ist es unbedingt nötig, ihn mit Respekt und Achtsamkeit zu behandeln. Man braucht seinen Körper nicht täglich stundenlang zu stählen, um beispielsweise zu meditieren, aber ein wenig körperliche Betätigung, in welcher Disziplin auch immer, kann, auch wenn sie aus anderen Gründen betrieben wird, eine der Säulen des Geisteslebens sein und verdient es, dass wir ihr unsere Aufmerksamkeit widmen.

Ein Mensch, der Raubbau an seinem Körper betreibt, ist eher dessen Sklave als dessen Herr, und das ist nicht der beste Ausgangspunkt, um die spirituelle Ebene zu durchwandern und zu erforschen.

Nehmen wir ein Beispiel.

Atemexperten berichten, dass zu »verkopfte« Menschen häufig die Tendenz haben, beim Einatmen nur die obere Muskulatur des Brustkorbs zu verwenden (»als wollten sie mit dem Kopf atmen«, wie meine Lehrmeisterin Raj Dharwani sagte), und so die Interkostalmuskulatur stark beanspruchen, während die natürliche Arbeit des Zwerchfells unterbleibt. Diese sogenannte hohe Atmung verhindert, dass sich die Bronchien im unteren Teil der Lunge vollständig leeren; es bleibt immer ein wenig Luft zurück, Residualluft genannt, die nie erneuert wird und eine unzureichende Sauerstoffsättigung des Blutes zur Folge hat. Über einen längeren Zeitraum kann dies zu schwerwiegenden und sogar irreversiblen Atemwegskomplikationen führen. Die Zwerchfellatmung hingegen verhindert nicht nur das Zurückbleiben von verbrauchter Luft, sondern führt zu einer dauerhaften Entspannung des Solarplexus.

Ich erzähle das, weil die Atmung, obwohl ein rein körperlicher Vorgang, zweifellos unser ganzes Sein beeinflusst. Es gibt sogar verschiedene fernöstliche, auf dem Yoga basierende Denkrichtungen, die den Weg zum Spirituellen fast ausschließlich dadurch suchen, dass sie das richtige Atmen lehren. Körper und Geist erziehen, indem man jeden Tag eine gewisse Zeit damit verbringt, auf seine Atmung zu achten. Nach dieser Überzeugung kann die richtige Atmung für sich allein der Weg zur Harmonie von Körper und Geist sein.

Als Buddha gefragt wurde, was der erste und wichtigste Schritt zur Erleuchtung sei, antwortete er:

»Wenn du einatmest, musst du dir vollkommen bewusst sein, dass du einatmest ... Und wenn du ausatmest, musst du dir vollkommen bewusst sein, dass du ausatmest ... Und zwischen einem Atemzug und dem nächsten musst du dir vollkommen bewusst sein, dass du weder einatmest noch ausatmest.«

Für viele Religionen ist der Körper nicht nur ein heiliger Ort, sondern »verkörpert« darüber hinaus das zentrale Bindeglied zwischen Mensch und Gott. Anders gesagt, wurde er uns vom Göttlichen gegeben, damit wir auf ihn achten und dafür Sorge tragen, dass er uns »ein Leben lang« begleitet.

In der jüdischen Tradition beispielsweise ist diese Vorstellung so grundlegend, dass Angriffe auf das eigene Leben oder die Schädigung des eigenen Körpers eines der drei Dinge sind, die ein Gläubiger niemals tun darf, nicht einmal mit der Begründung, dadurch größeren Schaden von seinem Leben oder seiner Unversehrtheit abzuwenden.*

---

* Die anderen beiden sind das Leugnen Gottes und das Unterhalten rechtlich verbotener sexueller Beziehungen, beispielsweise unter Geschwistern.

Für die von uns, die das Glück hatten, Michelangelos geniale Fresken in der Sixtinischen Kapelle mit eigenen Augen zu sehen, liegt alles, was über die Göttlichkeit des Körpers gesagt wurde, völlig klar auf der Hand. Während ich dies schreibe, erinnere ich mich lebhaft an die majestätische Darstellung Gottes, der mit der Fingerspitze Adams Finger berührt und mit dieser Berührung das Wunder der Schöpfung symbolisiert.

Wir könnten nun dagegenhalten, dass zu jener Zeit eine übertriebene Schamhaftigkeit herrschte, die absurderweise und zu Unrecht dazu führte, dass Teile dieser herrlichen Körper übermalt wurden, aber wir sollten akzeptieren, dass wir es, wenn es um den gesunden Umgang mit unserem Körper geht, nicht besser wussten und konnten.

Auch wir heutigen Männer und Frauen sehen den Körper entweder als unseren Besitz an, so als handele es sich um ein Kleidungsstück (ich trage ihn, er stört mich, ich verändere ihn, ich nutze ihn als Köder oder Verlockung), oder wir übergehen ihn mit stolzer Verachtung (ich vergesse ihn, ich schade ihm, ich zerstöre ihn, ich schätze ihn gering).

Ich fühle mich ein wenig mehr verantwortlich als andere, wenn ich mir bewusstmache, dass die Medizin ein gerüttelt Maß an Schuld an dieser krankhaften, gespaltenen Sicht auf unseren Körper hat.

Als ich in jungen Jahren Medizin studierte (und, hey, das ist noch nicht so lange her …), war es in der Wissenschaft allgemein akzeptiert, dass Körper und Geist zwei verschiedene Welten sind und dass für beide zumindest unterschiedliche Heilmaßnahmen galten: Was gut war für den Geist, war mit Sicherheit schlecht für den Körper und umgekehrt.

Auch wir als angehende Mediziner übten uns darin (in der besten Absicht, da bin ich sicher), den Körper zu behandeln, ohne auch nur einen Moment darüber nachzudenken, was mit dem Menschen, dem er gehörte, los war.

Wenn ich von diesen Lehrjahren spreche, erzähle ich immer wieder eine Geschichte, die mir jedes Mal ein leicht ironisches Lächeln abringt.

Eines Morgens kam ich wie jeden Morgen mit meinen Kommilitonen ins Universitätskrankenhaus, nachdem wir – klar – zuerst den obligatorischen ersten Kaffee des Tages in der Bar um die Ecke getrunken hatten. Als der Assistent des Professors, der das Praktikum leitete, uns kommen sah, sagte er grußlos zu uns:

»Nun, meine Herren, heute haben Sie ein bisschen zu lange in der Bar herumgebummelt, es ist schon fast neun … Gehen Sie sofort zu der Bauchspeicheldrüse in Bett 43, der Leber in Bett 42 und dem Magen in der 12.«

Während ich mich über den Flur auf den Weg machte, verkniff ich mir ein Lachen, das durchaus unverschämt zu nennen war. In Gedanken stellte ich mir vor, wie ich in das erste Zimmer käme, und zu meiner Überraschung läge eine riesige Bauchspeicheldrüse im Bett … Und im zweiten eine Leber von gewaltigen Ausmaßen … Und im dritten …

Wenn dann später in der Lehrveranstaltung die Krankengeschichten besprochen wurden, fragten uns die Professoren: »Was macht die Milz auf der 14? Und der Fuß auf der 28?« Und ich ging nach Hause und fragte mich: »Was mag wohl mit dem Hirn und dem Herz im Professorenzimmer los sein?«

Diese isolierte Medizin konnte natürlich nur kranke Organe behandeln, niemals den ganzen Menschen.

Heute hat sich die Medizin zum Glück weiterentwickelt und ist integrativer geworden (Homöopathie, ganzheitliche Medizin, Ayurveda). Wir Ärzte haben gelernt, jeden Patienten als ein untrennbares Ganzes zu behandeln.

Die Lektion, die ich in den Jahren meines Praktikums lernte, half mir dabei, nicht zu vergessen, dass ein gesunder oder kranker Mensch immer mehr ist als ein nicht funktionierendes Organ und erst recht mehr als eine Krankenakte voller Zahlen und Kürzel.

Ich habe auch gelernt, dass eine kleine funktionale Störung den Körper zwar weniger beeinträchtigt als eine schwere Krankheit, diese aber für den Menschen, der daran leidet, genauso belastend sein kann (und das ist fast immer so).

Zurück zum Thema … Der Mensch ist also nicht nur Körper, er ist auch die Summe seiner Gedanken, seiner Erinnerungen, seiner Gefühle, seiner Pläne und der Art und Weise, wie er der Welt begegnet – das, was Platon Seele nannte, die ihm zufolge im Kerker des Körpers gefangen ist.

Zwei Teile ein und derselben Sache.

Zwei Teile, die sich nur durch Worte und vielleicht im Tod trennen lassen.

Ein zumindest interessanter Exkurs geht auf die eigenwilligen Vorstellungen Dr. Duncan MacDougalls zu Beginn des 20. Jahrhunderts zurück.

Seine Theorie: dass die Seele aus fassbarer Materie bestehe.

Seine Obsession: es zu beweisen.

Da er überzeugt war, dass die Seele den Körper nach dem Tod verlassen müsse, wog MacDougall sterbende Patienten und dann erneut unmittelbar nach ihrem Tod. Es ging ihm darum, einen Gewichtsverlust im Moment des Sterbens festzustellen, und sei er auch noch so gering, der dem Forscher zufolge durch das Entweichen der Seele aus dem Körper begründet war.

Obwohl seine Versuche sich nicht exakt an vorgeschriebene wissenschaftliche Verfahrensweisen hielten und seine Methoden in ethischer und humanitärer Hinsicht fragwürdige Vorstellungen streiften, wurden die Ergebnisse seiner Experimente publiziert. Die Zahlen schienen darauf hinzudeuten, dass der kühne Forscher vielleicht nicht ganz unrecht hatte.

Nach zwei Jahrzehnten Forschung befand Dr. MacDougall, dass er genug Material gesammelt habe, und erklärte in Medizinerkreisen, dass im Augenblick des Sterbens »Materie« den Körper verlasse und dass diese Substanz ungefähr 21 Gramm wiege.

In der Wissenschaft hatten seine Studien keinen Bestand, wohl aber in der Popkultur, in der diese Zahl zum Synonym für das Gewicht der Seele geworden ist, insbesondere nach dem Erscheinen des gleichnamigen Films.*

Vielleicht etwas weiter von der Wissenschaft entfernt, aber unserem Herzen näher, haben das Kino, das Theater und die Poesie der Seele stets die Bedeutung dieses anderen Gesichts gegeben, das sich im

---

* *21 Grams* von Alejandro González Iñarritu, mit Sean Penn, Benicio del Toro und Naomi Watts.

Spiegel unserer Augen zeigt oder sich hinter ihnen verbirgt.

Jorge Luis Borges schreibt in seinem Gedicht *Der Spiegel*:

> Als Kind fürchtete ich, dass mir der Spiegel
> ein andres Gesicht böte oder eine
> unpersönliche Maske, die etwas
> zweifellos Grässliches verberge. Auch
> fürchtete ich, die stille Zeit des Spiegels
> könnte abweichen vom alltäglichen
> Lauf der Stunde des Menschen, und in seinen
> vagen imaginären Grenzen neue
> Geschöpfe und Formen und Farben bergen.
> (Ich sagte es keinem; das Kind ist schüchtern.)
> Heute fürchte ich, dass der Spiegel das wahre
> Gesicht meiner Seele enthalten könnte,
> beeinträchtigt von Schatten und von Schuld,
> das Gott sieht, das die Menschen vielleicht sehen.

Mit der Zeit wurde aus dem Binom Körper-Seele ein Trinom, als sich der Begriff des Geistes von dem der Seele trennte, vielleicht, um, nun losgelöst, an Kraft zu gewinnen.

Bei längerer Betrachtung und Selbstbetrachtung begriff ich, dass Körper und Seele als Einheit zu sehen wichtig war, aber längst nicht ausreichte. Mir wurde klar, dass die Seele, obwohl körperlos, stets – mal mehr, mal weniger – an die alltäglichen Dinge gebunden ist: Pläne sind der Wunsch, anzukommen, etwas zu erreichen, es gut zu haben; Gefühle bringen mich manchen näher und entfernen mich von anderen; Sehnsüchte verbinden mich mit einem Teil des fassbaren Universums, selbst in meinen Träumen.

Aber dass jeder eine Seele hat, genügte nicht, um die Menschen zu begreifen; es reichte nicht einmal im Ansatz aus, um mir selbst den geheimnisvollen Sinn des Lebens zu erklären.

Jiddu Krishnamurti hatte es mir gesagt, als ich zehn Jahre alt war und ihm an der Hand meiner Tante July staunend zuhörte, ohne ganz zu verstehen, was er meinte.

Krishnamurti hatte recht: Da musste noch mehr sein.

Mir wurde klar, dass das stimmte.

Ich erinnere mich, dass ich aus irgendeinem dummen Grund stolz war. Ganz offensichtlich war ich nicht der Erste, der zu diesem Schluss gekommen war, aber ob nun berechtigt oder nicht, ich freute mich zu wissen, dass auch ich dorthin gelangt war.*

---

* Später erkannte ich, dass zwar jeder, der feststellt, dass ein rundes Stück Pappe rollt, wenn man es auf einen Bleistift steckt, weiß, dass er nicht das Rad erfunden hat. Und trotzdem bestaunt er »seine« Erfindung, wenn er merkt, was er da gemacht hat.

Sobald man anfängt zu denken, ahnt man unweigerlich, dass es in der Seele oder über ihr – darauf kommt es nicht an – ein weiteres Gefüge geben muss, das diese Essenz enthält, von der Platon spricht. Das, was nicht so sehr von der greifbaren Realität abhängt. Ihre unergründlichste Phantasie, ihren inneren Frieden, die letzte Verbindung mit dem Höchsten.

Auf diese Essenz beziehe ich mich in diesem Buch, wenn ich von Spiritualität spreche. Wir mögen sie nennen, wie wir wollen, entscheidend ist, dass sie im Kern alles enthält, was wir sind; über das hinaus, was wir fühlen, denken, glauben und natürlich weit hinaus über unseren Körper und das, was wir besitzen.

Das ist der vielleicht größte Unterschied zwischen Seele und Geist. Während jene stets auf irgendeine Weise mit dem Menschlichen verbunden bleibt, ist der Geist dazu in der Lage, dieses Menschliche zu überwinden.

Um es noch einmal mit den Worten des Sufismus zu sagen, die mir sehr gut gefallen:

Wenn eine Verbindung mit der Seele herstellen bedeutet, den Gipfel des Berges zu erreichen, dann ist der Ruf des Geistes eine Einladung, noch höhere Höhen zu erklimmen.

Spiritualität als menschliche Notwendigkeit

Der Psychologe Abraham Maslow entwickelte die heute unstrittige Theorie, dass alle Menschen ein natürliches Bedürfnis nach Selbstverwirklichung haben, das heißt, wir müssen uns als Individuen finden, um den Sinn unseres Lebens zu definieren.

Bis in die Mitte des 20. Jahrhunderts beschäftigte sich die Psychologie, die mittlerweile ein Teilbereich der Medizin geworden war, fast ausschließlich mit Erkrankungen des Geistes und der Erforschung psychischer Funktionen und Symptome. Die klinischen Psychologen behandelten ausschließlich Patienten, die als krank galten, oder allenfalls gesunde Personen, in denen man zukünftige Patienten sah.

In seinem Buch *Psychologie des Seins – Ein Entwurf* entwickelte Maslow ein Modell, in dem die verschiedenen Bedürfnisse des Menschen nach ihrer Dringlichkeit in Form einer Pyramide angeordnet sind. Allein schon dieses Bild macht deutlich, wie schwierig es ist, eines der höheren Bedürfnisse zu befriedigen, wenn die weiter unten noch nicht erfüllt sind.

An der Basis ordnete er die Grundbedürfnisse an (Nahrung, Wohnung, Kleidung), darüber die sozialen Bedürfnisse (Sicherheit und Integration) und die psychologischen Bedürfnisse (Anerkennung und Wertschätzung). Gekrönt wurde die Pyramide von den Bedürfnissen des Geistes.

Körper und Geist sind für Maslow zwei komplementäre Realitäten, die nur in Konflikt miteinander geraten können, wenn die Befriedigung des einen zwangsläufig die Befriedigung des anderen verhindert oder einschränkt. Der Mensch braucht eine bestimmte Anzahl von materiellen Dingen und Erfolgen, um sich in seinem Leben wohl zu fühlen, aber er braucht auch seelische und spirituelle Zufriedenheit. Die Selbstverwirklichung des Menschen, wie Maslow sie vorschlägt, meint nicht die Verwirklichung einiger ihm eigenen Teilbereiche, sondern die Verwirklichung des Individuums als Ganzem.*

Dieses Modell markiert einen Meilenstein in der Geschichte der Psychologie; es war der Ausgangspunkt für eine neue Sicht auf das Verhalten gesunder wie kranker Menschen und half, neue Strategien zu entwickeln, um ihnen zu mehr Erfüllung, Zufriedenheit und Selbstverwirklichung zu verhelfen.

Dank Maslow entdeckte die Psychologie, dass auch Gesundheit ihre »Symptome« hat: Optimismus, Freude und das subjektive Empfinden, glücklich zu sein.

Mir kommt da ein alter Priester in den Sinn, der als etwas über Hundertjähriger in einem kleinen Dorf auf dem Land lebte.

---

* *individuo* bedeutet »Unteilbares«.

Er hatte fast alle Gebrechen, die man nur haben kann, von chronischen bis hin zu akuten, von unbedeutenden bis hin zu ganz schweren, von einfachen bis hin zu hochkomplizierten … Mir als damaligem Medizinstudenten kam der Alte wie ein wandelndes Vademekum der Krankheiten vor.

Wenn man ihn fragte, wie es ihm gehe, antwortete er immer:

»In welcher Hinsicht, mein Sohn?«

»In welcher Hinsicht, Padre? Also, na ja … In jeder Hinsicht … Wie fühlen Sie sich?«

»Ah! Das kann ich dir beantworten, mein Sohn … Ich fühle mich in jeder Hinsicht … glücklich!«

Er war krank, er mochte alle Schmerzen der Welt haben und unter vielerlei körperlichen Einschränkungen leiden, und doch war er, wie er selbst sagte, ein »in jeder Hinsicht« glücklicher Mann.

Was war sein Geheimnis?

Heute gehe ich davon aus, dass er die Zeit, die Weisheit und die Entschlossenheit gehabt hatte, die Ebene des Geistes zu durchwandern, bis er sie bis ins kleinste Detail kannte. Heute gehe ich davon aus, dass sein Glücklichsein daher rührte, dass er dort alles gefunden hatte, was ihm sein Körper versagte.

Abd ar-Rahman III., der nahezu allmächtige Kalif von Córdoba im 10. Jahrhundert, sagte das genaue Gegenteil:

»Mehr als fünfzig Jahre herrschte ich in Krieg und Frieden, von meinen Untertanen geliebt, gefürchtet von meinen Feinden und geachtet von meinen Verbündeten. Ich brauchte nur nach Reichtum und Ehre, Macht und Zerstreuungen zu rufen, damit sie sich einstellten. Keine irdische Segnung blieb mir versagt, keine Krankheit konnte meine Stärke brechen. Trotz dieses Lebens habe ich sorgfältig die Tage notiert, an denen ich wirklich und wahrhaftig glücklich gewesen bin: Es waren vierzehn.«

Und zwischen dem einen und dem anderen Extrem bewegen wir uns. Von mehr oder minder starken Neurosen geplagt, deprimiert, erwartungsvoll oder ängstlich, ertragen wir diese unterschwellige ständige Unzufriedenheit mit der eigenen Existenz.

Heute wissen wir Fachleute genau, dass diese Unzufriedenheit (unter der Statistiken zufolge über die Hälfte der Bevölkerung leidet) nichts mit mangelndem Erfolg, finanziellen Einschränkungen oder dem Fehlen von Besitztümern zu tun hat. Bei genauerer Betrachtung hat Unglück immer damit zu tun, dass die betreffende Person schlecht mit einer Realität zurechtkommt, in der sie keine Möglichkeiten zu haben glaubt, das zu erreichen, was ihr unverzichtbar erscheint.

Unglücklich sind die, die versuchen, vor der Realität zu fliehen, statt sich ihr zu stellen.

Unglücklich sind die, die ihre Kraft und ihre Energie damit verschwenden, ihre Existenz und ihre Lebensumstände abzulehnen, statt sie dafür zu nutzen, ein Problem zu überwinden.

Unglücklich sind die, die sich, anstatt den Schmerz einer Enttäuschung oder eines Verlusts auszuhalten, mit Ersatzstoffen in eine Traumwelt flüchten, um nicht länger daran zu denken.

Unglücklich sind die, die sich ihren Mitmenschen gegenüber eine angenehme, angepasste Persönlichkeit zulegen, weil sie es nicht ertragen, nicht von jedem geliebt zu werden.

Unglücklich sind die, die glauben, ihre Selbstverwirklichung hinge von dem ab, was andere tun oder denken.

Unglücklich sind schließlich jene, denen nichts je genug ist.

Gebt einem Menschen alles,
was er sich wünscht, und im gleichen
Moment wird alles nicht alles sein.
IMMANUEL KANT

Spiritualität als zeitgenössisches Bedürfnis

Natürlich wollte Maslow uns durch größere Bewusstwerdung unserer Bedürfnisse und Prioritäten dazu bringen, diesen nachzugehen, um so zu persönlicher Selbstverwirklichung zu gelangen.

Doch die Betriebsamkeit der westlichen Welt, insbesondere im städtischen Umfeld, verbunden mit dem einen oder anderen Paradigmenwechsel, hat zur Folge, dass wir heute nicht allzu viele Möglichkeiten haben, uns ernstlich und verantwortungsvoll der Aufgabe zu widmen, Maslows Pyramide bis zur Spitze zu erklimmen.

Angefangen mit dem Werteverfall in unserer Gesellschaft, in der die ersten drei Stufen der Pyramide ausschließlich mit Geld in Verbindung gebracht werden, bis hin zu dem traurigen Versuch, die obersten beiden durch das Streben nach Ruhm und Applaus für das narzisstische Ego zu ersetzen.

Obwohl sie anderes behauptet, bringt die Gesellschaft Menschen hervor, die konsumieren und sich nicht in Frage stellen, die nach jenen Dingen streben, die man mit Geld kaufen kann, und nur nach diesen. Die Botschaften und Befehle empfangen, aber keine eigene Meinung dazu haben. (Ich fühle mich an Platons Höhlengleichnis erinnert, und es läuft mir kalt den Rücken hinunter.)

Diese Verschiebung der Prioritäten hemmt nicht nur den Wunsch, ein besserer Mensch zu werden, sondern zerstört ihn zuweilen ganz. So wird die Spiritualität, das letzte und entscheidende Element unserer Suche nach größerer Vollkommenheit, immer wieder hintangestellt. Als Argument dient dabei die ebenso überhebliche wie dilettantische Geringschätzung von allem, was sich nicht in Geld, Macht oder Applaus messen lässt, während der Mensch gleichzeitig die Notwendigkeit vergisst, den reinsten und wesentlichsten Anteilen seiner selbst zu begegnen.

Doch in den letzten Jahren sind vermehrt die Stimmen von Wissenschaftlern und Mystikern, Philosophen und Therapeuten zu vernehmen, die uns mahnen, nicht zu vergessen, dass der Mensch biologisch darauf programmiert ist, dem Leben Sinn und Erfüllung zu geben …

Dass es nicht genügt, bloß zu existieren.

Dass unser Innerstes danach drängt, mehr zu wissen.

Dass wir in unseren Genen die biologische Verpflichtung tragen, über unser physisches Dasein hinauszublicken.

Dass man sich bewusst sein muss, dass es immer einen Weg gibt, der uns an einen höheren Ort bringt.

Dass dieser Weg uns zu einem besseren Leben führt, selbst wenn sich an den äußeren Umständen nichts ändert.

Dass der spirituelle Weg uns nicht fremd ist und unser Inneres uns stets dazu drängt, ihn zu gehen.

Dass wir uns früher oder später auf den Weg machen werden.

Dass uns womöglich irgendwann etwas völlig Nebensächliches vorübergehend vom Weg abbringt, man aber jederzeit zu ihm zurückkehren kann, auch wenn diese Umkehr (wenn wir uns sehr weit entfernt haben) mühsam und schwierig sein kann.

Auf absurde Weise gehen die großen Weisen des jüdischen Volkes im Talmud die Wahrheitsfindung an, indem sie fragen, warum Moses vierzig Jahre brauchte, um das Gelobte Land zu erreichen, wenn man die Strecke von Ägypten aus in nur zehn, vierzehn Tagen bequem zurücklegen kann.

Wie schon Sokrates, so gibt auch der Talmud Antworten auf seine eigenen Fragen:

»Es war notwendig, Israel mit der inneren Haltung und der Stärke zu erreichen, die nur die Freiheit verleiht. Alle, die Ägypten verließen, waren über Jahrhunderte Sklaven gewesen. Die vierzig Jahre in der Wüste waren nach Moses' Plan vonnöten, damit eine neue Generation von Männern und Frauen heranwüchse und das Gelobte Land bevölkere, die sich nicht als Sklaven fühlten, weil sie frei geboren waren.«

Die persönliche Entwicklung eines jeden Menschen, einer jeden Familie, eines jeden Volkes, diese Suche nach Vollendung und diese Inangriffnahme des eigenen spirituellen Weges, sie lassen sich auch am Bild des Ariadnefadens verdeutlichen, von dem Borges so poetisch spricht, wenn er uns vom Mythos des Theseus und seinem Labyrinth erzählt.

Der geniale Autor spricht von einem Strang aus mindestens vier Fäden, die stets dazugehören: Vertrauen, Bescheidenheit, Freiheit und Liebe. Und ich ergänze:

Das Vertrauen in meine Möglichkeiten.

Die Bescheidenheit, von meinem Nächsten zu lernen.

Die Freiheit, jede meiner Entscheidungen abzuwägen.

Die Liebe zum Leben und zur Wahrheit.

Das jüdische Volk, zehn Generationen lang in Ägypten versklavt, hatte den Kontakt zu diesem Faden verloren, der es zu seinem Wesen zu führen vermochte, zu seiner Selbstverwirklichung (wie Maslow es genannt hätte), zu seiner spirituellen Identität (wie wir es heute nennen würden). Dieses Volk musste notwendigerweise aufhören, sich als Sklave zu fühlen (wie auch so mancher von uns in seinem täglichen Leben), um nicht länger Sklave zu sein.

Das Gefühl von Leere und Krankheit

Müssen wir einem geliebten Menschen, wenn er in einer Phantasiewelt lebt, klarmachen, dass dies nicht die Realität ist, auch wenn es grausam oder schmerzlich sein mag?

Ich finde, ja.

Als Arzt kann ich ein Lied davon singen, wie wichtig es ist, dass ein Patient zwei Einsichten entwickelt, die scheinbar nichts mit der Behandlung zu tun haben, die aber entscheidenden Einfluss auf die Prognose und die Entwicklung seiner Krankheit besitzen.

Ich spreche von dem Bewusstsein, krank zu sein, und dem Willen, gesund zu werden.

Der Patient, der Fortschritte machen will, hat viel bessere Aussichten als einer, der nur auf die Folgen dieser Krankheit schaut und sich ganz seinem Schicksal ergibt, das nur davon abhängt, ob die Tabletten und Medikamente wirken, die sein Arzt ihm verschreibt.

Ein körperliches Symptom ist immer ein Signal dafür, dass etwas nicht in Ordnung ist, ein guter Botschafter, der uns auf eine Gefahr hinweist, mit der wir uns befassen sollten. Ein Warnschuss muss nicht zwangsläufig das Todesurteil bedeuten; aber Vorsicht, er ist auch nicht die endgültige Lösung des Problems.

Du wirst dich fragen, warum ich dir das alles erzähle. Ich erkläre es dir:

Wir sollten dieses schreckliche Gefühl innerer Leere, das wir fast alle kennen, als ein Symptom, ein Alarmsignal nehmen, als eindeutigen Hinweis auf eine Erkrankung des Geistes, die wir »Bedürfnis nach dem Spirituellen« nennen.

Dass wir um die Existenz dieser Leere wissen und uns von dieser unseligen Erfahrung befreien wollen, kann paradoxerweise die beste Hilfe sein, damit wir uns auf eine höhere Ebene begeben und einen Weg einschlagen, der uns zurückführt in Richtung dieser vergessenen Spiritualität.

Das klingt sehr vielversprechend, auch wenn es wieder einmal nur eine Verheißung ist, denn das Gefühl für sich allein kann die Krankheit nicht heilen.

Der Weg der Spiritualität

Der Ausgangspunkt

Die Ebene der Spiritualität erreicht man zwangsläufig, nachdem man die übrigen Ebenen durchwandert und erkundet hat, nachdem man sich mit den Wegen der Selbstabhängigkeit, der Begegnung, der Tränen, des Glücks und der Weisheit zumindest gedanklich auseinandergesetzt hat.

Im symbolischen Sinn könnte man sagen, dass es die Ebene der Vollkommenheit oder Vollendung ist, allerdings nicht im Sinne einer Sphäre, in der man nach Perfektion strebt, sondern eher ganz im Gegenteil. Ich spreche von Perfektion in dem Sinne, in dem es die heilige Teresa von Avila vor über vierhundert Jahren tat: als einem Weg, der vor allem dazu dient, die eigenen Unzulänglichkeiten zu erforschen und zu erkennen (obwohl ich persönlich nicht ausschließen möchte, dass wir, wenn wir den Unzulänglichkeiten erst einmal begegnen, womöglich der Versuchung nicht widerstehen können und uns darum bemühen, jeden Tag ein besserer Mensch zu werden).

Der spirituelle Weg, soweit ich ihn heute zu begreifen vermag, ist der letzte und höchste, der sich vom Anfang bis zum Ende von allen anderen unterscheidet.

Er ist anders, was das Ende angeht, denn möglicherweise endet er nie und es gibt keinen Ausgang, nicht einmal auf eine andere Ebene. Er ist anders, was den Anfang angeht, denn die meisten Menschen, die ihn gehen, erzählen uns, dass sie ihn überraschend fanden, dass sie zufällig auf ihn stießen, ohne sich überhaupt bewusst gewesen zu sein, dass sie auf der Suche nach ihm waren.

Ein Weg, der plötzlich auftaucht wie ein Floß, das man erklimmen kann, wenn man merkt, dass man eine Art Schiffbruch im unergründlichen Meer der eigenen Unzulänglichkeiten erleidet. Eine zuweilen unendliche Leere, die wir in uns entdecken, nachdem wir gerade glaubten, wir hätten – ach, eitle Illusion! – Inneres und Äußeres in Einklang gebracht.

Man kann sich taub stellen, wegsehen, versuchen, dem Spirituellen keine Bedeutung beizumessen. Man kann sich hinter dem rationalen, kontrollierten Intellekt verstecken oder seine Gefühle durch den unmäßigen Konsum von Dingen und Luxusgütern betäuben, doch das wird nicht genügen – das tut es nie. Die Spiritualität wird weiterhin da sein und ihre Aufmerksamkeit verlangen, und das wird einem jedes Mal bewusst werden, wenn einen dieses quälende Gefühl überkommt, dass etwas fehlt.

Geistige Lehrmeister und Mystiker sagen dir immer wieder, dass ein Moment kommen wird, in dem alles, was du gelernt hast, alles, was du getan hast, alles, was du fühlst, und alles, was du erreicht hast, was du besitzt und was du gerne hättest, nicht genügen wird: Es fehlt etwas. Und obwohl es dir keiner sagt, ist dir klar, dass dieses Etwas nichts mit materiellen Dingen, Erfolg oder Ruhm zu tun hat. Der Moment ist gekommen, dich aktiv damit zu befassen, bewusst und verantwortlich deinem spirituellen Anteil Raum zu geben.

Es kann in jedem Augenblick deines Lebens passieren, es kann Jahrzehnte dauern, aber der Moment wird kommen. Auf die eine oder andere Weise wird man die spirituelle Ebene erreichen. Manchmal sanft, ohne dass einem bewusst ist, was da passiert, oder allenfalls mit dem leisen Gefühl, dass sich etwas verändert, das man nicht ganz versteht; andere Male ungestüm und mit großem Getöse.

In der Hälfte der Fälle ist dieser Ausbruch dergestalt, dass etwas in unserem Inneren ruft und nach außen drängt, wie Druckluft, die das Sicherheitsventil eines Schnellkochtopfs öffnet. Andere Male ist es eher eine »Implosion« von außen nach innen, bei der sich alle uns umgebenden Grenzen plötzlich auflösen und wir wieder eins werden mit dem Universum.

Allen Unterschieden zum Trotz beschreiben alle ihren Eintritt in die spirituelle Ebene übereinstimmend als transzendente Erfahrung, die dem Menschen widerfährt, als eine Mischung aus dem Wunderbaren und dem Unvermeidlichen.

Sich auf den Weg vorbereiten

Jedes Mal, wenn ein Mensch eine neue Erkenntnisebene erreicht, stellt sich dieselbe Frage … Was nützt es, darüber zu berichten, wenn man diese Erfahrung nur selbst machen kann?

Fritz Perls, der Vater der Gestalttherapie, pflegte lachend zu erzählen, dass sich jedes Mal, wenn er den Wahrheitssuchenden sein »Credo« nannte – »Lass deinen Verstand beiseite und besinne dich auf deine Sinne« –, unweigerlich eine Stimme im Auditorium erhob, die fragte:

»Wie könnte ich diesen Satz begreifen, wenn nicht durch meinen Verstand? Wenn ich nicht rational bin, wie kann ich dann begreifen, was andere sagen, und ausdrücken, was ich empfinde?«

Fritz antwortete: »Lass deinen Verstand beiseite … vielleicht erübrigt sich deine Frage dann …«

»Aber …«, versuchte es der andere erneut.

Doch Fritz fuhr fort: »Und besinne dich auf deine

Sinne … Vielleicht lassen sie dich verstehen und lehren dich, dich auszudrücken …«

Dieselbe Frage stellt sich, wenn man von Spiritualität spricht. Kann man eine solch immaterielle, persönliche, existentielle, einzigartige und für jeden Menschen andere Erfahrung in Worte fassen? Die Antwort ist wie immer komplex, in diesem Fall vielleicht umso mehr, denn um eine transzendente Erfahrung zuzulassen, muss man jedem Absolutismus die Tür verschließen, ist dieser doch der erklärte Feind der Erkenntnis und alles Neuen.

Es gibt mehr und mehr überzeugte Anhänger des Empirismus, die über intellektuelle Ansätze lachen und das Loblied der Wahrnehmung und der Erfahrung singen; ihnen gegenüber stehen leidenschaftliche Rationalisten, die sturköpfig ihrer Majestät, dem rationalen Denken, huldigen.

Mir selbst fiel es anhand des von der Gestalttherapie vorgeschlagenen Modells nicht schwer, festzustellen, dass sich Erkenntnis (so intellektuell sie mir auch erscheinen mag) bestens mit Wahrnehmung (fühlen, erleben, vorstellen, erahnen) kombinieren lässt.

Ich bin überzeugt, dass jeder Therapeut, jeder Psychologe, jeder Philosoph, jeder Psychiater und im Weiteren auch jeder Denker und jeder Entdecker eine oder mehrere Theorien hat, in die er seine Weltsicht presst und mit deren Hilfe er zu bestimmten (vielleicht vorhersehbaren) Schlüssen kommt, die sein Vorgehen rechtfertigen. Aber wir alle, ob wir es zugeben oder nicht, vertiefen und aktualisieren unsere Theorien, indem wir uns ebenso auf unsere tiefsten Emotionen und unsere eigenen Erlebnisse stützen wie auf die Ideen und Erfahrungen anderer.

Dies legt den Schluss nahe, dass wir in tiefste Einsamkeit stürzen werden, wenn es uns nicht gelingt, mit unseren Mitmenschen ins Gespräch zu kommen, um von ihrem Wissen zu profitieren und unser Wissen mit ihnen zu teilen. Unser Weg der Überwindung und des Wachsens gerät ins Stocken und verschwindet in einem unfruchtbaren Abgrund: der geistigen Leere.

Spiritualität und Kommunikation

Die persönliche Entfaltung hängt in großem Maße von der Fähigkeit ab zu kommunizieren. Vielleicht wäre es gut, hier noch einmal gemeinsam einen Blick auf das bekannte Kommunikationsmodell zu werfen, unerlässliches Werkzeug nicht nur, um die persönliche Isolation zu durchbrechen, sondern auch und vor allem, um vollständig zu verstehen, was wir von anderen lernen können.

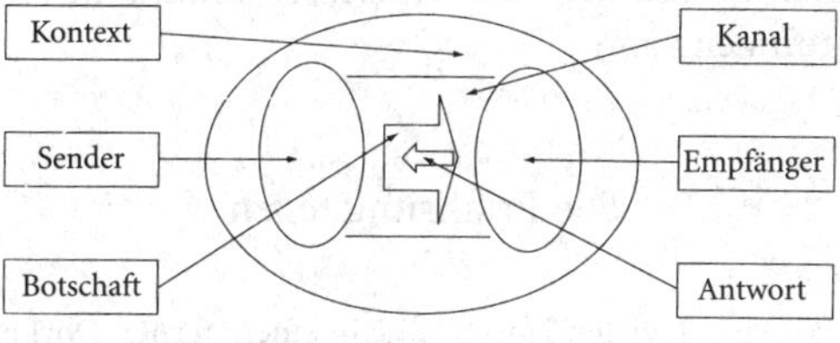

Diese grundlegende Darstellung geht davon aus, dass es bei jedem Kommunikationsvorgang wenigstens einen Sender gibt (linker Kreis), der mittels eines Kanals (das Band zwischen beiden Kreisen) eine Botschaft übermittelt (großer Pfeil), die einen Empfänger erreicht (der rechte Kreis), der wiederum eine Antwort oder Empfangsbestätigung gibt (kleiner Pfeil).

Um diesen Mechanismus zu begreifen, muss man sich in Erinnerung rufen, dass dies alles vor einem gemeinsamen Hintergrund geschieht (dargestellt durch das Oval, in dem sich die Graphik befindet), von den Experten Kontext genannt.

Wir neigen fälschlicherweise dazu, entweder Sender, Empfänger oder Botschaft größere Bedeutung beizumessen, während aus dem Modell deutlich hervorgeht, dass jeder dieser Faktoren unabdingbar ist, damit tatsächlich eine effiziente Kommunikation stattfinden kann.

Die Erfahrung teilen

Vor vielen, vielen Jahren lebte in einem fernen Dorf ein hochbetagter Mann. Der Lauf der Zeit hatte ihm einiges genommen: seine Beweglichkeit, seine Fingerfertigkeit und die Sehkraft, doch dafür hatte sie ihm anderes gebracht, große Weisheit zum Beispiel.
Der Mann hatte schon immer in diesem Dorf gelebt, und niemand wunderte sich darüber, mit welcher Sicherheit er sich dort bewegte, ohne dass er einen Führer oder Begleiter gebraucht hätte.
Deshalb waren alle überrascht, als sie ihn in einer dunklen, mondlosen Nacht mit einer brennenden Laterne durch die Straßen des Dorfs gehen sahen.
»Issuf«, sagte der Nachtwächter zu ihm, als er ihn vorbeikommen sah. »Du kennst diese Straße besser als jeder andere, und außerdem bist du bedauernswerterweise auch noch blind. Was machst du um diese Uhrzeit hier mit diesem Licht?«
»Ich habe die Laterne nicht dabei, um zu sehen, wo ich hingehe«, antwortete der alte Mann. »Ich kenne diese Straße Millimeter für Millimeter, ich bin in den letzten hundert Jahren fast täglich hier entlanggegangen. Aber man sagte mir, dass es eine stockfinstere Nacht ist, und diejenigen, die das Dorf nicht so gut kennen, müssen

vielleicht sehen, um nicht zu straucheln. Ich habe die Laterne dabei, um ihren Weg ein wenig leichter und sicherer zu machen, nicht um mir selbst zu leuchten.«

Um zu lernen, zu lehren, zu begleiten oder begleitet zu werden, kommen wir an dieser Stelle auf einen Punkt zu sprechen, auf den wir in diesem Buch noch öfter zurückkommen werden: Spiritualität ist ein Weg, den man alleine geht, ohne dabei einsam zu sein.

Jede Begegnung auf dieser Ebene schafft einen Kontext, mit jedem Weggefährten einigen wir uns auf Codes, in jedem Dialog tauschen wir Botschaften aus und öffnen uns den Antworten und dem, was der nächste Schritt uns lehrt. Manchmal fällt die Kommunikation leicht und ist fruchtbar, andere Male ist sie praktisch unmöglich oder absolut belanglos, aber einen Versuch ist es immer wert. So wie ein bestimmter schicker Hut mir steht und dir nicht, dafür aber ein anderes Modell perfekt zu dir passt und zu mir überhaupt nicht, so gibt es Konzepte und Botschaften, die manchen Menschen dabei helfen, ihre Lebensqualität zu verbessern oder aus einem emotionalen Loch herauszukommen, für andere hingegen sind sie nutzlos und sogar hinderlich.

Auf der Suche nach unserem innersten Ich begegnen uns Menschen, die einen offenen, herzlichen Umgang mit den übrigen pflegen und ihr Wissen mit allen teilen, und auch andere, die »ihre Wahrheit« einer hermetischen Gruppe von »Eingeweihten« vorbehalten, die sich der Exklusivität rühmen, einem »erlauchten Kreis« anzugehören. Am sinnvollsten und fruchtbarsten ist es jedenfalls, neben anderen herzuwandern und dabei eher auf ihr Wesen zu sehen statt auf die Anzahl der Menschen, die ihnen schmeicheln, ihren Weg zu teilen und nicht ihre Erfolge und viel mehr von dem zu lernen, was sie sind, als von dem, was sie sagen.

Ich mag die folgende Geschichte, die, so sagt man, Tausende von Jahren alt ist:

> Es war einmal ein Mann, der auf der Suche nach einem Lehrmeister war, der das Geheimnis der letzten Wahrheit ergründet hätte.
> Er hatte bei hundert Meistern gelernt und ebenso viele Erleuchtete aufgesucht, er hatte Tausende von Büchern gelesen und Dutzende geschichtsträchtige Orte besucht, doch sobald die anfängliche Begeisterung verflogen war, war er immer enttäuscht und ernüchtert gewesen.
> Eines Tages hörte er, dass es an einem weit entfernten Ort mitten in der Wüste einen alten Mann gebe, über den man sich dreierlei Dinge erzählte: Er habe die letzte Weisheit ergründet, er nehme keine Schüler an, und er sei nur schwer umzustimmen.
> Es war eine echte Herausforderung, weil er nicht einmal wusste, wo genau er suchen sollte, doch nachdem er die-

sen ganzen Weg zurückgelegt hatte, konnte ihn nichts mehr aufhalten, insbesondere, weil ihm eine seltsame Ahnung sagte, dass dies der Meister war, nach dem er so lange gesucht hatte.

Der Mann ließ alles stehen und liegen und reiste in die Wüste.

Es kostete ihn ein Jahr voller Mühen, den genauen Ort zu finden …

Oft war er am Ende seiner Kräfte gewesen, der ganzen Lauferei überdrüssig und beinahe bereit, die Suche aufzugeben … Doch hielt der Gedanke ihn davon ab, dass es dumm sei, sich jetzt geschlagen zu geben, so überzeugt war er, dass es nicht mehr weit sein konnte …

Also hielt er durch und ging weiter, bis er schließlich zu der Höhle kam, in welcher der alte Mann lebte.

Der Mann hatte schon viele Meister gesehen, wahre und falsche, aber dieser … Dieser hatte etwas, das ihn besonders machte. Es war klar, es war so offensichtlich … Dieser Alte kannte die Wahrheit, und das merkte man ihm an.

Der Meister saß unter einem Baum, und die Energie rings um den Baum war so stark, dass sie den Mann förmlich überflutete.

Wie im Rausch sank er vor dem Alten auf die Knie und blickte ihm in die Augen … Er entdeckte eine Tiefe in ihnen, die er noch nie zuvor gesehen hatte … Und dann sagte er zu ihm:

»Ich bin auf der Suche nach der letzten Wahrheit. Kannst du sie mir nennen?«

»Du verlangst viel. Was kannst du mir im Gegenzug dafür geben?«

»Ich besitze nichts außer meinem Wunsch nach Erkenntnis. Ich habe alles zurückgelassen, um hierherzukommen … Aber ich werde tun, was du von mir verlangst … Bitte …«
Der Alte schwieg, und sein Blick verlor sich in der Wüste. Der Besucher traute sich nicht, etwas zu sagen, und blieb über eine Stunde vor ihm stehen.
»Ich gebe dir die gleiche Möglichkeit, die mein Meister mir gab«, sagte der Alte schließlich. »Drei Jahre sollst du mir schweigend dienen, ohne auch nur ein einziges Wort zu sagen … Wenn dir das gelingt, kann ich dir vielleicht das Geheimnis verraten, das mein Meister mir enthüllte. Denn man muss ein Geheimnis bewahren können, damit es ein Geheimnis bleibt. Wenn du in all dieser Zeit absolut schweigen kannst, ist dies das Zeichen, dass du in der Lage bist, etwas für dich zu behalten.«
Der Mann ging auf den Handel ein. Jedes Opfer war gerechtfertigt, um endlich die letzte Wahrheit der Dinge zu ergründen …
Die drei Jahre waren wirklich lang, fast so, als seien es drei Leben … Die Wüste, weit und breit niemand außer dem Alten und der Stille …
Die Stille der Wüste, das Schweigen des Alten und die drei Jahre.
Es schien, als wären viele, viele Jahre vergangen, aber es waren nur die drei.
Schließlich sagte der Mann: »Meister, die drei Jahre sind um. Verrätst du mir jetzt das Geheimnis?«
Der Alte antwortete: »Wie schon mein Meister zu mir sagte, solltest du mich zuerst davon überzeugen, dass du den wahren Wert eines Geheimnisses zu begreifen weißt.

Man braucht ein unumstößliches Versprechen und außergewöhnliche Loyalität, um ein so kostbares Geheimnis wie dieses wertzuschätzen.«
Der Mann sagte: »Das verstehe ich! Ich schwöre es dir. Ich verspreche vor Gott und aus vollem Herzen, dass ich dieses Geheimnis niemals verraten werde. Glaube mir.«
Der Alte begann zu lachen und sagte: »Es ist gut. Ich glaube dir.«
Und er lachte und lachte immer weiter, bis sein Schüler schließlich erneut fragte: »Und das Geheimnis? Wann verrätst du mir das Geheimnis?«
»Niemals …«, sagte der Alte.
»Ich verstehe nicht … Du sagtest, du würdest mir das Geheimnis verraten, so wie es dein Meister mit dir gemacht hat …«
»Ja. Und das habe ich gemacht. Genau, wie er es mit mir gemacht hat«, entgegnete der Alte. »Aber bedenke: Wenn du ein Geheimnis ein Leben lang wahren kannst, warum denkst du, sollte ich dazu nicht in der Lage sein? Ich kann dir das Geheimnis nicht verraten. Zum einen, weil ich versprochen habe, es nicht zu tun, und zum anderen, weil mein Meister sein Versprechen ebenso treu gehalten und es mir nie verraten hat. Als nach drei Jahren stummen Arbeitens der Tag gekommen war, war ich so glücklich … Endlich war es so weit. ›Was ist das Geheimnis?‹, fragte ich ihn. Mein Meister lachte genauso wie ich eben und sagte: ›Wenn es stimmt, dass du ein Geheimnis wahren kannst – und diese drei Jahre haben bewiesen, dass es so ist –, warum denkst du, sollte ich es nicht können?‹«
Der Schüler ließ den Kopf hängen und ging davon.

Doch seine Reise und sein Opfer waren nicht vergebens gewesen. Das Leuchten, das er bei dem Alten bemerkt hatte, begleitete ihn von da an.

Sicherlich, hinter den wortreichen Ausführungen berühmter und kluger Experten scheint gewiss die eine oder andere Wahrheit auf, aber vergessen wir nicht, dass wir, wenn wir diese Ebene auf die bestmögliche Weise durchwandern wollen, auch in der Lage sein sollten, die Wahrheit hinter dem Schweigen zu erkennen.

Laotse erkannte dies schon vor vielen hundert Jahren, als er sagte: »Wer viel weiß, spricht nicht, und wer viel spricht, weiß nichts.«

Es liegt in der Verantwortung des Reisenden und nicht des Meisters, im Reden wie im Schweigen, dem eigenen wie dem fremden, jede Option zu gewichten, die sich uns präsentiert. (Im weiten Himmel des inneren Schweigens gibt es vieles zu entdecken.)

Einmal unterwegs, müssen wir unseren Herzen folgen, Ratschläge annehmen oder ausschlagen und unserer Reisekarte all das hinzufügen, was uns bereichert, was ein Stück Weg erhellt, was in Einklang mit der gewählten Richtung steht, und dabei stets Gefahr laufen, uns zu irren, zu scheitern, ein wenig Zeit zu verlieren oder uns den Weg unnötig schwerzumachen. Ein nicht allzu großes Risiko, denn wie immer sind sämtliche Fehler und Erfahrungen, so unnötig sie erscheinen mögen, das Fundament der persönlichen Erfahrung, die wir im Laufe unseres Lebens machen und die es uns erlaubt, nach vorne zu schauen, ohne uns vor dem Weg zu fürchten.

Doch was ist diese Erfahrung auf einer ebenso neuartigen wie ständig sich wandelnden Ebene wert, wo es oft das Beste ist, sich überraschen zu lassen?

Ich erinnere mich noch, dass es mein Vater eine Zeitlang nicht leicht mit mir hatte. Eine ganze Weile, zwischen meinem sechzehnten und achtzehnten Lebensjahr, fragte ich ihn ständig nach seiner Meinung, forderte fast von ihm, mir zu sagen, was ich tun sollte oder was er an meiner Stelle tun würde. Er war nicht ungehalten über meine Fragen, sondern weil ich seine Tipps mit Sicherheit fast nie beherzigte.

»Wenn du am Ende doch immer machst, was du willst, warum fragst du mich dann?«

Mit erstaunlicher Klarheit gelang es mir eines Tages, ihm die Wahrheit zu sagen:

»Ich glaube, ich frage dich, um dann entscheiden zu können, was ich will.«

Das ist in meinen Augen der einzig sinnvolle Wert von Erfahrung, der gleiche nämlich, den wir auch dem Rat eines langmütigen Vaters einräumen würden: Erfahrung als eine Reihe kostbarer Ansichten und Erinnerungen, die erhellend und hilfreich sind, aber nicht zwangsläufig zu einer bestimmten Entscheidung führen.

Man sollte immer daran denken, dass die Umstände in der Vergangenheit nie genau dieselben sind wie in der Zukunft, weder auf dieser noch auf irgendeiner anderen Ebene, und dass wir selbst nie mehr so sein werden, wie wir einmal waren, zum einen, weil sich die Interessen und Bedürfnisse verändern, und zum anderen, weil uns das beeinflusst, was wir erleben.

Wir machen uns selbst etwas vor, wenn wir immer wieder behaupten, wenn wir die Zeit zurückdrehen könnten, würden wir uns in diesem Moment oder in jener Situation anders entscheiden, als wir es damals getan haben. Tatsache ist, wenn wir wieder vor derselben Situation stünden wie damals, mit den Erfahrungen von damals und unter den gleichen Bedingungen, wir würden dieselben Schlüsse ziehen und genau dieselbe, offensichtlich falsche Entscheidung treffen. Wüssten wir hingegen, was wir heute wissen, wäre die Situation natürlich eine andere.

Wer das Glück hatte, hervorragende Lehrmeister und Ratgeber an seiner Seite zu haben, weiß genau, was sie alles für ihn getan und wie sehr sie ihm den Weg geebnet haben. Und auch wenn wir wissen, dass es Momente gibt, in denen sich sogar die besten Lehrmeister irren, entgeht uns doch nicht, dass meist wir es sind, die nicht sofort den Sinn oder die Bedeutung dessen erfassen, was sie tun oder sagen.

Im Laufe der Zeit erhält so mancher Ratschlag, den uns unsere Eltern in den ersten Lebensjahren mitgaben, eine andere, tiefere Bedeutung. Dass sie und so viele andere Dinge, die wir lernten, nicht mehr da sind, lässt uns begreifen und wertschätzen, was wir damals überhaupt nicht bemerkten oder, schlimmer noch, für lächerlich oder unangebracht hielten.

Und auch wenn es sich merkwürdig anhört, genauso ist es mit so manchen unserer eigenen Angewohnheiten und Verhaltensweisen, wenn wir mit zeitlichem Abstand darauf zurückblicken.

Wenn wir zur ursprünglichen (vielleicht sollte man besser sagen: ursächlichen) Frage über den angeblichen Widerspruch von Verstand und Erfahrung zurückkehren, so lässt sich festhalten, dass wir uns nicht nur auf den Verstand verlassen sollten, um einen unseren Bedürfnissen und Möglichkeiten angemessenen Weg zu finden, sondern uns auch mit den Wegen auseinandersetzen sollten, die andere einschlugen, die uns vorausgingen. Und schließlich sollten wir das alles mit unserer eigenen Lebenserfahrung, unserer Intuition und unseren Empfindungen abgleichen.

Erste Entdeckungen
Wann und wie beginnen?

Die Spiritualität ist dem Menschen sozusagen in die Wiege gelegt, doch ihre Existenz und ihre Bedeutung wahrzunehmen ist keine Selbstverständlichkeit, sondern verlangt zuvor eine bewusste persönliche Entscheidung.

Wenn man sich häufig – unabsichtlich – auf den spirituellen Weg macht, stellt sich eine Frage: Was hilft mir bei der Entscheidung, diesen Weg einzuschlagen und ihn bewusst zu gehen, und was hindert mich daran?

Vielleicht kann uns die Parabel von der Stadt der Brunnen weiterhelfen. Hier die Geschichte in meinen eigenen Worten:

Es war einmal eine Stadt, die nicht wie alle anderen Städte des Planeten von Menschen bewohnt war.
Diese Stadt wurde von Brunnen bewohnt. Von lebenden Brunnen zwar, aber von Brunnen eben.
Die Brunnen unterschieden sich nicht nur durch ihren jeweiligen Standort, sondern auch durch die Art der Öffnung, die sie mit der Außenwelt verband.
Es gab prächtige Brunnen mit Marmoreinfassung und kostbarem Schmiedeeisen, einfache Brunnen aus Holz und Backstein und noch ärmlichere, karge Löcher, die sich einfach in der Erde auftaten.
Die Verständigung der Stadtbewohner spielte sich von

Brunnenöffnung zu Brunnenöffnung ab, und Nachrichten verbreiteten sich in Windeseile.
Irgendwann tauchte in der Stadt eine Mode auf, die sicherlich in irgendeinem Menschenort ihren Ursprung hatte.
Der neue Grundgedanke bestand darin, dass jedes Lebewesen, das etwas auf sich hielt, größeren Wert auf sein Inneres als auf sein Äußeres legen solle. Wichtig war nicht die Oberfläche, sondern der Inhalt.
Also begannen sich die Brunnen mit Gegenständen zu füllen.
Einige füllten sich mit Schmuck, Goldmünzen und Edelsteinen. Andere, praktischer veranlagte, füllten sich mit Elektro- und Haushaltsgeräten. Wieder andere entschieden sich für die Kunst und füllten sich mit Bildern, Klavieren und raffinierten postmodernen Skulpturen. Die Intellektuellen unter ihnen schließlich füllten sich mit Büchern, ideologischen Traktaten und Fachzeitschriften.
Die Zeit verging.
Die meisten Brunnen hatten sich derart gefüllt, dass sie nichts mehr fassen konnten.
Nicht alle Brunnen waren gleich, und während manche sich mit ihrem Zustand zufriedengaben, fanden andere, dass sie etwas tun mussten, damit sie noch mehr Dinge in sich hineinstopfen könnten …
Einer machte den Anfang. Statt seinen Inhalt noch mehr zusammenzupressen, kam ihm der Gedanke, sein Fassungsvermögen zu vergrößern, indem er sich erweiterte.
Es dauerte nicht lange, da fand die Idee Nachahmer: Alle Brunnen verwendeten nun einen Großteil ihrer Energie

darauf, sich zu erweitern, um ihren Innenraum zu vergrößern.
Einem kleinen Brunnen am Stadtrand fiel die Maßlosigkeit auf, mit der sich seine Kameraden ausdehnten. Wenn sie so weitermachten, dachte er, würden sie bald mit den Rändern aneinanderstoßen und ihre Identität verlieren …

Dieser Gedanke brachte ihn darauf, dass es noch eine andere Wachstumsrichtung gab, und zwar nicht in die Breite, sondern in die Tiefe. Tiefer werden statt größer. Schon bald stellte er fest, dass alles, was er in sich trug, ihn daran hinderte, tiefer zu werden. Wenn er tiefer werden wollte, musste er sich von seinem ganzen Inhalt befreien …
Zuerst fürchtete er sich vor der Leere, doch als er sah, dass es keine andere Möglichkeit gab, machte er sich ans Werk.
Von allem Besitz befreit, wurde der Brunnen tiefer und tiefer, während sich die anderen die Dinge nahmen, deren er sich entledigt hatte …
Eines Tages erlebte der Brunnen, der in die Tiefe wuchs, eine Überraschung: In seinem Inneren, ganz tief unten, stieß er auf Wasser!
Noch nie zuvor war ein anderer Brunnen auf Wasser gestoßen …
Nachdem sich der Brunnen von seiner Überraschung erholt hatte, begann er mit dem Wasser zu spielen. Er befeuchtete die Brunnenwände, benetzte den Brunnenrand, und schließlich ließ er das Wasser nach außen sprudeln.

Noch nie war die Stadt anders bewässert worden als durch den Regen, der allerdings ziemlich selten fiel. So kam es, dass die Erde rings um den Brunnen durch das Wasser zu neuem Leben erwachte.
Die Samen im Boden gingen auf und wurden zu Gras, Klee, Blumen und zarten Schösslingen, aus denen später Bäume emporwuchsen …
In allen Farben explodierte das Leben rings um den abgelegenen Brunnen, den man »den Garten« zu nennen begann.
Alle fragten ihn, wie er dieses Wunder vollbracht habe.
»Es ist kein Wunder«, antwortete der Garten. »Man braucht bloß in seinem Inneren zu suchen und dabei ganz in die Tiefe zu gehen …«
Viele wollten dem Beispiel des Gartens folgen, ließen es aber bleiben, als ihnen klar wurde, dass sie sich zuerst leeren mussten, um weiter in die Tiefe zu gelangen. Stattdessen wuchsen sie immer weiter in die Breite, um sich mit noch mehr Dingen füllen zu können …
Doch am anderen Ende der Stadt unternahm ein weiterer Brunnen das Wagnis und leerte sich.
Auch er wurde immer tiefer.
Und auch er stieß auf Wasser …
Und auch er sprudelte über und schuf eine zweite grüne Oase in der Stadt …
»Und was machst du, wenn das Wasser versiegt?«, wurde er gefragt.
»Ich weiß nicht, was dann ist«, antwortete er, »aber im Moment ist umso mehr Wasser da, je mehr ich hervorsprudeln lasse.«
Es vergingen einige Monate, bis die beiden Brunnen

durch Zufall entdeckten, dass es sich bei dem Wasser, auf das sie in der Tiefe ihrer selbst gestoßen waren, um ein- und dasselbe Wasser handelte …

Derselbe unterirdische Fluss, der unter dem einen hinwegfloss, füllte auch den anderen.

Ihnen wurde klar, dass sich ihnen eine neue Welt eröffnete.

Sie konnten sich nicht nur oberflächlich von Brunnenrand zu Brunnenrand verständigen wie alle anderen; stattdessen hatte ihre Suche ihnen eine neue, geheime Verbindung eröffnet: den tiefen Austausch, der nur denen möglich ist, die den Mut haben, sich innerlich leer zu machen und tief in ihrem Inneren nach dem zu suchen, was sie zu geben haben …

Die Geschichte lehrt uns, dass manche Dinge, die wir brauchen, keinen Raum einnehmen, aber doch Freiraum benötigen. Es sind Dinge, die, wie zuvor bereits gesagt, nichts mit materiellem Besitz, dem Erreichen von Zielen oder beruflichen Erfolgen zu tun haben. Dinge, die in den Bereich des Spirituellen fallen.

Es braucht keinen scharfen Verstand, keinen Reichtum und keine persönliche Macht, um die spirituelle Ebene zu erreichen. Die Erweckung kommt fast immer dann, wenn man glaubt, fast alles zu haben, wovon man einmal geträumt hat, und trotzdem immer noch unzufrieden ist. Bedenkt man außerdem, dass diese Ebene fast unmöglich zu erreichen ist, wenn man voller Vorurteile, Vorstellungen und

Vorgaben steckt, dann wird uns klar, dass es, wie in der Geschichte, am hilfreichsten ist, wenn wir uns bereitmachen, uns von all den banalen Dingen zu befreien, mit denen wir uns in einem fort unnötigerweise belasten.

Der Weg der Spiritualität ist ein Weg, an dessen Ende nicht Applaus oder Anerkennung von außen stehen, sondern die innere Gelassenheit dessen, der außen gesucht, aber innen gefunden hat.

Es ist wie ein Wortspiel: Ich bin übervoll, und deshalb fühle ich mich leer; erst wenn ich mich leer fühle, beginne ich vielleicht, Erfüllung zu empfinden.

Kurz nachdem wir uns auf den Weg gemacht haben, sehen wir bestätigt, was uns viele gesagt haben: Um diese neue Ebene zu durchwandern, benötigen wir kein besonderes Gepäck. Wie von allen vorhergesagt, begegnet uns alles Nötige auf dem Weg – nicht einmal, sondern tausendmal, bis wir uns irgendwann aufraffen (oder uns trauen), es anzunehmen. Vielleicht besteht die wichtigste Lehre dieser Etappe in der Erkenntnis, dass der Weg umso leichter fällt, je leichter das Gepäck ist, mit dem wir reisen, und dass dies auch beinhaltet, Dinge zurückzulassen, die wir vielleicht gerade erst an uns genommen und gebraucht haben.

Wenn ich das schreibe, kommt mir eines der wenigen Dinge in den Sinn, die ich in meinem Leben unbedingt noch machen möchte. Ich schäme mich fast, es zuzugeben. Obwohl es mich immer sehr fasziniert und bewegt, in Santiago de Compostela zu sein (und sei es nur für ein, zwei Stunden), bin ich nie den Pilgerweg nach Santiago gegangen (und das, obwohl ich mir jedes Jahr vornehme, mir die nötige Zeit zu nehmen). Vielleicht nehme ich mich ja selbst in die Pflicht, diesen Traum zu verwirklichen, indem ich hier über ihn schreibe.

Ich erwähne das, weil mir sämtliche Freunde, die irgendwann in Roncesvalles losmarschiert sind, um nach wochenlanger Wanderung erschöpft und zufrieden die herrliche, eindrucksvolle Kathedrale von Santiago de Compostela zu erreichen, mit kleinen Nuancen von der gleichen wunderbaren, beflügelnden Erfahrung berichteten.

Wenn sie von ihrem ersten Mal erzählen, müssen sie herzhaft über sich selbst lachen, wenn sie daran denken, wie sie wochenlang ihren Rucksack packten und sorgfältig jeden einzelnen Gegenstand auswählten, von dem sie glaubten, dass sie ihn brauchen würden.

Wer in dem Pyrenäenort Roncesvalles losgeht, erreicht nach einwöchiger Wanderung Logroño und macht dort die erste große Entdeckung auf dem Camino de Santiago. Bisher hat er fast stoisch das ganze Gepäck auf den Schultern getragen, mit dem er seinen Rucksack gefüllt hat, und festgestellt, dass die Kilos auf seinem Rücken mit jedem Tag schwerer zu wiegen schienen. Wenn er jetzt vor dem Postamt steht, wird dem Pilger klar, was er alles nicht braucht, und er überlegt, alles Überflüssige in ein Päckchen zu stecken und nach Hause zu schicken.

Die erste erleuchtende Aufgabe des Pilgerwegs besteht für viele darin, sich von allem Materiellen zu befreien, das sie mit sich herumschleppen, weil es nützlich sein könnte oder weil sie es gerne bei sich trugen, und konsequent zu entscheiden, was wirklich nötig ist und was nicht.

Etwas Ähnliches geschieht nach kurzer Zeit auf der spirituellen Ebene. Werden wir uns also des Gewichts bewusst, das wir in unserem Rucksack mit uns tragen, und empfinden wir die manchmal brutale Notwendigkeit, einen Teil der Last loszuwerden. Je mehr Gewicht wir zurücklassen können, desto besser kommen wir voran, desto leichter fühlen wir uns auf unserem Weg und desto mehr Platz bleibt, um mitzunehmen, was wir unterwegs finden, auch wenn wir wissen, dass wir es bald erneut zurücklassen werden.

Alles wird zur Last, wenn es keinen Nutzen mehr hat

Die Ebene der Spiritualität zu durchwandern bedeutet auch, Dutzende von Ideen und Vorstellungen hinter uns zu lassen, nicht nur über das Spirituelle, sondern vor allem über uns selbst und den Sinn der Dinge.

Es erscheint völlig sinnlos, anderen die Schuld daran zu geben, dass wir so schwer beladen sind und nicht vorankommen. Die anderen graben keine Gruben, damit wir stolpern, noch errichten sie Hürden, die wir nicht überwinden können. Der spirituelle Weg ist ein innerer Weg, auch der Ballast, die Hindernisse und Schwierigkeiten kommen größtenteils von innen.

Du wirst sagen, dass es unmöglich ist, unsere Eigenschaften zu hundert Prozent abzulegen, da sie uns größtenteils schon seit unserer Geburt begleiten, ein Teil unserer genetischen Information sind. Das stimmt. Aber das heißt nicht, dass es nicht wichtig wäre, alles in unserer Macht Stehende zu tun, um uns von Anbeginn der Reise von Vorgaben, Vorurteilen, Vorschriften und überkommenen Mustern zu befreien.

Hunderte von Metaphern umschreiben das Bild der nie versiegenden Quelle, verbunden mit der Vorstellung, uns endlich der Reste dessen zu entledigen, was nicht mehr ist, nicht mehr nutzt oder nicht mehr da ist. Ich möchte eine Geschichte aus meinem eigenen Leben erzählen …

Vor fünfzig Jahren noch kaufte man in Argentinien das Mehl in großen 25-Kilo-Säcken, die in der Vorratskammer – gleich neben dem Zuckersack – oder im Keller gelagert wurden. Im Haus meiner Großmutter wurde das viele Mehl Messlöffel für Messlöffel in ein, zwei Monaten aufgebraucht, und wenn der grobe Jutesack fast leer war, ersetzte ihn mein Großvater durch einen vollen.

Wir Kinder machten uns ein Spiel daraus, den alten Sack vollständig zu leeren: Wir füllten den Rest des feinen weißen Pulvers in das Glasgefäß in der Küche und schüttelten dann den Sack, bis kein Mehl mehr drin war.

Aber der Stoff, aus dem diese Säcke gemacht waren, verlieh dem Ganzen einen besonderen Reiz: Ganz egal, wie oft und wie heftig meine Cousins und ich den leeren Sack schüttelten, es blieb immer ein bisschen Mehl in dem groben Stoff hängen. Ihn leer zu bekommen war eine echte Herausforderung …

Und wenn wir sicher waren, dass mit dem letzten Schütteln alles erledigt war, rieselte erneut eine weiße

Staubschicht auf unsere Füße, sobald wir ihn noch einmal ausschüttelten.

Nur um dich zu beruhigen: So ein kleines Restchen Mehl wird dich keinesfalls daran hindern voranzukommen; ich mache mir nur Sorgen, dass du vorhaben könntest, dich mit dem 25-Kilo-Sack auf den Schultern auf den Weg zu machen.

Wie gesagt, die größten Hindernisse befinden sich in unserem Inneren, und das Problem ist, dass wir nicht immer bereit sind, uns das einzugestehen. Und wenn es nicht unsere anerzogenen Eigenschaften sind, die uns blind für unsere Mitverantwortung am Scheitern machen, kommt doch noch unsere Eitelkeit erschwerend hinzu.

> Eines Tages gerieten die Erinnerung und die Eitelkeit in Streit.
> Die Erinnerung sagte: »So war es.«
> Und die Eitelkeit entgegnete: »Oh nein, es war nicht so, wie du sagst.«
> Die Erinnerung beharrte: »Und ich sage dir, so war's. Ich erinnere mich genau.«
> Aber die Eitelkeit gab nicht nach: »Ich weiß, dass es nicht so gewesen sein kann.«
>
> Die beiden stritten erbittert über diese Frage, sie stritten und stritten …
> Schließlich kam es, wie es immer kommt.

Die Eitelkeit blieb so stur, dass sich die Erinnerung, des sinnlosen Argumentierens müde, geschlagen gab.
Seit damals traut der Mensch nicht länger seiner wahrheitsgetreuen Erinnerung, sondern gibt der Geschichte den Vorzug, die seiner Eitelkeit und seinem Stolz genehmer ist.

Sich auf den Weg machen

Nachdem wir tausendmal hin und her überlegt haben, ängstlich, misstrauisch, überrascht und verunsichert, machen wir eines Morgens die Leinen los und lassen uns zunächst von der Strömung treiben.

Das Besondere an dieser Ebene ist, dass es keine Karte und keinen vorgegebenen Weg gibt.

Es gibt keine Autobahnen und keine Schleichwege.

Jeder Weg kann der beste sein – alle sind gut, wenn man sie in dem festen Willen beschreitet voranzukommen.

Der Weg zum spirituellen Wachsen hat kein Ende. Ihn zurückzulegen ist, als ginge man auf ein Ziel zu, das sich in derselben Geschwindigkeit von uns entfernt, mit der wir uns ihm nähern.

Wenn wir uns daran erinnern, dass Moses Gott in einem unscheinbaren brennenden Dornbusch mitten in der Wüste fand, wenn wir bedenken, dass Buddha die Erleuchtung erlangte, während er unter einem Feigenbaum schlief, wenn wir nicht vergessen, dass Jesus in einem Stall geboren wurde … dann kann uns deutlich werden, wie wenig Bedeutung es hat, wo du anfängst, verglichen mit der Größe dessen, worauf du zugehst.

Die Richtung und die Geschwindigkeit

Im Alltag sind wir gezwungen, unseren natürlichen, persönlichen Rhythmus dem der Allgemeinheit anzupassen, der von hingebungsvollem Streben nach größtmöglicher Produktivität oder überschwänglicher Begeisterung für maximale Effizienz bestimmt wird.

Doch das ist offenbar keine gute Strategie, wenn wir mit unserem Innersten in Verbindung treten wollen, denn hier gilt es nichts zu beweisen und nirgendwohin zu gelangen. Auf dem spirituellen Weg sollte jeder in seinem eigenen Rhythmus und seinem eigenen Tempo unterwegs sein.

Die erste Aufgabe wird also sein, diesen inneren Rhythmus zu finden und zu lernen, auf ihn zu hören.

Sich nach ihm zu richten wird es uns ermöglichen, die Ebene manchmal schneller, manchmal sehr langsam zu durchwandern. Unterwegs einen Halt einzulegen, um nachzudenken, umzukehren, bereits Gesehenes in Frage zu stellen oder uns die Zeit zu nehmen, irgendwo zu verweilen, um einer alternativen Route tiefer auf den Grund zu gehen.

Mit achtzehn Jahren, als ich weit von jeder Erleuchtung entfernt war (und ich bin es immer noch), interessierte ich mich sehr für die Begeisterung, die manche Menschen für die Religion entwickelten. Getrieben von der ebenso pubertären wie anmaßenden Überzeugung, dass ich nicht behaupten könne, etwas »sei nichts für mich«, wenn ich es nie ausprobiert hatte, beschloss ich, in die Fußstapfen meiner Mutter zu treten.

Ich habe diese Zeit, in der ich Vorschriften und Gebote befolgte, täglich betete und darauf achtete, Gott weder durch Gedanken noch durch Taten zu beleidigen, als eine Zeit großer Erfüllung in Erinnerung. Ob berechtigt oder nicht, ich hatte das Gefühl, dass ich mit Riesenschritten auf meinem Weg hin zu einem besseren Jorge Bucay unterwegs war.

Irgendwann begann ich meine Beziehung zu Gott in Frage zu stellen und wenig später an seiner Existenz zu zweifeln.

Es war kein Lehrmeister in Sicht, der mir hätte helfen können (zumindest keiner, zu dem ich genügend Vertrauen hatte). Weder lagen auf meinem Nachttisch die Bücher von Franz Jalics (wie sehr hätten sie mir geholfen!), noch hatte ich damals schon *Der fünfte Berg* von Paulo Coelho gelesen (vor allem deshalb, weil er es damals noch gar nicht geschrieben hatte).

Obwohl ich nicht genau wusste, was mit mir los war, wurde mir klar, dass ich diesen Weg nicht weiterverfolgen konnte, ohne innezuhalten, um meine Gedanken zu ordnen.

Konnte man weiterhin nach den Glaubensregeln leben, ohne an Gott zu glauben?

Hatte das, was ich da machte, einen Sinn, wenn ich meinen Glauben in Frage stellte?

Heute weiß ich, dass man in solchen Momenten innehalten muss. Man kann und soll seine Entscheidung nicht überstürzen, noch soll man sich verpflichtet fühlen, ohne Überzeugung weiterzugehen. Früher oder später findet sich die Antwort, und wir können unseren Weg fortsetzen.

Und wenn die ersehnte Klarheit zur Folge hat, dass wir feststellen, wir sind in die falsche Richtung gegangen, dann können wir dankbar sein, dass wir noch nicht so weit gegangen sind, um zum Anfang zurückzukehren und von vorn zu beginnen.

So beschreibt es auch der Poet Hamlet Lima Quintana in seinem kleinen Gedicht mit dem Titel *Ohne Ende*:

> Ein jeder folge seinem eigenen Schicksal
> schlage seinen Weg ein, entdecke seine Brunnen
> und wässere seine Pflanzen,
> und wenn er merkt, dass er in die Irre gegangen,
> so kehre er um und baue sein Haus wieder auf.

Als hätte er das Gedicht gelesen, verlangt ein wahrer Lehrmeister nie, dass man eine bestimmte Richtung einschlägt, vielleicht, weil er, wenn er ehrlich ist, weiß, dass er womöglich später auf seinem eigenen Weg feststellt, dass alles, was er gedacht hat, falsch war oder der von ihm eingeschlagene Pfad in eine Sackgasse führt.

Wenn ein guter Lehrmeister dir einen Weg weist, dann ist dies eine Einladung, diesen Weg zu entdecken und ihn zu deinem eigenen Weg zu machen – oder auch nicht.

Seine Führung gibt dir die Möglichkeit, seinem Verstand dein Gefühl hinzuzufügen, seiner Erfahrung dein Erlebnis und seiner Weisheit deine Kreativität.

»Eure Kinder sind nicht eure Kinder«, sagt Khalil Gibran. »Sie sind die Söhne und Töchter der Sehnsucht des Lebens nach sich selbst […] Ihr seid die Bogen, von denen eure Kinder als lebende Pfeile abgeschickt werden. Du kannst sie in eine Richtung lenken, aber du kannst sie nicht an der Hand bis ins Ziel führen.«

Wir werden viele Bogen finden, die uns als Impuls oder Kompass dienen, geniale Bücher und Hunderte von Lehrmeistern, die uns großherzig die weisesten Ratschläge zum Geschenk machen, doch das alles wird nicht genügen. Wir werden selbst aktiv werden müssen, uns dem anderen öffnen, die Bescheidenheit haben, zu lernen, und den Mut, es selbst am eigenen Leib zu erleben.

Da Eile zu nichts führt, hängen die Fortschritte, die wir machen, nicht so sehr von dem Gelände ab, das wir durchwandern, sondern von unseren Lebensumständen und unserem inneren Zeitempfinden. Wenn du das Gefühl hast, zu schnell zu gehen, oder glaubst, zu langsam zu sein, dann irrst du; deine Eitelkeit oder dein Ehrgeiz (oder beides) stellen dir eine Falle.

Wenn du also merkst, dass du stehen bleibst, dann sieh dich an, und wenn dir bewusst wird, dass du nachdenkst, dann machst du genau das Richtige. Lass die Eile ohne Angst am Eingang zurück, schließlich läuft die Lebensuhr bekanntermaßen niemals rückwärts.

Eines Tages fragte ein Schüler seinen Meister:
»Meister, wie lange werde ich brauchen, um die Erleuchtung zu erlangen?«
Der Meister antwortete: »Das kann man nicht sagen.«
»Aber was schätzt du, wie lange ich brauchen werde?«, hakte der Schüler nach.
Angesichts der Hartnäckigkeit seines Schülers antwortete der Meister, mehr um etwas zu sagen denn aus Überzeugung, dass er zehn Jahre brauchen werde.
Dem Schüler gefiel die Antwort ganz und gar nicht.
»Zehn Jahre? Das ist eine lange Zeit. Und wenn ich mich ausschließlich mit spirituellen Dingen befasse?«

»Ah«, antwortete der Meister, »dann wirst du mindestens zwanzig Jahre brauchen.«

Der spirituelle Weg kennt keine festen Zeitspannen. Er hat seine eigene Zeit, und wer die Etappen zu beschleunigen versucht, indem er Abkürzungen nimmt, wird eine weitere Strecke gehen als der, der in seiner eigenen Geschwindigkeit auf dem direkten Weg bleibt. Es gibt Millionen von Hindernissen, viele falsche Türen, unendlich viele Versuchungen, und die Wahrscheinlichkeit ist sehr groß, dass man sich verläuft (obwohl dich das alles im schlimmsten Fall Zeit kostet).

Was auch immer geschieht, sei geduldig, schiele nicht nach Ergebnissen und widerstehe der Versuchung, bei der ersten Schwierigkeit die Richtung zu ändern.

Es ist wie bei allem im Leben: Wenn du auf deiner Suche nach zehn Kilometern rechts abbiegst und wieder zehn Kilometer gehst, erneut abbiegst und noch einmal zehn Kilometer gehst und das Gleiche noch ein drittes Mal machst, dann wirst du am Ende vierzig Kilometer gegangen sein, aber wieder an derselben Stelle stehen wie am Anfang. Sei dir dessen stets bewusst.

»Don't push the river«, so rät uns Barry Stevens in ihrem gleichnamigen Buch. Unser spirituelles Leben ist auf vielfältige Weise ein Fluss, der dahinfließt, und wenn du dir die Zeit nimmst, wirst du lernen, deine innere Stimme zu hören. Sie wird dich lehren, mit dem Strom zu schwimmen, und dir den Unterschied zeigen zwischen »mit dem Strom schwimmen« und »sich von der Strömung mitreißen lassen«.

Nicht vergessen

Eine der eindrucksvollsten Szenen im alten Rom war der Moment, in dem ein siegreicher Feldherr im Triumph in die Stadt der Cäsaren einzog.

Damit ihm die Stadt einen solchen Empfang mit höchsten Ehren bereitete, mussten zwei Bedingungen erfüllt sein: Der General musste in einem »gerechten Krieg« *(bellum iustum)* gesiegt haben, und während der Auseinandersetzung mussten mindestens fünftausend Feinde gefallen sein.

Die Truppen, die an dem Triumphzug teilnahmen, sammelten sich zunächst auf dem Marsfeld, von wo sie durch den Triumphbogen in Rom einzogen. Nachdem sie durch die Via Sacra marschiert waren, erreichten sie das Kapitol, wo sie dem Jupiter ein feierliches Opfer darbrachten. Dort, zu Füßen des Cäsars, präsentierten die siegreichen Truppen dem Volk die aus den eroberten Gebieten mitgebrachten Schätze und die lange Reihe von Kriegsgefangenen.

An diesem Tag herrschte großer Jubel und eitel

Freude in Rom, das siegreiche Heer wurde mit Girlanden und Blumen überhäuft.

Der Triumphzug war bereits eine Auszeichnung für sich, denn im täglichen Leben war es den Soldaten nicht erlaubt, sich in der Stadt zu bewegen.

Im Mittelpunkt der Feierlichkeiten aber stand die Person des siegreichen Feldherrn, der mit Lorbeer bekränzt und in eine goldgesäumte Tunika gekleidet wurde. Er wurde empfangen wie ein Gott – das ging so weit, dass seine Gunst beim Volk und seine Macht an diesem Tag sogar jene des Imperators in den Schatten stellten.

Weil Julius Cäsar vielleicht befürchtete, einer seiner Helden könne ihm seine Machtbefugnisse streitig machen, und damit der Feldherr nicht vergaß, dass dieser Zustand nur vorübergehend war, ordnete er an, dass direkt hinter dem Triumphator stets ein Sklave herzugehen habe, der dem Feldherrn die Eichenlaubkrone aus dem Jupitertempel über das Haupt halten und ihm zuflüstern solle: *Respice post te, hominem te esse memento* (»Sieh dich um, denke daran, dass auch du nur ein Mensch bist«).

Es tut nichts zur Sache, wer die Rolle übernimmt, uns daran zu erinnern, wer wir sind und was wir waren. Manchmal ist es ein Freund, ein Vorgesetzter oder auch ein Unbekannter, manchmal sind es deine Kollegen oder dein Partner, manchmal sogar ein hellsichtiger, verborgener Teil unserer selbst (ein Phänomen, das ich immer »der Hofnarr« nenne).

Jemand muss bereit sein, uns dabei zu helfen, dass wir uns stets unserer Verantwortung und unserer Grenzen bewusst sind, selbst in den Momenten (oder gerade dann), in denen wir ihn darum bitten, doch zu schweigen, oder in denen wir ihm nicht zuhören wollen.

Es wäre gut, wenn dich jemand warnen könnte oder wollte, wenn du, verführt von den angenehmen Aussichten einer Lüge, Gefahr läufst, vom Weg abzukommen, weil du dich für etwas Besonderes und den anderen überlegen hältst, weil du einen Weg gegangen bist, zu dem andere noch keinen Zutritt haben.

Es muss niemand sein, der den Weg besonders gut kennt (wenn es so ist, umso besser), noch muss er unbedingt seine Geheimnisse durchdrungen haben, nachdem er sich immer wieder verlaufen hat (auch wenn es die Sache vereinfachen würde, wenn es so wäre), noch muss es notwendigerweise jemand sein, bei dem du dich fallen lassen kannst, dem du vertraust, dem du dich völlig öffnen kannst (aber es wäre sehr hilfreich, wenn diese Bedingungen gegeben wären). Entscheidend ist nur, dass du seine Stimme von Anfang an hörst, so dass du dich nicht verirrst. Und hoffentlich ist derjenige hartnäckig genug, dir so lange in den Ohren zu liegen, bis du ihm zuhörst (nicht bis du tust, was er sagt, sondern bis du ihm zuhörst).

Es ist, als lägen einige der grundlegenden Wahrheiten stets auf der anderen Seite unserer Begrenzungen. Sie zu erkennen, anzuerkennen und anzunehmen, das ist der Weg, um sich den wirklich wertvollen und wahrhaftigen Dingen anzunähern. Aber es ist kein Zuckerschlecken. Im ersten Moment erscheint es uns oft leichter, zu lügen oder uns etwas vorzumachen. Das ist nur logisch; die Lüge ist eine Vorspiegelung falscher Tatsachen, die sich nach unserem Vorteil oder unseren Wünschen richtet.

Wie Osho sagt, passt sich die Lüge stets perfekt der Situation jedes Einzelnen an. Sie ist immer angenehm, sie fordert nichts und zwingt dich zu nichts, ist dir stets zu Diensten. Mit der Wahrheit hingegen verhält es sich genau umgekehrt: Sie kann nicht nur ziemlich unbequem sein, es sind vielmehr wir, die uns ihr anpassen müssen, und zwar ganz und gar, denn im Gegensatz zu ihrem Widerpart lässt sie keine Halbheiten zu, ob es uns nun passt oder nicht. Einer halben Wahrheit ist nie zu trauen. Die Wahrheit ist die ganze Wahrheit, oder es ist nicht ganz die Wahrheit.

Ist der Weg ein Vergnügen?

Raj Dharwani bediente sich gern der folgenden Metapher:

Hast du schon einmal nach Wasser gegraben?

Selbst wenn du an der richtigen Stelle gräbst, stößt du zunächst nur auf Erde, Geröll und Schutt.

Nach langem Graben stößt du auf den Schlamm, der die Arbeit erschwert und alles verschmutzt. Du hättest wirklich nicht übel Lust, die Suche aufzugeben.

Ein bisschen weiter unten stößt du dann auf das Wasser, aber du bist enttäuscht: Zunächst ist das begehrte Nass ganz schmutzig und trüb.

Doch wenn du durchhältst und weitergräbst, erreichst du schließlich das reine Wasser, das immer klarer aus der Tiefe hervorsprudelt.

Auf dem Weg zu höheren Ebenen passiert genau dasselbe. Manchmal erscheint einem alles hart und frustrierend, und alles, was du ringsum siehst, ist widerlich und stinkend. Wenn du nicht aufgibst und dich nicht einschüchtern lässt, wenn du Vertrauen hast und durchhältst, ändert sich das Szenario, und eine Quelle mit kühlem, klarem Wasser entschädigt dich für die Anstrengung.

Wasser, um unseren Durst zu stillen, um uns zu erfrischen und natürlich auch, um es mit anderen zu teilen.

Weggefährten

Wir sind nicht die Einzigen, die diese Ebene durchwandern.

All die anderen, ob nahestehend oder nicht, ob sympathisch oder eher weniger, ob sie weiter hinten gehen oder ein Stück voran, sie alle sind Weggefährten:

Solche, die ein-, zweimal unsere Wege kreuzen, andere, die einen großen Teil der Reise mit uns unternehmen, und auch jene wesentlich zahlreicheren, denen wir nie begegnen, obwohl wir wissen, dass sie die Erfahrung des Suchens sowohl zeitlich als auch räumlich mit uns teilen.

Und Vorsicht, ich meine damit tatsächlich, dass sie die Erfahrung des Suchens mit uns teilen, und nicht, dass wir ihnen zufällig in einer Meditationsgruppe oder auf einer Indienreise begegnen.

Ich meine damit, dass sie die Erfahrung mit uns teilen, und nicht nur, dass sie dir an einer Straßenecke begegnen, ohne zu wissen, wo sie gerade sind und warum.

Einmal begegneten sich an einer Wegbiegung zwei Wanderer. Sie gingen eine Weile nebeneinanderher, als ob sie das gleiche Ziel hätten … Irgendwann sagte der eine:
»Ich bin so müde! Wie weit ist es noch?«
»Zwanzig Kilometer«, antwortete der andere, der dachte, sein Reisegefährte rede von der nächsten Stadt.

»Ich habe eine geniale Idee«, sagte der Erste. »Jeder von uns geht zehn Kilometer ...«

Jemand, der glaubt, er könne für dich gehen, oder der dich bittet, für ihn zu gehen, ist kein Weggefährte, sondern ein Dummkopf, wie sie einem jeden Tag begegnen.

Sollte man Dummköpfe auf ihre Dummheit hinweisen? George Bernard Shaw sagt, nein, es sei denn, sie kreuzen zufällig deinen Weg und wollen dich mit ihrer Dummheit behelligen.

Auf einer Zugfahrt versucht ein Mann stundenlang vergeblich mit seinem Sitznachbarn Shaw ins Gespräch zu kommen.

Als er schließlich merkt, dass sein berühmter Reisegefährte nicht die Absicht hat zu reden, wird er ungehalten und sagt laut:

»Ich hoffe, im Paradies habe ich mehr Glück und muss nicht bis in alle Ewigkeit neben einem Trottel wie Ihnen sitzen!«

George Bernard Shaw entzündet in aller Seelenruhe seine Pfeife und antwortet, ohne ihn eines Blicks zu würdigen:

»Sie können ganz beruhigt sein, Mister. Ich bin so gut wie sicher, dass solche Trottel wie ich nicht mal ins Paradies kommen.«

Mit jemandem gemeinsam zu gehen ist das eine. Sich an ihn zu klammern das andere.

Jemanden um Hilfe zu bitten ist das eine. Sich abhängig zu machen das andere.

In Begleitung zu sein ist das eine. Dem anderen nachzulaufen das andere.

Ein Weggefährte ist nicht zwangsläufig eine Hilfe (warum sollte er?), aber wir sollten versuchen, dafür zu sorgen, dass er nicht zum Hindernis wird.

Er ist auch kein Hinweis darauf, dass wir auf dem richtigen Weg sind, und schon gar nicht kann der andere deinen Rhythmus oder deine Geschwindigkeit auf dem Weg bestimmen.

Spiritualität ist eine innere, zutiefst persönliche Erfahrung. Also hetze nicht anderen hinterher und bleib nicht stehen, um auf andere zu warten.

Ich kann deine Verletzung sehen und deine Blasen berühren, aber ich kann niemals für dich deine Schmerzen empfinden oder das Brennen spüren.

Jemandem zur Seite zu stehen ist das eine. Sich um ihn zu kümmern das andere.

Einen Gedanken zu teilen ist das eine. Ihn anderen aufdrängen zu wollen das andere.

Anderer Meinung zu sein ist das eine. Den anderen zu verurteilen das andere.

Die Sache mit den sinnlosen Fragen

Kaum bin ich losgegangen, beginnen hinter der ersten Wegbiegung auch schon die Fragen.

Am Anfang sind es immer dieselben:

Was mache ich hier, und warum tue ich mir das an?

Was macht jemand wie ich auf einem solchen Weg?

Und von da an tauchen Hunderte weiterer Fragen auf, die mehr oder weniger viel mit den ersten Fragen zu tun haben und die plötzlich, wenn man keine Antworten darauf weiß, zur Qual werden:

Soll ich weitergehen? Oder soll ich umkehren und so bleiben, wie ich war?

Mache ich mir das Leben unnötig schwer? Schließlich führen so viele Leute ein glückliches Leben, ohne jemals über all diese Dinge nachgedacht zu haben …

Es ist immer gut, einen Weg zu verlassen. (Ich werde hier nicht die Fahne hochhalten, um zu signalisieren, dass man, was man angefangen hat, um jeden Preis zu Ende bringen muss oder bis zuletzt um jede Nebensächlichkeit kämpfen sollte.) Insbesondere wenn du den Weg nicht ganz freiwillig gewählt hast. Vor allem, da du an diesem Punkt der Reise nicht wissen kannst, ob sie dich zu einem Ort führt, der dich zum Weitergehen ermuntert.

Natürlich könntest du stehen bleiben. Viele haben das getan.

Sie sind durch die Tür gegangen, haben sich auf den Weg gemacht und dann aufgegeben.

Wie gesagt, du könntest aufhören weiterzusuchen, es ist deine Entscheidung. Was du aber ganz sicher nicht kannst, ist, wieder der zu werden, der du warst, bevor du durch diese Tür gegangen bist. Du wirst nicht besser oder schlechter sein, aber etwas in dir hat sich verändert.

Lernen ist schwer; das Gelernte willentlich zu vergessen ist unmöglich (und hier ist es wichtig, den Unterschied zwischen »Gelerntem« und »Angeeignetem« zu betonen).

Wenn du gelernt hast, dass es diesen Weg gibt, und du zwei Schritte auf ihm gegangen bist, kannst du ihn zwar wieder verlassen, aber du wirst nur schwerlich vergessen können, dass er existiert. Du kannst ihn ignorieren, so tun, als ob es ihn nicht gäbe, und dir sogar selbst einreden, dass dir nichts daran liegt, doch der Samen, den du am Anfang gepflanzt hast, bleibt in dir.

Aber was mache ich mit den ganzen Fragen, wenn ich beschließe weiterzugehen?

Ich könnte ihnen ausweichen, sie umgehen oder versuchen, sie zu vergessen.

Ich könnte sie mit Gegenfragen beantworten, das funktioniert immer. Oder zumindest manchmal …

Als ich zur Schule ging, war der Mathematikunterricht immer so eine Art Strafe für uns Schüler. Unser Lehrer, ein Ingenieur, der aus irgendeinem undurchsichtigen Grund Lehrer geworden war, verwendete immer dieselbe »Methode«: In jeder Stunde erklärte er mindestens einen neuen Themenbereich und gab uns dann Hausaufgaben dazu auf.

Es waren immer drei Aufgaben zu jedem besprochenen Thema, keine mehr und keine weniger. Und wie schlimm die Strafe ausfiel, hing davon ab, wie viele Themen an diesem Tag durchgenommen worden waren. In der nächsten Stunde wurden die Hausaufgaben zu Beginn der Stunde besprochen; einige mussten nach vorne kommen und die Aufgaben vom Vortag an der Tafel lösen. Er korrigierte die Fehler und fragte, ob das so klar sei. Dann ging das Ganze wieder von vorne los: ein neues Thema und ein neuer Schwung Hausaufgaben.

Irgendwann dachten wir uns eine Strategie aus, um weniger Hausaufgaben aufzubekommen. Die Ausgangssituation war folgende: Wenn unser »Pauker« zwei Themen erklärte, was die Regel war, hatten wir sechs Rechenaufgaben für zu Hause auf; erklärte er drei, waren es mehr, und wenn er Zeit hatte, auch noch ein viertes Thema zu erklären, wären es sogar zwölf!

Was wir zu tun hatten, war kinderleicht. Wenn es ans Zusammenfassen ging und er uns fragte, ob es noch Unklarheiten gab, mussten wir ihn mit Fragen löchern, damit er keine Zeit mehr hatte, mit einem neuen Thema zu beginnen. Die Idee war genial, und gleich in der nächsten Stunde setzten wir sie in die Praxis um. Wir bombardierten den Lehrer mit allen möglichen Fragen, tatsächlichen und an den Haaren herbeigezogenen, und wir wiederholten Fragen, die andere schon gestellt hatten, bloß in anderen Worten.

Das Ergebnis am ersten Tag war umwerfend. Tatsächlich konnte der Lehrer an diesem Tag nur ein einziges Thema durchnehmen, und folglich hatten wir nur drei Rechenaufgaben für zu Hause auf. Der Plan war ein voller Erfolg und wir waren fünfundzwanzig kleine Genies.

In der nächsten Stunde gingen wir völlig entspannt in den Mathematikunterricht.

Aber eine Sache hatten wir nicht bedacht, und das sollte uns einen dicken Strich durch die Rechnung machen. Weil wir nur drei Hausaufgaben in der Klasse zu besprechen hatten, waren wir statt wie sonst in einer halben Stunde schon nach zehn Minuten damit fertig, obwohl wir Fragen über Fragen stellten. Die fatale Folge war, dass er diesmal statt einer halben Stunde fünfzig Minuten hatte, um neue Themen durchzunehmen. Obwohl wir eifrig dazwischenfragten, erklärte der Lehrer in dieser Stunde nicht weniger als **fünf** Themen, und jeder von uns nahm läppische fünfzehn Aufgaben für den nächsten Tag mit nach Hause.

Die vielen Fragen, die wir dem Lehrer stellten, waren nicht dazu da, unsere Unklarheiten zu beseitigen. Das ist mit vielen Fragen so. Sie hatten ein klares Ziel: den Unterricht aufzuhalten, neue Themen hinauszuzögern, die Aufgaben zu umgehen, die wir zu erledigen hatten.

Genau das passiert uns oft auf unserem Weg (und im Leben). Wir werfen allerlei Fragen in den Raum, aber nicht, weil uns die Antworten interessieren. Ganz im Gegenteil. Wir fragen umso mehr, je weniger wir die Antwort wissen wollen. Es sind hohle Fragen, die nur dazu dienen, uns selbst etwas vorzumachen – natürlich nicht für lange Zeit.

Und glaube nicht, dass es darum geht, das Fragen einzuschränken. Es geht darum, solche Fragen auszusortieren, die uns nicht weiterbringen, und auf solche zu verzichten, die nicht nach einer Antwort suchen, sondern nach einer Entschuldigung, um nicht weitermachen zu müssen.

Aufgrund der Erfahrung, die wir auf anderen Ebenen gesammelt haben, wissen wir, dass sich so manche Frage, die wir einmal für wichtig hielten, wenig später als nichtig oder sinnlos entpuppt. Von den allseits bekannten, angstvollen Fragen, die uns alle so manche Nacht den Schlaf raubten – Wird er / sie mich immer lieben? Werde ich mich durchsetzen? Was muss ich tun, um das Gefühl zu haben, dass alles unter Kontrolle ist? –, bis hin zu der dummen Trilogie von Fragen, von denen uns die Konsumwelt weismacht, dass sie die alles entscheidenden seien: Was kostet das? Wo bekomme ich das? Wie komme ich zu Geld?

Auf dieser wie auch auf anderen Ebenen beschränkt sich die sinnlose Frage, die wir um jeden Preis vermeiden sollten und die uns am meisten Zeit kostet, auf drei kleine Wörter:

Kann ich das …?

Vor einigen Jahren nahm ich mir vor, einen Roman zu schreiben, einfach, weil ich Lust dazu hatte. Eine komplexe, makabre Handlung ging mir im Kopf herum. Es ging um all die Dinge, über die ich sonst in meinen Selbsthilfebüchern nicht schreibe. Es ging um Diktaturen, Korruption, Politik, Lateinamerika und die Lüge als Grundlage der Macht.

Die Frage, die mich damals Tag und Nacht begleitete, war immer dieselbe: Konnte ich das?

»Der Kandidat«, wie er schließlich hieß, erblickte schließlich 2006 das Licht der Welt und wurde zu meiner Überraschung mit dem Literaturpreis der Stadt Torrevieja willkommen geheißen.

In Interviews wurde ich oft gefragt, wie ich darauf gekommen sei, einen Roman zu schreiben. Ich antwortete, ich hätte vieles gehört und gelesen, was richtige Romanschriftsteller über den kreativen Prozess sagen, und mich an ihren Rat gehalten. Ich hätte aufgehört, mich zu fragen, ob ich das wohl könnte, und stattdessen die Zeit dafür genutzt, um eifrig den zweiten Ratschlag zu befolgen, in dem sich alle einig zu sein schienen: viel lesen, viel träumen, viel nachdenken, viel korrigieren, viel kürzen, viel verwerfen … und gleich darauf den Faden wiederaufnehmen und das, was übriggeblieben ist, in eine annehmbare Form bringen.

Wenn ich jetzt so darüber nachdenke, hat der spirituelle Prozess viel von alldem. Auch die Entdeckung dieser Ebene bedeutet sich auseinandersetzen (lesen und zuhören), ausschließen, verwerfen, korrigieren, den verlassenen Pfad immer wieder aufnehmen und sich nicht länger von sinnlosen Fragen ablenken lassen.

Ängste und Beschränkungen

Sich in zu vielen Fragen zu verzetteln ist eine Taktik, so zu tun, als ginge es vorwärts, ohne dass es vorwärtsgeht. Zu behaupten, man sei auf dem Weg, während man auf der faulen Haut liegt. Und es ist, warum es bestreiten?, der Versuch, Ängste zu bannen oder ihren Einfluss auf unser Leben zu minimieren.

Unbeweglichkeit ist oft ein Ausdruck ungelöster Ängste:

Angst, die Dinge in Frage zu stellen, die ich weiß.

Angst, nicht mehr dazuzugehören.

Angst, nicht umkehren zu können.

Angst vor dem Scheitern, oft verbunden mit der Angst vor dem Erfolg.

Und auf dieser Ebene sogar die Angst, verrückt zu werden.

Aber wenn wir hier sind, dann, weil wir wissen, dass die meisten dieser Ängste in unserem eigenen Kopf entstehen, dass sie mehr oder minder kreative Erfindungen unseres Denkens sind, um uns von den Veränderungen abzuhalten, die geschehen, wenn wir weitergehen.

Meine Freundin Martha Morris schickte mir einmal aus ihrer Heimat Costa Rica dieses Gedicht, das mir immer wieder vor Augen führt, wie wichtig es ist, dass wir in Bewegung bleiben und uns klarmachen, dass wir selbst dafür verantwortlich sind, welche Richtung wir einschlagen, auch auf dem spirituellen Weg.

> Die Blumen in deinem Garten öffnen sich,
> doch wenn du das Fenster nicht öffnest,
> wirst du nie ihren Duft genießen.

Die Vögel kehren im Frühling zurück,
doch wenn du in deinem Keller bleibst,
wirst du nicht einmal merken, dass der Winter vorüber
ist.

Die Sonne geht jeden Morgen auf,
doch wenn du nicht in den Himmel blickst,
werden ihre Strahlen niemals dein Gesicht bescheinen.

Wenn du still stehst, zu still,
hörst du auf, ein Mensch zu sein, und wirst zur Statue,
und dann fließt nicht länger das Leben durch dich
hindurch.

Wenn der Wunsch voranzugehen stärker ist als die Angst, lernen wir, dass wir zwar unsere Grenzen und unsere Schwächen haben, aber wir werden feststellen, dass so manche dieser Einschränkungen nicht für immer sein muss.

In Freizeitparks wird bei einigen Attraktionen verlangt, dass die Teilnehmer ein Mindestalter und eine bestimmte Körpergröße haben. Um das zu kontrollieren, gibt es am Eingang zu jedem Fahrgeschäft eine Art Tor in Höhe der von den Sicherheitsbestimmungen verlangten Mindestgröße. Wenn ein Kind sich beim Durchgehen bücken muss, heißt das, dass es die entsprechende Größe erreicht hat und in das Karussell einsteigen darf.

Reicht der Kopf des Kleinen nicht bis an den oberen Balken heran, wird ihm der Zutritt verwehrt. Meistens wird das Kind wütend und versucht es immer und immer wieder, aber der Balken kommt einfach nicht näher, sondern scheint mit jedem Mal höher zu sein. Da hilft kein Reden, wenn der Wachmann seine Arbeit richtig macht, darf das Kind nicht rein.

So ist das immer. Ein paar Monate später kommt das Kind erneut in den Freizeitpark. Es ist die zwei Zentimeter gewachsen, die ihm fehlten, um mit dem Kopf den Türsturz zu erreichen. Was vor wenigen Monaten noch ein unüberwindliches Problem war, ist nun überhaupt keins mehr.

Was ist passiert?

Es ist einfach nur Zeit vergangen!

Wie das Kind, so wächst auch der Mensch auf seinem Weg. Und noch einmal: Man kann den Lauf des Flusses nicht beschleunigen …

Du magst heute an eine Grenze stoßen, die dich am Weitergehen hindert, und morgen an eine andere, aber wenn du dich selbst aus der Perspektive einer grenzenlosen Ebene und endlosen Wachsens betrachtest, wirst du erkennen, dass dein Potential keine Grenzen kennt.

Das beste Beispiel ist vielleicht folgende Überlieferung der Sioux-Indianer:

Der berühmte Häuptling Rote Wolke rief eines Tages seine drei Söhne zu sich. Er wurde allmählich alt und musste seinen Nachfolger bestimmen. Ein Stamm konnte keine drei Anführer haben. Falls ihm etwas zustieß, sollte einer von ihnen ihm nachfolgen, und es war seine Aufgabe, zu entscheiden, wer das sein sollte.

»Meine Söhne«, sagte er zu ihnen, als sie vor ihm standen, »ich habe euch zu mir gerufen, um unter euch meinen Nachfolger auszuwählen. Um besser entscheiden zu können, habe ich beschlossen, euch einer Prüfung zu unterziehen. Ihr sollt den Heiligen Berg erklimmen, den großen Felsen, den noch niemand je bezwungen hat. Derjenige, der es als Erster schafft, soll der Erwählte sein.«

Die Söhne nahmen die Herausforderung des Vaters an, eher aus Respekt als aus Ehrgeiz.

Eine Woche später, bei Neumond, als die Zeichen günstig standen, machten sich die drei jungen Männer beherzt an den Aufstieg, in der festen Überzeugung, den Berg zu bezwingen. Doch einer nach dem anderen kehrte geschlagen um.

Ein Aufstieg war unmöglich.

Nacheinander gingen die jungen Männer zu ihrem Vater, um zuzugeben, dass sie gescheitert waren.

Als der Dritte vor ihm stand, konnte der Häuptling seine Enttäuschung nicht länger verbergen.

»Wie ich sehe, bist auch du dem Heiligen Berg unterlegen …«

»Ja. Es tut mir leid, Vater, aber es ist die Wahrheit. Für den Moment hat mich der Fels besiegt …«

»Für den Moment? Daraus schließe ich, dass du kurz davor warst, es zu schaffen. Ist es so?«, fragte der Häuptling.

»Nein … Ich bin nicht einmal bis zur Hälfte gekommen«, sagte der, der dann später Häuptling werden sollte. »Aber ich weiß, dass der Berg seine endgültige Größe erreicht hat. Ich hingegen wachse noch.«

Auch ich erfuhr – ein wenig schmerzlich –, dass Ergebnisse sich nicht immer sofort einstellen, wenn auch auf prosaischere Art.

Es war in Mexiko. Bei einem Grillabend, nicht bei einem Vortrag. Aus den Mündern meiner mexikanischen Freunde, nicht von einem berühmten spirituellen Meister. Bei Tequila und Pozol, nicht zwischen Büchern und Notizen.

Auf dem Tisch stand zwischen all den Köstlichkeiten eine kleine Schüssel mit leuchtend grünen Kügelchen, die ich noch nie zuvor gesehen hatte. Die Mexikaner haben ein Faible für Chilis und kennen eine Vielzahl von Sorten, bis hin zu höllisch scharfen. Ich hatte schon gelernt, dem allseits bekannten Satz meiner Aztekenfreunde zu misstrauen, wenn sie mir versicherten: »Das kannst du ruhig essen, es ist nicht scharf«, denn in der mexikanischen Küche ist alles scharf, auch wenn »scharf« nicht immer gleich »scharf« ist. Wer nicht von dort stammt und keine abgehärtete Zunge hat, sollte stets vorsichtig probieren, was er isst. Wahrscheinlich war ich deswegen so erstaunt, als meine Freunde mich warnten, ich solle vorsichtig mit diesen runden Chilis sein, die seien nämlich verdammt scharf. Ich probiere immer gerne die unterschiedlichen Geschmacksrichtungen der regionalen Küche und schob mir vorsichtig nicht einmal ein halbes dieser Chilis in den Mund. Es brannte ein wenig, aber es schmeckte köstlich.

»Ist doch gar nicht so schlimm«, sagte ich, ein bisschen stolz auf meinen Mut. »Ich hab schon schärfere gegessen.« Und die Warnungen der anderen überhörend, schob ich mir gleich noch zwei ganze Chilis in den Mund und kaute lächelnd …

Zwei oder drei Minuten später war mir das Lachen vergangen.

Mein Mund brannte wie Feuer, meine Zunge schmerzte, mir wurde heiß, und ich bekam fast keine Luft mehr.

Das Wasser, das ich in großen Schlucken hinunterstürzte, zeigte keine Wirkung, genauso wenig wie das Glas kalte Milch, um das ich bat, und auch alles andere nutzte nichts. Ich konnte nur warten, bis es vorbeiging …

Währenddessen brannte sich eine Lehre in mein Hirn und meine Speiseröhre ein, die ich nie vergessen werde: Manchmal hat eine Sache nicht sofort Auswirkungen, insbesondere, wenn es um Chili und die Folgen von leckerem mexikanischem Essen geht. Aber auf die Liste der Dinge, die ihre Zeit brauchen, gehören auch die sichtbaren Resultate von Schönheitscremes oder die transzendenten Erfahrungen des spirituellen Wegs.

Spaß beiseite – wenn wir uns auf den Weg machen, bemerken wir höchstwahrscheinlich zunächst keine Veränderung. Und vielleicht dauert es eine ganze Weile, bis wir sie wahrnehmen, vor allem, wenn wir ständig in uns hineinhorchen. Aber wenn wir die ganze Sache irgendwann vergessen haben und über irgendetwas anderes nachdenken, spüren wir auf einmal, dass sich etwas in uns verändert hat, und dann wissen wir, dass es für immer ist.

Bei den einen passiert es früher, bei den anderen später.

Zugegebenermaßen bin ich einigen begegnet, bei denen sich nichts tut und womöglich niemals etwas tun wird, obwohl sie »alles dafür tun«, viel Geld dafür ausgeben und viel Zeit in »ihre Spiritualität« investieren …

Aber in Wirklichkeit suchen viele von ihnen gar nicht danach, dass es passiert.

Es sind die aktiven Mitglieder der GPP, der imaginären Gesellschaft der Pseudomystiker und Pseudointellektuellen, die in den großen Metropolen der westlichen Welt auf der spirituellen Modewelle schwimmen.

Du kennst diese Leute genauso gut wie ich. Männer und Frauen, die irgendwann »die große Entscheidung« treffen und an einem Wochenendseminar teilnehmen, angeregt von Arbeitskollegen, die das auch schon mal gemacht haben, und um bei Gesprächen über das Thema mitreden zu können.

Wenn sie dann zurückkommen, erzählen sie begeistert, dass sie DREI Tage in einem Kloster waren, ohne elektrisches Licht und fließendes Wasser (!), dass sie meditiert und viele spirituelle Übungen gemacht haben, dass es eine einzigartige Erfahrung war und dass die Nonnen sehr gut gekocht haben.

Und das war's, denn viel mehr haben sie nicht zu erzählen, und viel mehr wird ihnen auch nicht in Erinnerung bleiben.

Nicht nur, dass das Erlebte keine geistige Bereicherung für sie war, womöglich sind sie noch ärmer und leerer zurückgekommen, als sie losgefahren sind.

Sie erinnern mich an die Geschichte von dem kleinen Feuerwehrmann und der Trompete.

> Es war einmal ein kleines Dorf, in dem gab es eine bescheidene Feuerwache: ein Dutzend Freiwillige, die das Feuerlöschen geübt hatten, um ihren Nachbarn zu Hilfe eilen zu können, wenn ein Haus oder eine Scheune brannte.
>
> Im Haus nebenan wohnte Juanito, ein zehnjähriger, nicht besonders heller Bursche, dem man die Aufgabe übertragen hatte, die Freiwilligen zusammenzurufen,

wenn die Nachricht, dass es irgendwo brannte, im »Hauptquartier« eintraf.
Das ganze Dorf war sehr dankbar für den heldenhaften Einsatz der Feuerwehrleute, aber alle beklagten, dass ihre Anstrengungen nicht besonders effektiv waren. Tatsächlich war das brennende Haus meist schon vollständig den Flammen zum Opfer gefallen, wenn die Freiwilligen eintrafen.
Juanito, der seine Aufgabe als Feuerwehrmann sehr ernst nahm, nutzte eines Tages einen Besuch mit seinen Eltern im Nachbardorf, um zur dortigen Feuerwache zu laufen und den Männern zu erzählen, wie es ihnen immer erging, und sich zu erkundigen, ob sie etwas dagegen unternehmen könnten.
»Uns ist es genauso gegangen«, berichtete der Feuerwehrchef. »Wir sind immer erst eingetroffen, wenn die Flammen schon alles zerstört hatten. Aber jetzt ist das anders …«
»Wie habt ihr das angestellt?«, fragte der eifrige Feuerwehrmann neugierig.
»Wir haben diese Trompete hier gekauft. Siehst du?«
»Ja … Und?«
»Immer wenn ein Feuer gemeldet wird, bläst die Wache die Trompete, und alles läuft schneller und besser. Wir hatten in den letzten zwei Jahren keinen Großbrand mehr!«, sagte der Feuerwehrchef stolz.

Der kleine Feuerwehrmann bat seine Eltern um Geld und kaufte vor der Rückfahrt genau die gleiche Trompete, die ihm der Feuerwehrchef gezeigt hatte. Zu Hause angekommen, versteckte er sie in seinem Zimmer. Da würden alle schön staunen, wenn es das nächste Mal brannte!

Zwei Wochen später kam Don Aparicio auf seinem Pferd angaloppiert und bat um Hilfe: Sein Stall brannte. Juanito nahm seine Trompete und radelte zu dem Feuer, ohne jemandem Bescheid zu geben. Er stieg von seinem Fahrrad und begann die Trompete zu blasen, während er darauf wartete, dass das Feuer von selbst erlosch …

Solange sie in die Trompete blasen und ihren Klang mit dem verwechseln, was tatsächlich zu tun wäre, um so ihre spirituelle Armut zu bemänteln, sind die Mitglieder der GPP dazu verdammt, an den richtigen Orten vergeblich zu suchen.

Spiritualität und Religion

Die Spiritualität ist der göttliche
Funke im Menschen.

Die eigene Spiritualität

Ich rufe dir noch einmal die Worte von Padre Clemente in Erinnerung: Es gibt nicht den einen spirituellen Weg, und es gibt keinen, der besser wäre als die anderen. Unsere Spiritualität ist immer einzigartig und persönlich, auch wenn es sehr wahrscheinlich ist, dass wir uns auf dem Weg dorthin dem einen oder anderen Weg annähern, den bereits andere gegangen sind.

Die meisten philosophischen und theologischen Strömungen haben sich mit der Erforschung des Spirituellen als Wesenheit und Erfahrung befasst. Dabei haben sich ihre Unterschiede und Besonderheiten gezeigt, aber sie haben auch deutlich gemacht, welche Berührungspunkte es gibt. Allen gemeinsam ist, dass sie dem spirituellen Wesen des Menschen den äußeren Kontext gegenüberstellen, der vom Handeln, von

Strategien, Besitz und weltlichen Ambitionen bestimmt wird, und dass sie von zwei unterschiedlichen Aspekten einer Person sprechen: dem Greifbaren (auch materiell oder physisch genannt) und dem Ungreifbaren (dem Spirituellen oder Metaphysischen).

Die Welt verändert sich auf eine Weise, wie es das in der Geschichte der Menschheit noch nie gegeben hat: alles, Gutes wie Schlechtes, Außergewöhnliches und Alltägliches, Probleme und ihre Lösungen, Krankheiten und ihre Behandlung – alles wurde auf die eine oder andere Weise globalisiert.

Die erste sichtbare Konsequenz ist, dass alles eine weltweite Dimension bekommt oder bekommen kann.

Die zweite, dass genau das eine gewaltige Angst und Unsicherheit generiert, die sich zudem meistens überdeutlich bestätigt sieht. Nie zuvor haben die Medien, die Literatur und das Kino der Bevölkerung derart plausibel suggeriert, dass es jederzeit zu einer Megakatastrophe kommen könne, sei es ein Atomkrieg, eine Umweltkatastrophe, eine Seuche oder der endgültige internationale Finanzcrash.

Andererseits sind wir besser als je zuvor imstande, zu begreifen, dass alle Völker der Erde ein gemeinsames Schicksal teilen. Noch nie zuvor war das Netz unserer Kommunikation so schnell und so effizient, und noch nie zuvor war so vielen Menschen die Notwendigkeit bewusst, nach innen zu schauen.

Für mich und für viele andere scheint hierin die Bestätigung zu liegen, dass sich durch den raschen Wandel der Welt, in der wir leben, auch die innere Suche der Menschen verändert hat, selbst wenn die spirituelle oder religiöse Essenz jedes Individuums unverändert geblieben sein mag. In vielen Menschen ist, wenn nicht eine neue Religiosität, so doch wenigstens eine neue Verbindung zum Glauben entstanden, gemeinsam mit einer völlig anderen Spiritualität.

In letzter Zeit lässt sich in der westlichen Gesellschaft eine wachsende Sensibilität und größeres Interesse für die geistigen Übungen der östlichen Welt feststellen, wie Yoga, Meditation oder Zen. Und obwohl diese Begegnung nichts Neues ist, da sie bereits vor vierhundert Jahren ihren Anfang nahm*, offenbart sie dem Westen heute eine neue Sichtweise auf die Beziehung des Menschen zu sich selbst und zu Gott. Es ist eine freiere, kreativere Spiritualität, individuell

* Die ersten Missionare in Fernost, wahre Forschungsreisende und Abenteurer, die fast immer dem Jesuitenorden angehörten, brachten neben vielem anderen auch Techniken zur Konzentration, zur Körperbeherrschung und zur bewussten Entspannung sowie die Lehre der Gewaltfreiheit in den Westen mit, die später zu Gandhis Grundprinzip werden sollte.

und flexibel, die mehr mit der inneren Welt zu tun hat, mit dem, was ich fühle, statt mit dem, was ich denke, mit dem, was ich bin, statt mit dem, was ich tue.

Heutzutage ist Spiritualität viel mehr, als nur über den Glauben nachzudenken. Der neue Schlüssel besteht darin, sie als das zu empfinden, was sie ist: ein Band, das uns alle umschlingt, uns verbindet, uns ganz macht und uns in Harmonie mit dem Kosmos vereint (und, für die Gläubigen, die Gemeinschaft mit Gott herstellt). Es ist eine Definition, die uns noch stärker die Notwendigkeit bewusstmacht, achtsam mit diesem Band umzugehen, das alle Dinge miteinander in Verbindung bringt.

Doch davon unangefochten haben uns die großen Philosophen, Theologen und Denker, einflussreichen Meinungsmacher uns ihre ziemlich unterschiedlichen und oft gegensätzlichen Ansichten über den spirituellen und religiösen Weg und die Gegenwart Gottes im Leben des zeitgenössischen Menschen präsentiert: Da ist der »verborgene Gott« Josefs Sudbracks, der »verschwundene Gott« Martin Bubers, der »gefundene Gott« André Frossards, der »ferne Gott« Karl Rahners, der »fehlende Gott« Martin Heideggers, bis hin zum »toten Gott« eines Thomas J. Altizers oder Nietzsches.

Religiosität und Geschichte

Die Geschichte der Religionen kennt viele herrliche und noch mehr andere, peinigende Momente. Doch diese Zeiten der Dunkelheit gehen nicht auf eine bestimmte Religion zurück, sondern zeugen vielmehr von falschen Glaubenslehrern, Männern wie Frauen, die sich als »Wächter der Wahrheit« aufführten, während sie in Wirklichkeit »Herren und Schöpfer der Wahrheit« sein wollten, um diese nach Belieben so zu verändern, wie es ihnen passte.

Einmal hielt sich Buddha in einem Dorf in der Nähe eines Klosters auf, und viele Menschen fragten ihn, warum er nichts von Mönchen und von Religionen halte. Buddha antwortete, dass er nicht verstehe, was die Aufgabe der einen und der Sinn der anderen sei.
Eines Tages kamen einige Mönche zu ihm. Sie brachten einen Korb mit Früchten, eine Blumenkette und die Grüße vom obersten Priester des Klosters mit.
»Wir haben von deinen Worten gehört«, sagten sie, »und sind gekommen, um zu erklären, dass wir nichts weiter als Mittler zwischen Gott und dem Menschen sind.«
Daraufhin fragte Buddha: »Gott braucht Mittler? Ist er denn nicht in allen Menschen und in allen Dingen?«
Der Mönch erklärte: »Nein, er braucht uns nicht, aber die Menschen müssen ihn erst finden. Unser Meister sagt, es ist, als verkauften wir Wasser an einem Fluss, in der Hoffnung, dass die Menschen eines Tages merken, dass sie das Wasser selbst schöpfen können.«

Buddha begann herzlich zu lachen, und die Mönche fragten ihn, was so lustig sei.

»Euren Worten zufolge verwendet ihr also große Mühe auf diese vorläufige Aufgabe, in der Hoffnung, dass sie irgendwann nicht mehr vonnöten ist. Aber ihr wollt nicht sehen, dass die Menschen viel eher erkennen würden, dass sie auch ohne euch Wasser schöpfen können, wenn ihr nicht da wärt, um es ihnen zu verkaufen.«

Die Spiritualität, von der ich spreche, geht davon aus, dass jeder Mensch seinen eigenen Weg, seine eigenen Ziele, seinen eigenen Rhythmus und seine eigenen Regeln finden muss. Er muss entscheiden, wer ihn begleitet, wer seine Lehrer und Weggefährten sein sollen, ob diese aus dem Glauben kommen oder nicht, aus unserem eigenen Glauben, einem anderen oder gar keinem.

Der spirituelle Weg, wie ich ihn mir vorstelle, kann im Kontext der Religion begangen werden oder auch nicht. Zugegeben, ein fester Glaube kann mir vielleicht das eine oder andere schwierige Wegstück erleichtern, doch das bedeutet nicht, dass er mir eine Abkürzung bieten kann.

Sofortige Erlösung, höchste Erkenntnis und die Begegnung mit Gott werden heute an großen Ständen und in riesigen Schaufenstern feilgeboten – verheißungsvoll für alle, die wirklich vom Weg abgekommen sind. Dabei wird es sich aber kaum um Angebote wahrhaftiger spiritueller Lehrer handeln, die wirkliche religiöse Werte vermitteln. Das Ganze erinnert eher an einen Saisonausverkauf, vielleicht, weil hier jemand etwas verkaufen will, was er womöglich gar nicht besitzt.

Ich werde mir hier nicht anmaßen, die Frage zu beantworten, ob Religionen per se gut oder schlecht sind. Denn auch wenn ich die fragende Miene des einen oder anderen Lesers vor mir sehe, glaube ich, dass es eine moderne Manie ist, alles in Schubladen stecken zu wollen, selbst die Religion.

Welcher Glaube ist konstruktiv oder destruktiv?

Sind seine Versprechungen wahr oder falsch?

Sind seine Priester aufrichtig, oder sind sie Schwindler?

Sind seine Rituale nachvollziehbar oder nicht? …

Solche Fragen, mit diesen Worten gestellt, finde ich immer kleinlich, abwegig und böswillig, auch wenn sie immer häufiger auftauchen.

Ich habe in anderen Zusammenhängen schon oft gesagt, dass Macht in meinen Augen nicht korrumpiert, so wie Waffen nicht töten und Ravioli nicht dick machen. Ich bin derjenige, der dick wird, wenn ich sie esse. Derjenige, der die Waffe benutzt, ist derjenige, der tötet, nicht die Waffe selbst. Und die

Macht ... Die Macht kann nur den korrumpieren, der schon korrupt war, bevor er Macht hatte.

Wie in den meisten Fällen kann das Argument der Religion (nicht die Religion selbst) herangezogen werden, um zu nützen oder zu schaden, etwas aufzubauen oder zu zerstören, die Menschen einander näherzubringen oder sie gegeneinander aufzuhetzen. Selten bot sich das folgende Gleichnis so an wie hier:

> Der Enkel will seinen weisen Großvater überlisten, indem er versucht, ihm eine falsche Antwort zu entlocken. »Großvater«, sagt er zu ihm, »ich halte hier ein Vögelchen in meinen Händen. Rate mal, ist es lebendig oder tot?«
> Wenn der Alte sagt, es sei tot, hat er vor, das Tier davonfliegen zu lassen. Antwortet er hingegen, der Vogel sei lebendig, will er ihn zerquetschen.
> Das gelebte Leben ist der einzige Quell wahrer Weisheit, und so antwortet der Alte mit der Erfahrung seiner Lebensjahre:
> »Das hängt ganz von deiner Absicht ab, mein Junge.«

Genauso ist es mit fast allem, was wir tun.
Genauso ist es auch mit den Religionen.

Es ist stets der Mensch, der sich selbst als religiös bezeichnen mag, der vom rechten Pfad oder dem wahren spirituellen Weg abkommt, nicht die Religion.

Die Religion ist der Kreis und die Spiritualität die Mitte
Osho

Einer der fundamentalen (und für mich einer der wenigen entscheidenden) Unterschiede zwischen Religiosität und Spiritualität ist die Zielgerichtetheit der Gottesverehrung, die ein sinnstiftender Bestandteil der Religion ist. Das Fehlen einer vorgegebenen Richtung ist charakteristisch für die Spiritualität (oder sollte es sein).

Es mag durchaus Ausnahmen geben, aber die meisten Religionen kennen einen oder mehrere Götter, die direkt oder indirekt Vorschriften machen und Regeln setzen, vorgeben, was richtig ist und was falsch, und die Gläubigen je nach deren Verhalten belohnen oder bestrafen.

In einigen primitiven Religionen war der Grundstein der Glaubenszugehörigkeit und das wichtigste (wenn nicht gar das einzige) Werkzeug der Kontrolle über das Handeln der Gläubigen die Angst. Von oben nach unten wurde mit der Strafe Gottes (oder der Götter) gedroht, wenn man nicht befolgte, was die Gottheit ihren irdischen Stellvertretern zufolge von jedem Einzelnen erwartet: Dutzende oder Hunderte von Dingen, die man zu tun oder zu lassen hat, um der Tragödie zu entgehen, die in unheilvollen Prophezeiungen vorausgesagt wird.

Man könnte sagen, dass die Spiritualität, von der wir reden, das genaue Gegenteil will, aber ich beschränke mich darauf, zu behaupten, dass ihre Wesensmerkmale zumindest in eine andere Richtung gehen.

Während die primitiven, auf Angst beruhenden Religionen auf die Abhängigkeit und Unterwerfung ihrer Anhänger abzielten, steht die Spiritualität (genau wie der wahre Glaube) für kompromisslose Unabhängigkeit und die Stärkung der persönlichen Freiheit. Eine Freiheit, die nur aus dem Vertrauen in sich selbst und die Fähigkeit eines jeden kommen kann, seinem Leben eine Richtung zu geben, über sein Handeln zu entscheiden und seinen eigenen Weg zu finden.

Spiritualität und tiefempfundene Religiosität sind per definitionem menschenfreundlich und lehnen es folglich ab, Schranken zwischen den Menschen zu errichten. Wenn sich um einen Glauben eine Gruppe bildet, wird diese grundsätzlich für das Wachstum aller und die Lebensqualität der neuen Gemeinschaft arbeiten. Der wahre Glaube an Gottvater beispielsweise könnte sich niemals auf Sätze wie »Du gehörst zu uns, dieser oder jene aber nicht« gründen. Wer sich wirklich auf den spirituellen Weg macht, ob nun innerhalb oder außerhalb eines Glaubens, für den stellen wir alle eine Einheit dar, auch wenn wir jeder in unserer eigenen Haut stecken.

Vielleicht gibt es deshalb auf dieser Ebene – zumindest so, wie ich sie verstehe und empfinde – keine Auflistung von Bedingungen, die erfüllt werden müssen, um Erlösung zu finden. Für die wahre Spiritualität (die, das möchte ich betonen, Religion nicht ausschließt) wäre es die einzige Strafe, falls man es so nennen möchte, sollte man aufhören zu lernen, zu wachsen und mit Freude auf dem Weg zu sein. (Einer meiner besten Freunde auf dieser Welt, Priester aus Berufung, kommt Borges recht nahe, wenn er sagt, dass es nur eine Sünde gibt, die Gott mit Sicherheit übelnimmt, und das ist, nicht glücklich zu sein).

Gott und Religion

Im Laufe der Geschichte haben sich die Völker, wenn man ihnen die Wahl ließ, stets für theistische Religionen entschieden, ob nun mit einem einzigen, allmächtigen Gott oder mit mehreren verschiedenen, die sich Macht- und Einflussbereiche teilen und streitig machen, ob Götter in Menschengestalt oder in Gestalt von Naturerscheinungen wie Sonne, Mond oder Planeten. Götter aller Art, was Eigenschaften und Verhaltensweisen betrifft. Gütige und nachsichtige Götter und streng richtende, bis hin zur Grausamkeit.

Man muss sich durchaus fragen, ob etwas Wahres an der Aussage Martin Bubers ist, mit denen dieser überzeugte Gläubige gegen sich aufbrachte:

»Es stimmt nicht, dass Gott den Menschen nach seinem Bilde schuf, ganz im Gegenteil. Es war der Mensch, der Gott nach seinem Bilde und damit zu seinem Nutzen schuf.«

Wenn wir für einen Moment die Vorstellung mancher Psychologen anerkennen, dass jeder Mensch einen religiösen Anteil hat, müssen wir Buber in gewissem Maße recht geben, denn was würde aus dieser natürlichen Religiosität ohne einen Gott (oder eine Götterfamilie), auf den oder die er seinen Glauben ausrichten kann?

Während ich dies schreibe, denke ich, dass auch dieses Argument nicht unanfechtbar ist.

Immerhin treten heute viele dafür ein, Gott und Religion ganz deutlich voneinander zu trennen. Und die Religion wiederum von der Kirche oder der Institution, die sie verwaltet. Aber ist das überhaupt möglich?

Ich stelle fest, dass ich nach vierzig Jahren erneut vor der Frage stehe, die ich mir schon mit achtzehn nicht beantworten konnte …

Wollte man die Frage bejahen, so ließe sich als Beispiel immer der Buddhismus anführen, der zwar einen Ort bietet, durch den sich diese Religiosität kanalisieren lässt, ohne sich dabei jedoch auf einen Gott zu stützen, zumindest nicht im klassischen Sinne des Wortes.

Zum anderen mag es durchaus sein, dass der Mensch die Religion genauso braucht wie die Religionen die Gläubigen, doch das gilt nicht für Gott. Er mag für manche eine Notwendigkeit sein, die Umkehrung jedoch, dass Gott den Menschen brauche, ist eindeutig falsch. Es fällt mir nicht schwer, einzugestehen, dass Gott möglicherweise vom Menschen geschaffen wurde, noch habe ich Probleme mit der Annahme, dass es umgekehrt war, aber mir gefällt der Gedanke an eine subtile Verbindung von beidem. Was ich jedoch für wahrscheinlicher halte – und ich hoffe aufrichtig, dass sich niemand von dieser Vorstellung beleidigt fühlt – ist, dass es der Mensch war und nicht Gott, der die Religion erfand (auch wenn es unter göttlicher Inspiration geschehen sein mag).

Religionen und die Unterschiede Vorschriften und Gebote

Ich war viele Jahre überall auf der Welt unterwegs, um Geschichten, Legenden und Mythen aus allen Zeiten und allen Kulturen zu erzählen. Dabei habe ich festgestellt, dass traditionelle Überlieferungen im Grunde immer dieselben Geschichten erzählen. Die

Namen ändern sich, das Handwerk, das die Handelnden ausüben, ihre Art zu sprechen, die Schauplätze und die äußeren Umstände, die Grundaussage aber ist immer dieselbe.

In der Vorrede zur ersten Märchensammlung der Geschichte, besorgt von den Gebrüdern Grimm, heißt es, alle Märchen seien einmal Teil eines Wunderhorns gewesen. Eines Tages sei das Gefäß zerbrochen, und die Splitter hätten sich in der ganzen Welt zerstreut. Alle Erzählungen, auch der fernsten Kulturen und Traditionen, haben, wie es das Bild vom Wunderhorn suggeriert, letztendlich denselben Ursprung. Erforscht man die Sagen und Legenden, die scheinbar die Historie des jeweiligen Volkes symbolisieren, so begegnet man Geschichten, die im Grunde genommen identisch sind.

Mit den Religionen ist es genauso wie mit den Geschichten. Von ferne betrachtet, mögen sie uns unterschiedlich und sogar gegensätzlich erscheinen, aber wenn wir sie näher erforschen oder erleben, werden wir entdecken, dass sie viel mehr gemeinsam haben, als wir dachten, ganz so, als wären sie alle einmal Teil eines großen Ganzen gewesen: Ein Füllhorn, in dem sich die Sehnsüchte, Erfahrungen, Vorstellungen und universellen Werte sammelten, die allen Menschen mehr oder minder gemein sind.

Als das Füllhorn der Religionen zerbrach, entstanden die Unterschiede.

Ich sehe Gott auf eine Weise, und du siehst ihn auf eine andere.
Ich bringe ihm Blumen dar, du Wein.
Ich singe zu ihm, du betest zu ihm.
Ich halte stumme Zwiesprache mit ihm, du sprichst mit ihm …

Unterschiede, die im Laufe der Geschichte, als die Menschen die grundlegende Übereinstimmung vergaßen, leider zum Vorwand genommen wurden, einander zu bekämpfen.

Unterschiede, die aus den verborgenen Bedürfnissen eines Volkes erwuchsen und die sich später durch jahrhundertelange Wiederholung in Vorschriften, Gebote und Gewohnheiten wandelten, die von außen betrachtet häufig Spott und Verachtung nach sich zogen und die, vom Standpunkt einer weniger stark reglementierten Religiosität aus betrachtet, absurd, anachronistisch, lächerlich oder naiv erscheinen mögen.

Zur Verteidigung der Kritiker müssen wir zugeben, dass Rituale und Traditionen nur allzu oft ihren ursprünglichen Sinn verlieren und zu sinnentleerten, nutzlosen Handlungen werden.

Schon vor zwanzig Jahren erzählte ich in meinem Buch *Geschichten für Demián* folgende uralte Geschichte, die mir hier so passend vorkommt:

Es war einmal ein Guru, der mit seinen Anhängern in seinem Ashram in Indien lebte.
Einmal am Tag, bei Sonnenuntergang, versammelte der Guru seine Schüler um sich und sprach zu ihnen.
Eines Tages erschien eine wunderschöne Katze im Ashram, die dem Guru auf Schritt und Tritt folgte.
Immer wenn der Guru sprach, strich die Katze zwischen den Schülern umher und lenkte sie von den Worten des Meisters ab.
Deshalb beschloss der Meister irgendwann, dass die Katze fünf Minuten vor seinen Predigten angebunden werden sollte, damit sie nicht störte.
Die Zeit verging, bis der Guru eines Tages starb und sein ältester Schüler der neue geistige Führer des Ashrams wurde.
Die Katze fühlte sich zu dem neuen Guru nicht hingezogen und suchte nie seine Nähe, aber um die Tradition zu wahren, ließ der Meister die Katze trotzdem fünf Minuten vor seiner ersten Predigt festbinden.
Seine Gehilfen brauchten fünf Minuten, um die Katze zu finden, damit sie sie anbinden konnten …
Die Zeit verging, bis die Katze irgendwann starb.
Daraufhin befahl der neue Guru, eine neue Katze anzuschaffen, damit man sie festbinden könne.

Natürlich ist die Essenz jenes ursprünglichen Füllhorns nach wie vor in diesen Traditionen enthalten. Um sie wieder zum Vorschein zu bringen, müsste man Zeit, Interesse und Energie für diese Spurensuche aufwenden, aber ich bin sicher, dass es sich lohnen würde. Es wäre eine spannende Herausforderung für unsere modernen Religionen, das wahre Wesen und den wahren Gehalt einer Handlung, einer Vorschrift, einer Tradition wiederzuentdecken, damit sie kein leeres Ritual bleiben.

Von allen Religionen ist das Judentum vielleicht diejenige, in der die meisten Einschränkungen und Vorschriften hinsichtlich der Ernährung gemacht werden. Die Kashrutgesetze untersagen nicht nur den Verzehr ganzer Lebensmittelgruppen, sondern legen auch fest, wie und wann man nicht verbotene essen darf, wie sie zuzubereiten sind und mit welchen anderen Lebensmitteln man sie kombinieren darf und mit welchen nicht.

Es ist ein allgemein anerkannter und auch durchaus naheliegender Schluss, dass diese Vorschriften ursprünglich dazu dienten, das Volk vor dem Verzehr tatsächlich gefährlicher Lebensmittel zu schützen.*

In ähnlicher Weise gehen einige moderne Studien davon aus, das jüdische Verbot, »Fleischiges« mit »Milchigem« zu mischen, gehe darauf zurück, dass sich ein gutes Säure-Basen-Verhältnis im Magen er-

---

* So geht das Verbot des Verzehrs von Schweinefleisch auf die Gefahr zurück, an der Pest zu erkranken, die man damals mit dem Genuss von Schweinefleisch in Verbindung brachte.

fahrungsgemäß positiv auf die Verdauung auswirkt. Aber mir hat diese Erklärung nie ausgereicht.

Das Verbot bezieht sich vielmehr auf eine Bibelstelle, die es untersagt, ein Zicklein in der Milch seiner Mutter zu kochen. In der jüdischen Tradition war durchaus klar, dass diese Vorschrift nicht wörtlich zu verstehen war, doch statt dem Rechnung zu tragen, wurde sie immer weiter verändert, bis es schließlich hieß, Fleisch dürfe nicht mit Milch vermischt werden.

In meinen jungen Jahren, als ich nach den religiösen Vorschriften lebte, fragte ich mich irgendwann nach dem tatsächlichen Sinn all dieser Gebote. Ich spürte, dass hinter alldem etwas Wichtiges, Bedeutungsvolles steckte, das mir entging.

Immer schon ließ es mir keine Ruhe, wenn sich mir aus irgendeinem Grund eine Frage stellte, für die ich nicht einmal eine vorläufige Antwort fand.

Auf der Suche nach einer Antwort beschäftigte ich mich mit der Geschichte und den Gebräuchen der Völker.

Es war nicht schwierig, etwas zu finden, das mit dieser Frage nach dem Sinn zu tun hatte.

Bei vielen primitiven Völkern war es Brauch und Gesetz, Strafen wie Auszeichnungen von Familienmitgliedern an die Söhne und Töchter weiterzugeben: Nicht nur Landbesitz oder Adelstitel, sondern auch die Stigmata und »Verfehlungen« sämtlicher Vorfahren wurden jedem der Kinder vererbt.

So wurde der Sohn einer Dirne gesteinigt, dem Sohn des Diebs hackte man die Hände ab, und die Familie des Verbrechers wurde des Landes verwiesen, nachdem der Delinquent durch die Hand des Henkers den Tod gefunden hatte …

Plötzlich ergab alles einen Sinn.

War nicht dies die Botschaft, die die Propheten ihrem Volk hinterlassen wollten?

Wenn die Muttermilch für das steht, was die arme Ziege der Welt hinterließ, dann ist das Bild, das Zicklein in der Milch seiner Mutter zu kochen, eine hervorragende Metapher für das schreckliche Vorgehen, die Kinder für die Fehler und Sünden der Eltern zu verurteilen und zu verdammen.

Die Aussage ist klar und die Botschaft der Propheten ebenso, auch wenn es nicht so einfach sein mag, die Vorschrift zu befolgen – nicht einmal für uns.

Einfach nur die Speisevorschrift zu befolgen heißt hingegen nichts weiter, als eine Gewohnheit anzunehmen. Aber was hat es für einen Sinn, über Jahrhunderte an einer sinnentleerten Vorschrift festzuhalten?

Will ich damit sagen, dass die Vorschrift absurd ist oder abgeschafft werden sollte?

Keineswegs.

Ein gläubiger Jude, der auf dem Weg der Spiritualität unterwegs ist, kann jedes Mal, wenn er Fleisch isst und es von Milchigem trennt, an das der Speisevorschrift zugrundeliegende Gebot denken und seine ethischen und moralischen Vorstellungen nach diesem ausrichten. Vergegenwärtigt er sich diese Werte, kann ein praktizierender Gläubiger etwa der Versuchung entgehen, zu Unrecht den Sohn eines Angestellten zu entlassen, weil dessen Vater ihn einmal bestohlen hat.

In diesem Kontext macht es weiterhin einen tieferen Sinn, darauf zu achten, Fleischiges nicht mit Milchigem zu mischen. Ich fände es furchtbar scheinheilig, wenn jemand, der niemals Fleischiges mit Milchigem mischt, die Kinder im Guten wie im Schlechten nach dem beurteilte, was ihre Eltern getan haben.

Wenn ich im Rahmen der Religionsausübung bestimmte Dinge tue, kann das für sich gesehen bewirken, dass ich mich einer Gruppe von Auserwählten zugehörig fühle, die unter dem Schutz Gottes steht. Aber zu wissen, dass darin noch ein tieferer Sinn liegt, kann mir sicher noch mehr geben. Es kann mich mit anderen zusammenbringen, die aus einer ähnlichen Motivation heraus handeln, und zu einer Disziplin werden, die uns dabei hilft, uns spirituell weiterzuentwickeln und dem Ziel näher zu kommen, jeden Tag bessere Menschen zu werden.

Ein Mensch, der in tiefem Glauben und religiös erzogen wurde, in welcher Glaubensrichtung auch immer, wird feststellen, dass er mit zunehmender Spiritualität auch zu einer vertieften Religiosität findet.

Auf der spirituellen Ebene kann dir deine Religion Begleiter und Hilfe sein, doch sie wird zur Belastung, wenn sie nur ein Gedankenspiel ist, ein Lippenbekenntnis und auf Angst gründet (man kann zutiefst gläubig sein und doch nie eine spirituelle Erweckung haben).

Eine Person, die nicht gläubig ist, kann mit wachsender Spiritualität als Mensch wachsen, ohne dass sie sich dafür unbedingt einem bestimmten Glaubensbekenntnis zuwenden müsste, auch wenn die Fakten zeigen, dass sich die meisten, die auf dem Weg der Spiritualität unterwegs sind, auch der Religion zuwenden – häufig jener, der sie vor vielen Jahren den Rücken gekehrt haben. Sie alle erzählen, dass sie bei dieser Rückbesinnung neue Dinge in ihrem Glauben fanden, nicht zuletzt eine bessere Beziehung zu Gott, erwachsener und fruchtbringender.

Sowohl die einen wie die anderen fühlen sich auf ihrem Weg gestärkt. Die Ersteren mögen diese neuen Erfahrungen vielleicht der Gegenwart Gottes zuschreiben, während die anderen eher dem Gedanken zuneigen, dass ein Potential geweckt wurde, das bereits in ihnen angelegt war.

Religion und Spiritualität sind eng miteinander verbunden, aber keinesfalls abhängig voneinander. Sie sind zwei Äste eines Baumes, die sich oft miteinander verschränken, wie sich am Leben und Werk von Mutter Teresa sehen lässt.

Auf dem Weg deiner Religiosität wird die Spiritualität, so glaube ich, immer der Auslöser für deine tiefsten Erkenntnisse sein.

Religion und Spiritualität.

Ob du sie zusammenfügst, ist deine Entscheidung.

Sie miteinander zu verbinden ist eine Art, den Weg zu gehen. Nur eine.

Apropos verbinden: Wir sollten auch in der Lage sein, Gefühle, Gedanken, Werte und Prinzipien miteinander in Einklang zu bringen, sie harmonisch in unser Handeln zu integrieren.

In meinem Fachgebiet nennt sich das Kongruenz und war in den dreißig Jahren, in denen ich mit Erwachsenen, Paaren und Gruppen gearbeitet habe, mein therapeutisches Ziel.

Wenn du deine spirituelle Seite erforschst, wirst du Werte und Prinzipien in dir entdecken, die oft zu deinen größten Stärken gehören, nur dass sie bislang, von deinem Bewusstsein unbemerkt, in der Tiefe vor sich hin schlummerten.

Das führt zu der Frage, ob nicht auch so manches Monstrum in der Tiefe meines Selbst lauert, das auf diese Weise ans Tageslicht kommt.

Die Antwort lautet kurz und knapp: NEIN.

Das kann ich dir versichern.

Wenn ein gefährliches oder bedrohliches Monster auftaucht, ist das ein Weg, dir zu sagen, dass du nicht wirklich auf dem spirituellen Weg bist.

Du bist nicht auf dem rechten Weg, wenn er dich von den Menschen wegführt.

Du bist nicht auf dem rechten Weg, wenn Religion zu Politik wird.

Du bist nicht auf dem rechten Weg, wenn der Glaube zum Dogma wird.

Du bist nicht auf dem rechten Weg, wenn die Angst größer ist als der Glaube.

Du bist nicht auf dem rechten Weg, wenn die Vorstellung von Gott Mittel zum Zweck ist.

Der anerzogene Glaube

Ich bin in einem Haus aufgewachsen, in dem Gott einen wichtigen Stellenwert hatte. Immer wenn einer von uns vor einer entscheidenden oder gefährlichen Situation stand, erbat, versprach oder dankte meine Mutter – vor allem meine Mutter –, damit Gott ein gütiges Auge auf uns habe. Irgendwie war es folgerichtig und zu erwarten, dass mit Eintritt der turbulenten Zeit der Pubertät auch Gott nicht von meinem Drang, alles in Frage zu stellen, und von meiner unentwegten Rebellion verschont blieb (ein Verhalten, das bei einem Jugendlichen richtig und zu erwarten ist, bei einem Erwachsenen hingegen irritierend und unglücklich wirkt).

Ich erinnere mich, dass mich nicht einmal die berühmten »Wege« des heiligen Thomas von Aquin zufriedenstellen konnten, deren Lektüre mir mein geliebter Padre Ramón empfahl, als meine Fragen zu Zweifeln wurden. Immerhin halfen sie mir zu erkennen, dass es nicht darum ging, zu wissen, ob es Gott gab, sondern darum, zu entscheiden, ob es Gott für mich gab.

An Gott zu glauben, seine Existenz als erwiesen anzusehen und ihn stets nah zu wissen, wie es meine Mutter tat, schien mir immer eine wunderbare Mischung aus Fühlen und Wollen zu sein.

Man kann nicht glauben, wenn man sich dem

Glauben bewusst verweigert. Doch genauso wenig gelingt dies, indem man sich entschließt zu glauben. Den Glauben fühlt man, spürt man und lebt man, doch nichts davon lässt sich von außen befehlen.

Manchmal, so wie bei mir, ist der Konflikt ein innerer. Das Herz sagt ja, aber der Kopf stellt sich quer und versucht uns zu beweisen, dass es keinen Gott gibt, selbst wenn man dafür seine eigenen Erfahrungen und Empfindungen leugnen oder abwerten muss. Und dann begehen wir die Dummheit, unseren Zweifel dem Urteil der Wissenschaft zu unterziehen – ein absurder Versuch, sich rational mit dem Irrationalen auseinanderzusetzen und das Unerklärliche zu erklären.

Louis Pasteur (anderen zufolge Albert Einstein) sagte einmal:

»Ein wenig Wissenschaft entfernt uns von Gott, viel jedoch führt uns zu ihm zurück.«

Letzten Endes ist der Glaube an Gott niemals das Ergebnis einer inneren Auseinandersetzung, sondern, wie die Spiritualität selbst, die Folge einer persönlichen, nicht auf andere zu übertragenden Erfahrung, derentwegen wir fühlen und wissen, dass es ihn gibt, statt uns zu fragen, ob er existiert oder nicht.

Der Gott, an den du glaubst, kann deiner spirituellen Erfahrung Farbe und Tiefe verleihen, aber er bestimmt sie nicht, es sei denn, du entscheidest es so. Auch Spiritualität lässt sich so erfahren (wenn auch nicht auf dieselbe Weise), ob man nun an Gott glaubt oder seine Existenz leugnet.

Eine der spirituellsten Persönlichkeiten für mich und viele andere war Mutter Teresa von Kalkutta. Diese ebenso winzige wie außergewöhnliche Frau kam aus ihrem Heimatland Albanien nach Indien, wo sie ihre religiöse Berufung fand.

Mutter Teresa ging völlig in dem Auftrag auf, den die Kirche ihr gegeben hatte. Sie widmete ihr Leben den Armen – »ihren Nächsten«, wie sie jene nannte, die so arm waren, dass sie nicht einmal ermessen konnten, wie arm sie waren. Sie besaß einen tiefen Glauben und ein ungebrochenes Vertrauen in Gott, und diese Religiosität war es, die ihre Verbindung mit dem Spirituellen und Heiligen jeden Tag tiefer werden ließ.

Ihr Leben ist reich an überraschenden Episoden und einzigartigen Geschichten, die nach ihrem Tod zu Legenden wurden.

Ihr Zentrum in Kalkutta war zu ihren Lebzeiten (und ist es bis heute) ein Ort, dem viele bekannte Persönlichkeiten einen obligatorischen Besuch abstatteten. Männer und Frauen, Reiche und

Berühmte besuchten ihre Häuser für die Armen und Kranken.

Der französische Schriftsteller Dominique Lapierre, der drei Jahre in den ärmsten Vierteln Kalkuttas lebte und täglich mit der Arbeit und der Gedankenwelt von Mutter Teresa in Kontakt kam, erzählt, dass ihr durchaus bewusst war, dass manche dieser Besucher nur wegen der Fotos kamen, die dort mit ihnen entstanden. Trotzdem sagte sie nie nein und wies diese Leute nicht ab, sondern führte sie an die Orte des größten Elends. Anders, als man annehmen könnte, tat sie das nicht wegen der zu erwartenden Spenden, sondern weil es, wie sie sagte, ihre Aufgabe sei, für jene da zu sein, die nichts haben, »und ich will mir die Gelegenheit nicht entgehen lassen, die Herzen auch dieser Menschen zu erreichen, deren Besitz sich ausschließlich auf materielle Dinge beschränkt.«

Fünf Jahre nach seinen Erlebnissen in Indien schrieb Lapierre ein wunderbares Buch mit dem Titel *Stadt der Freude* – so der Name, den er einem Elendsviertel in Kalkutta gab. Es ist ein Loblied auf das Leben, eine Hymne an den Glauben und eine Hommage an die Frömmigkeit nicht nur im christlichen, sondern im universellen Sinn.

In diesem Buch erzählt der Autor, wie er Mutter Teresa eines Tages vorschlug, vor dem Sitz der Vereinten Nationen in den Hungerstreik zu treten.

»Niemand könnte die Augen vor einem solchen Protest verschließen«, erklärte er ihr. »Es wäre eine wirkungsvolle Methode, die Mächtigen zu bewegen.«

Sie lächelte nur und erwiderte: »Ich habe mit Menschen zu tun, die nicht einmal ein Stückchen Brot besitzen, um den nächsten Tag zu überleben. Ich kann mich nicht der Nächstenliebe widmen, wenn neben mir jemand fast verhungert. Es gibt andere Menschen auf der Welt, die diesen Kampf austragen und für die Menschenrechte kämpfen können. In Kalkutta kümmern wir uns um Menschen, die in abgrundtiefer Armut leben, und die Zeit reicht nicht einmal aus, um sich um sie alle zu kümmern.«

Mutter Teresa ist ein religiöses Vorbild und gleichzeitig ein unbestrittenes Beispiel für die Verbindung von Glauben und Spiritualität. Vor allem, wenn man bedenkt, dass ihr Werk in jenen Schwestern ihres Ordens weiterlebt, die alles von ihr gelernt haben.

Eines Tages, so erzählt man sich, sah eine junge Frau aus dem europäischen Adel betroffen zu, wie eine von Mutter Teresas Mitschwestern mitten auf der Straße niederkniete und voller Hingabe die schwärenden Wunden eines Leprakranken säuberte.

Als die Nonne mit der Krankenpflege fertig war, sagte die junge Frau zu ihr:

»Ich könnte so etwas nicht mal für eine Million Dollar machen.«

Die Nonne fasste ihre Hände und flüsterte ihr leise zu, als verriete sie ein Geheimnis: »Ich auch nicht.«

Nach all diesen philosophischen Ausflügen wirst du mich fragen, ob ich hier und heute an Gott glaube.

Und ich antworte dir aufrichtig:

Mit jedem Tag mehr.

Aber ich muss hinzufügen:

Ich habe nie die Vorstellung eines eitlen Gottes akzeptiert (und werde das auch hoffentlich niemals tun), der es nötig hat, dass man ihn lobpreist und ihm huldigt, damit er uns in Ruhe lässt.

Ich glaube nicht an einen Gott, der zürnt, wenn wir nicht befolgen, was er uns sagt (selbst wenn das, was er sagt, richtig ist).

Ich akzeptiere seine Existenz, behalte mir jedoch das Recht vor, an ihn als einen liebe- und verständnisvollen, nährenden, zärtlichen, allgegenwärtigen und zutiefst gütigen Vater zu glauben. Was kein Problem ist, denn genau das alles ist er.

Zweites Buch

Die Entdeckungen

Der Mensch im Netz

Wir sind Teil eines größeren Ganzen

Viele Jahre habe ich als Gruppentherapeut mit Julia Atanasopulo und Ernesto Vitale zusammengearbeitet. Wir boten wöchentliche Therapiesitzungen und gelegentlich auch längere Therapieeinheiten an, die wir »Workshops« nannten.

Wir lernten von vielen Dozenten, Kollegen und Therapeuten eine Menge gruppendynamischer Spiele und Aufgaben, mit denen wir die Teilnehmer unserer Seminare konfrontierten, um die erwünschte »Bewusstwerdung« in Gang zu setzen, die wir für sie und uns selbst erhofften. Manchmal arbeiteten wir mit Verkleidungen, andere Male mit Rollenspielen und häufig mit Masken*. Eine meiner liebsten Übungen war die, mit der wir den Workshop eröffneten und die wir »Leben im Netz« genannt hatten.

---

* »Die Maske verschleiert und enthüllt«, sagte Dr. Saslavsky immer.

Wenn alle eingetroffen waren, baten wir die Teilnehmer, noch bevor sie sich miteinander bekannt machen konnten, aufzustehen und sich im Kreis um ein Fischernetz zu stellen, das in der Mitte des Raumes auf dem Boden lag.

Dann forderten wir alle auf, schweigend eine Hand an das Netz zu legen.

Nachdem alle der Aufforderung nachgekommen waren, bat ich sie, einen Schritt zurückzutreten, ohne das Netz dabei loszulassen, und es ein wenig zu spannen. Dann forderte ich sie auf, die Augen zu schließen, und erzählte ihnen, dass ich gleich einem von ihnen auf die Schulter tippen würde. Der Ausgewählte solle dann schweigend und ohne hastige Bewegungen das Netz zu sich heranziehen, so dass man nicht merkte, wer der Betreffende war.

Wenn der Teilnehmer, der an der Reihe war, das Netz ein wenig anspannte, fragte ich die anderen, ob sie einen Unterschied bemerkten.

Natürlich bejahten alle nachdrücklich.

Wir wiederholten die Übung mit jedem Teilnehmer, damit alle im Kreis die Erfahrung machten, dass jeder kleine Zug an seinem Stückchen Netz von allen im Kreis gespürt wurde. Schließlich bat ich sie, die Augen zu öffnen und die anderen Anwesenden in der Runde anzusehen.

»Im täglichen Leben funktioniert es genauso«, erklärte ich dann. »Man könnte annehmen, das, was

die Welt der Autoindustrie. Damals wurde López zum Verantwortlichen für den weltweiten Einkauf bei General Motors ernannt. Als er seinen Posten antrat, ließ er ein gerade vom Band gelaufenes Auto in eine leergeräumte Montagehalle bringen und trug den Mechanikern auf, es in sämtliche Einzelteile zu zerlegen.

Als schließlich all die Tausende von Teilen, die zum Zusammenbauen des Autos benötigt wurden, von der Antriebsachse bis zur letzten Schraube oder den Gummiprofilen der Scheibenwischer, auf dem Hallenboden ausgebreitet lagen, ließ er ein detailliertes Registerblatt für jedes von ihnen anlegen, ganz gleich, ob groß oder klein, dringend notwendig oder eher unwichtig. Am Ende des Blattes standen zwei Fragen: »Bei wem gekauft?« und »Wie teuer?«

Nachdem die Inventarliste fertig war, machte Superlópez etwas, das es in dem Traditionsunternehmen noch nie gegeben hatte: Er ließ seine Maschinenbauingenieure die tatsächliche Funktion jedes Teils bewerten, so unbedeutend sie auch sein mochte.

Nicht ohne vorher zu betonen, dass keine einzige Unterlegscheibe überflüssig sein dürfe, ließ er nun das Design überarbeiten und den Preis jedes einzelnen Bauteils neu überschlagen, von der kleinsten Niete bis zum Motorblock.

Von den übrigen Teilen getrennt, erhielt jedes Teil seinen wahren Wert zurück und bekam sein bestes Design.

Ein Jahr später hatten sich die Produktionskosten für dasselbe Automodell trotz verbesserter Qualität und höherer Leistung um zehn Prozent verringert, während gleichzeitig die Löhne der Arbeiter beachtlich gestiegen waren.

Wie Autoteile haben auch wir alle eine Aufgabe und eine Funktion. Niemand ist überflüssig. Möglicherweise hat ein höherer, unfehlbarer »Superlópez« irgendwann die überflüssigen Schrauben und Muttern aussortiert; vielleicht war das aber auch gar nicht nötig. Wir müssen zu der Erkenntnis gelangen, dass wir alle gebraucht werden. Die einen mögen eine scheinbar bedeutende Aufgabe ausfüllen und andere eine untergeordnete; die einen sind die Stars der Mannschaft und andere vielleicht nur Wasserträger, aber wir alle sind Teil des gesamten Ablaufs. Das sollten wir uns immer wieder in Erinnerung rufen und damit dem, was wir tun, einen größeren Wert beimessen.

Ein Entdeckungsreisender zieht ein Tal hinauf. Er begegnet einer langen Reihe von Arbeitern, die einer hinter dem anderen große Steine auf ihren Schubkarren transportieren. Sie kommen unten aus der Ebene und verlieren sich auf dem staubigen Pfad, der sich die steinige Bergflanke hinaufwindet. Erstaunt über den Aufwand, geht der Entdeckungsreisende zu einem der Träger und fragt ihn:

»Was machst du da?«

»Siehst du das nicht, du Tropf?«, antwortet der Mann. »Ich transportiere Steine in einer Schubkarre.«

Der Entdeckungsreisende nähert sich einem zweiten Träger, der weniger abweisend aussieht als der erste, und fragt ihn: »Was machst du da?«

»Ich schleppe Steine, um so die Ausbildung meiner Kinder zu bezahlen.«

Der Entdeckungsreisende geht zu einem dritten Träger, auf dessen Gesicht ein stilles Lächeln zu liegen scheint, und fragt auch ihn: »Was machst du da?«

»Schau dort oben, Fremder, auf dem Berg. Siehst du das?«, fragt der Arbeiter, während er nach oben deutet. »Wir bauen einen Tempel.«

Diese Antwort kann nur geben, wer sich seiner selbst zutiefst bewusst ist und sich als Teil eines großen Ganzen begreift, das konstruktiv nach vorne, auf das Gesamtergebnis, ausgerichtet ist.

Spirituelles Bewusstsein

Wie einmalig das spirituelle Element des Menschen ist, zeigt sich darin, dass er sich der Eingebundenheit in dieses Ganze bewusst ist.

Doch nicht nur das.

Ihm ist auch bewusst, dass er ein beseelter Körper ist.

Er weiß um die Seele, die diesen belebt, und um den Verstand, der dies erkennt.

Er weiß um die Notwendigkeit der Begegnung, des Miteinanders, des Austauschs und der Transzendenz.

Er weiß um das innere Bedürfnis, immer neue Horizonte zu entdecken.

Mag sein, dass die Spiritualität bereits mit der Geburt in uns angelegt ist, doch das Bewusstsein für unsere Spiritualität entsteht erst später. Fast immer geschieht dies erst, nachdem wir uns auf unserem Weg ein ganzes Stück von ihr entfernt haben.

Ich habe es so oft gesehen …

Da hat jemand alles, was er sich je erträumt hat, und noch mehr. Er genießt alle erdenklichen Annehmlichkeiten und hat rundum Erfolg, bis hin zu Liebesdingen. Und doch überkommt ihn eines grauen Tages, wie es im Tango heißt, die unerklärliche Lust zu weinen.

In seinem Weltschmerz geht ihm ein absurder Gedanke nicht aus dem Kopf: die Vorstellung, dass Hunderte oder Tausende Menschen in genau diesem Moment das Gleiche denken und fühlen. Doch diese ganze Gesellschaft von Leidensgefährten ist ihm in diesem Moment kein Trost, sondern bewirkt nur, dass er sich noch einsamer fühlt.

Wenn er in meine Praxis käme oder ich dorthin könnte, wo er ist, würde ich ihm dieses Rinpoche zugeschriebene Gedicht mitbringen, damit er zumindest wüsste, dass schon andere diesen Weg gegangen sind.

> Wir bauen immer größere Häuser für immer kleinere Familien.
> Wir geben mehr aus, aber haben weniger.
> Wir kaufen mehr, aber genießen weniger.
> Wir leben in immer höheren Gebäuden ein Leben mit immer weniger Tiefgang.
> Wir befahren immer breitere Autobahnen mit immer beengterem Geist.
> Wir haben mehr Bequemlichkeit und fühlen uns doch immer unwohler.
> Wir besitzen mehr Wissen und weniger Verstand.
> Es gibt mehr Experten und weniger Lösungen.
> Mehr Medizin und weniger Gesundheit.
> Wir leben in einer Zeit des Fast Food und der trägen Verdauung.
> Wir haben phantastische Häuser und zerbrochene Familien.
> Wir fahren sofort aus der Haut, aber verzeihen nur schwer.
> Wir stehen früh auf und kommen doch immer zu spät.
> Wir halten die Fahne der Gleichheit hoch, aber beharren auf unseren Vorurteilen.
> Unser Kalender ist voller Telefonnummern von Freunden, die wir nie anrufen.
> In unseren Bücherregalen stehen Bücher, die wir niemals lesen werden.

Wir verdienen unseren Lebensunterhalt, aber wissen nicht, wie man lebt.
Wir besitzen immer mehr Dinge und vergeuden fast alle.

Vielleicht würde ich ihn bitten, die Kolumne zu lesen, die ich vor ein paar Monaten für eine Zeitung schrieb. Sie ist zwar in einem allgemeinen Ton gehalten, aber doch ganz klar an mich selbst gerichtet:

»Von seiner Spiritualität entfernt, wächst der Mensch mit den Begrenzungen auf, die ihm eine beschränkte Gedankenwelt vorgibt. So verkümmert der Wunsch, dem Wesentlichen auf den Grund zu gehen, vor allem, wenn man versucht, es durch Überflüssiges zu ersetzen … Und das Schmerzlichste ist unsere niemals ausgesprochene Begründung, dass wir so handeln, weil wir wissen (weil wir es so gelernt haben, weil man es uns so beigebracht hat), dass es uns leichter fällt, das eine zu bekommen als das andere.«

Wir machen es genau wie der Betrunkene, der den Schlüssel unter der Laterne sucht, nicht, weil er ihn dort verloren hat, sondern weil es zwei Straßen weiter, wo er ihm tatsächlich heruntergefallen ist, nicht genügend Licht gibt, um ihn zu finden …

Wir verhalten uns, als wollten wir unbedingt auf der Treppe der persönlichen Entwicklung nach unten gehen, von der der Mexikaner Alfredo Torres sagte, sie sei nur für den Weg nach oben gemacht.

Weder das Gedicht und schon gar nicht mein Artikel mögen ausschlaggebend sein, aber nachdem man eine solche Geschichte erlebt hat, wie ich sie hier beschreibe, wacht man oft eines Morgens mit dem deutlichen Gefühl auf, den Unterschied zwischen dem Wesentlichen und dem Unwesentlichen von innen heraus zu begreifen.

Die drei Arten, das Wesentliche zu ergründen

Ein Aspekt unseres Eintritts in die spirituelle Ebene ist eben dieses Bewusstsein für das Wesentliche in unserem Leben, Denken und Handeln.

Das Wort Transzendenz bedeutet wörtlich »übersteigen«. Was übersteigen? Unsere körperlichen und zeitlichen Beschränkungen. Die Grundlage einer ganzen Lebensphilosophie.

Zum einen, weil es bedeutet, dass unser Handeln, so unerheblich es auch sein mag, immer Auswirkungen auf unsere Umgebung hat. Sich dessen bewusst zu sein hat unweigerlich größere Verantwortung für unser Handeln zur Folge (umso mehr, wenn man bedenkt, dass diese Auswirkungen, von uns manchmal unbemerkt, Menschen betreffen, die wir gar nicht kennen oder die nicht einmal wissen, dass es uns gibt).

Zum anderen, weil man den Wunsch oder die Sehnsucht nach Transzendenz als die Absicht definieren könnte – verbunden mit einem entsprechenden Verhalten –, eine Spur bei anderen Menschen, an anderen Orten, ja auch in uns selbst zu einer anderen Zeit oder in anderen Dimensionen zu hinterlassen.

Vergleichen wir einmal das Sein und das Handeln eines Menschen mit einem Baum. Eine Möglichkeit (nicht die einzige, natürlich), sein »Baumleben« zu bewerten, besteht darin, die Früchte zu betrachten, die er von seiner Entstehung bis zu seinem Tod trägt.

Nehmen wir zum Beispiel den Apfelbaum, der im Garten meines Freundes Kike steht, so werden wir feststellen, dass nicht all seine Früchte gleich groß sind. Manche Äpfel sind größer, andere kleiner (trotz aller Anstrengungen und Investitionen von Kike, damit dem nicht so ist).

Wir bemerken sicherlich auch, dass die Früchte dieses Jahr wesentlich roter und von besserer Qualität sind als in den Vorjahren, oder umgekehrt. Oder dass insgesamt gesehen der Pflaumenbaum viel mehr getragen hat als der Apfelbaum.

Würde irgendeine dieser Feststellungen, und mag sie noch so richtig sein, aus diesem Baum etwas Unbedeutendes oder Geringzuschätzendes machen?

Selbstverständlich nicht.

Wie es nicht anders sein könnte, lassen sich der Wert und der Daseinszweck des Apfelbaums nicht ausschließlich an der Menge der Äpfel bemessen, die er uns in diesem Jahr geschenkt hat, noch an irgendeiner anderen, auf einen kurzen Moment seines Lebens beschränkten Maßeinheit. Man sollte ihn immer nach dem bewerten, was ihn im Laufe seines ganzen Lebens ausmacht.

Die Bedeutung und die gestaltende Kraft des Wunsches nach Transzendenz sind so groß, dass dieser für viele (mich eingeschlossen) auf die Liste der »angeborenen« Bedürfnisse gehört, die ganz von selbst entstehen, ohne dass man darüber nachdenken oder sie rechtfertigen müsste.*

In diesem Sinne sehe ich drei Arten der Suche nach Transzendenz, denen ebenso viele Methoden, Wege und Wünsche entsprechen.

Für mich gibt es eine Transzendenz, die man horizontal nennen könnte, eine weitere würde ich als vertikal definieren, und eine dritte würde ich mit dem Wort linear umschreiben.

---

* Einige von uns gehen noch weiter und machen aus diesem Wunsch nach Transzendenz eines der wichtigsten Ziele unseres Lebens.

Die horizontale Transzendenz ist diejenige, die man im Hinblick auf seine Mitmenschen erstrebt und erlangt, auf Nachbarn, Freunde, Landsleute, Zeitgenossen. Gemeinhin wird sie als Popularität, Ansehen oder Berühmtheit bezeichnet. Wenn du diese horizontale Transzendenz erreichst, kennen dich die anderen Leute. Du wirst zu einem Bezugspunkt, einem Vorbild oder Helden. Du magst dir dessen bewusst sein oder nicht, aber viele hören auf das, was du tust oder sagst; du berührst sie, beeinflusst sie (mehr oder weniger) in ihren Entscheidungen, ihren Vorlieben oder ihrer Sichtweise.

Die vertikale Transzendenz hingegen umfasst auch den Faktor Zeit. Hier geht es darum, ob dieser »Ruhm« oder Einfluss über dein Leben und deine Zeit hinaus andauert. Die Erinnerung daran, wer du warst, wird weiterhin lebendig sein, auch wenn du es nicht mehr bist. Viele schätzen, was du getan hast, manchmal bis hin zu dem Punkt, dich zu einem Vorbild zu erheben, dem man nacheifert. Um nur ein Beispiel zu nennen: Miguel de Cervantes schrieb den Don Quijote zu Beginn des 17. Jahrhunderts. Damals wurde der Roman nicht gut aufgenommen, doch heute, vierhundert Jahre später, gilt das Buch immer noch als eine Perle der Literatur und sein Autor als Musterbeispiel des idealen Romanschriftstellers.

Bei dem Streben nach jener Transzendenz schließlich, die ich linear nenne, handeln die betreffenden Personen niemals mit Blick auf die Wertschätzung oder die Anerkennung der Menschen in ihrem Umfeld oder jener, die noch kommen werden. Ihr Tun, Handeln und Denken ist auf eine andere Existenzebene gerichtet, das ewige Leben vielleicht, eine mögliche Reinkarnation nach dem Tod oder eine höhere metaphysische Instanz, die auf uns herabblickt. Es ist die Suche nach einer Transzendenz zum Heiligen oder Göttlichen.

Werte und Transzendenz

Der Wunsch nach Transzendenz, sei diese nun horizontal, vertikal oder linear, gibt eine Richtung, einen Weg und eine Handlungsweise vor, die in jedem Fall mit einer eigenen verbindlichen Werteskala einhergehen sollten.

Man kann nicht seine guten Absichten beteuern und gleichzeitig die entfremdenden Bedingungen billigen, die unsere Gesellschaft den Jüngsten aufzwingt.

Man kann nicht von Nächstenliebe reden und gleichzeitig gutheißen, dass es »gerecht« sei, Menschen zu töten, zu foltern, zu verbrennen oder zu verstümmeln, um die Interessen oder die Integrität anderer zu verteidigen, die genauso Menschen sind wie jene.

Man kann nicht lautstark nach Respekt vor der Individualität schreien und dann vorschreiben, was »man« zu tun hat, um »jemand« zu sein.

Man kann nicht überall von seiner Partnerschaft schwärmen und im stillen Kämmerlein um jeden Fußbreit Macht kämpfen.

Wenn ich beruflich mit einem Paar zu tun habe, das zu viel streitet, erzähle ich ihnen immer die folgende Geschichte, die sich tatsächlich fast wörtlich so ereignet hat:

> Er kommt nach einer sehr schmerzlichen Therapiesitzung, in der es um seine Partnerschaft und ihre Unstimmigkeiten ging, nach Hause und fragt seine Frau, vielleicht dieses eine Mal ohne böse Absichten:
> »Hast du nie daran gedacht, dass unsere Probleme damit zu tun haben könnten, dass wir ständig miteinander konkurrieren?«
> Sie gibt wütend zurück:
> »Natürlich habe ich daran gedacht. Und zwar lange vor dir … Idiot!«

Vergleichen, Eindruck schinden, manipulieren.

Wörter, die so weit von einer wahren Begegnung mit anderen entfernt und doch in unserem täglichen Miteinander allgegenwärtig sind.

In einer alteingesessenen Kneipe in Madrid hängt neben uralten Werbeplakaten vom Anfang des vergangenen Jahrhunderts immer noch ein Schild an der Wand, auf dem steht:

»Es ist untersagt, über Politik und Religion zu sprechen.«

Das Hinweisschild macht glauben (oder will vielmehr glauben machen), das Thema der Diskussion sei das Problem und weniger das Verhalten derjenigen, die diskutieren. Dabei kann jeder noch so unbedarfte Zuschauer sehen, dass dem nicht so ist.

Jedenfalls hat der Besitzer dieser Madrider Kneipe noch nicht bemerkt, dass das eigentliche Problem des Menschen nicht darauf beruht, dass er keine Achtung vor den Ansichten anderer hat, sondern dass er so wenig hinter den eigenen Ansichten steht.

> Ein berühmter Revolutionsführer, so erzählte man sich, hatte nur Verachtung für die Arbeit und die Präsenz der katholischen Kirche in seinem Land übrig und ging mit Härte gegen sie vor.
> Eines Tages versuchte ihn jemand davon zu überzeugen, dass er, wenn er so vehement gegen den Katholizismus sei, für sich und sein Volk eine andere Religion annehmen müsse.
> Der General sah seinen Gesprächspartner streng an und sagte dann:

»Was reden Sie denn da? Sind Sie verrückt? Wenn ich nicht an die wahre Kirche glaube, warum sollte ich dann an eine andere glauben?«

Zurück zu dem Lokal in Madrid … Ich verspreche dir, wenn ich das nächste Mal dort bin, schlage ich vor, das Schild an der Wand um einen kleinen Zusatz zu ergänzen, etwa so:

»Es ist untersagt, über Politik und Religion zu sprechen, *ohne über sich selbst und die eigenen Ansichten zu lachen.*«

Ich bin überzeugt, wenn man meinen Vorschlag beherzigt und sich die Gäste daran halten, werden die Streitereien umgehend aufhören.

Das andere Netz

So wie wir außerhalb der Begrenzung unseres Körpers Teil eines überpersönlichen Netzes sind, so leben wir auch in unserem Inneren in einem einzigartigen Geflecht, bestehend aus den unterschiedlichen Facetten unserer Persönlichkeit (darunter unsere oft vergessene spirituelle Neigung).

Ich möchte an dieser Stelle noch einmal auf das Bild vom Fischernetz zurückkommen. Selbst wenn wir unser innerstes Wesen beharrlich negieren, hält unser Geist sein Stückchen von dem Netz fest, das wir sind, und jedes Mal, wenn er daran zieht, spürt und bemerkt dies der Rest von uns. Genauso bemerkt es natürlich unser Geist, wenn ein anderer Anteil von uns, der Körper beispielsweise, an dem Netz zerrt (wenn er sich überanstrengt, eine Verletzung hat oder krank wird).

Wir können daher noch so sehr versuchen, unsere Spiritualität zu verneinen, sie zu ignorieren oder sie zu verbergen, sie ist immer da. Und es ist sicherlich keine gute Idee, die Ohren vor ihren Forderungen nach Aufmerksamkeit zu verschließen, denn es wird uns sowieso niemals gelingen, sie mundtot zu machen. Früher oder später wird sie immer lauter zu rufen beginnen, bis wir uns mit ihr auseinandersetzen. (Meiner Meinung nach – und ich weiß, dass viele diese Ansicht teilen – rühren etliche Probleme, die unsere Gesellschaft zurzeit hat, daher, dass wir dem Ruf unserer höchsten und wesentlichsten Anteile nicht genügend Aufmerksamkeit schenken.)

Vielleicht behaupten wir im häuslichen Kreis oder im Gespräch mit Freunden, uns ihrer Gegenwart bewusst zu sein, und plädieren für eine spirituellere Art zu denken … doch wenn es dann ans Handeln geht, verhalten wir uns so, als wären unsere Gedanken und Worte das eine und unser tägliches Handeln das andere. Und das Schlimmste ist, dass dieses »unstimmige« Verhalten oftmals nichts mit Unbedachtheit oder bloßer Zerstreutheit zu tun hat. Es sind vielmehr immer wiederkehrende, klassische, durch unsere Erziehung bedingte Reaktionen, die dazu dienen, unser Ego oder unsere Eitelkeit zu befriedigen, oder die uns dabei helfen, Ziele zu erreichen, die Beifall, Ruhm und sogar ein wenig Macht garantieren …

Und das Schlimmste ist, dass dieses unwürdige Verhalten in der Regel sinnlos ist, denn in den allermeisten Fällen endet das übermäßige Streben nach Erfolg in einer persönlichen Katastrophe, aus der man nur schwer wieder herauskommt, wenn sich herausstellt, dass die schnelle Abkürzung in Wirklichkeit ein langer Umweg ist.

Stimmig leben

Meine Vorstellungen mögen sich weiterentwickeln (was sehr zu begrüßen ist), meine heutige Sicht auf die Dinge mag sich radikal von der gestrigen unterscheiden, und doch muss es zwischen dem einen und dem anderen Moment oder zwischen beiden Denkweisen einen Leitfaden geben, der es ermöglicht, den Wandel nachzuvollziehen. Die beiden Vorstellungen, obwohl widersprüchlich, sind stimmig: die eine mit der Person, die ich damals, in jenem Moment, war, und die andere mit der Person, die ich jetzt bin (davon ausgehend, dass ich nicht mehr derselbe bin).

Ich kann heute links sein und morgen rechts. Heute können mir Blondinen gefallen und morgen die Brünetten. Heute kann ich katholisch sein und morgen Muslim, Atheist oder Jude. Heute kann ich für Real Madrid sein und morgen für Barça (obwohl, so weit geht es dann doch nicht …). Wichtig ist, dass ich in jedem Moment meiner Art und Weise, zu fühlen und zu denken, treu bleibe. Es ist etwas anderes, im Widerspruch zu meiner Vergangenheit zu stehen (was im Sinne einer Weiterentwicklung vielleicht sogar wünschenswert ist), als im Hier und Jetzt unstimmig zu sein.

Wieder einmal fühle ich mich an die Parabel von dem Mann erinnert, der vor seinem Lehrmeister in Tränen ausbricht, als er über eine Vorstellung klagt, die ihn immer wieder quält.

> »Ich denke an den Tag, an dem ich in den Himmel komme. Vielleicht wartet Gott dort auf mich, um mich zu fragen, warum ich nicht wie Moses war, wie Jesus oder Gandhi … Mich ängstigt der Gedanke, dass ich ihm nur absurde Ausreden geben könnte …«
> Der Meister sieht ihn an und sagt:
> »Mir geht es genauso … Aber anders. Wenn ich in den Himmel komme und Gott mir diese Frage stellt, wüsste

> ich einiges zu sagen, das weiß ich. Wenn er mich aber gleich bei meiner Ankunft im Himmel fragen sollte: »Warum bist du nicht der gewesen, der du wirklich warst?«, könnte ich nur stumm den Kopf senken, weil ich keine einzige Antwort darauf hätte …«

In meinem Leben als Therapeut habe ich versucht, anderen Menschen dabei zu helfen, ein stimmiges Leben zu führen. Ich habe viele gesehen, die alles aufgaben, was in ihrem Leben stimmig war, ohne sich auch nur die Frage zu stellen, ob diese Entscheidung richtig war, bloß um einem Ziel nachzujagen, das ihnen unverzichtbar erschien, oder hinter einem Menschen herzurennen, der ihnen wichtiger erschien als alles andere auf der Welt. Das ist nicht schlimm, so ist das mit den Leidenschaften (und sich zu verlieben ist mit Sicherheit die schönste aller Leidenschaften).

Aber es ist gut, zu wissen, dass jeder von uns einmal unstimmig sein wird …

… wenn er versucht, es einem anderen recht zu machen, und darauf verzichtet, der Mittelpunkt seines eigenen Lebens zu sein.
… wenn er versucht, sich einem Modell anzupassen, das nicht sein eigenes ist.
… wenn er versucht, der zu sein, der er sein soll, statt der, der er ist.
… wenn er zwischen Denken und Fühlen trennt und zwischen Fühlen und Handeln.

… wenn er für einen anerkennenden Blick seine Authentizität verkauft.

Es scheint also keine gute Idee zu sein, für einen einzigen Moment gegen meine Prinzipien zu verstoßen, mit meinem Weltbild zu hadern oder gegen mein inneres Wachstum anzugehen … Vor allem, nachdem ich auf dieser Ebene festgestellt habe, dass alles, was ich verlieren könnte – wenn ich etwas verlöre –, jene Dinge wären, die meinem schlimmsten Narzissmus Vorschub leisten.

Und Vorsicht mit den »kleinen Ausnahmen«, denn wie gesagt: Jede meiner Handlungen kann auf die eine oder andere Weise die Realität eines anderen verändern.

Vor einigen Jahren entstand ein wunderbarer Film mit dem Titel *Butterfly Effect*. Der Film handelt von dem Phänomen, nach dem jeder Vorgang einen Einfluss auf seine direkte Umgebung und darüber hinaus hat. Dieser Dominoeffekt ist nach dem Beispiel benannt, das die Begründer dieser Theorie verwendeten, als sie diese der Wissenschaftswelt vorstellten. Sie behaupteten, es sei wissenschaftlich nachweisbar, dass der Flügelschlag eines Schmetterlings in Brasilien durch eine einzigartige Kettenreaktion letztendlich einen Wirbelsturm in Texas auslösen könne.

Weniger spektakulär und großspurig, dafür aber

wesentlich kunstvoller und schöner zeigt uns die herrliche Oper *Turandot* vom ersten Akt an eine weitere Folge dieses Potenzierungseffekts.

Prinz Kalaf, der um die Hand der ebenso unerreichbaren wie grausamen Prinzessin Turandot anhalten will, ist bereit, seinen Kopf zu riskieren, um die Rätsel zu lösen, die die jungfräuliche Thronerbin jedem Bewerber stellt.
Auf dem Platz vor dem Palast haben sich Tausende von Untertanen versammelt, um ein weiteres Mal den Kopf eines Verehrers rollen zu sehen.
In der Menge entdeckt Kalaf seinen greisen Vater, den entmachteten König eines fernen Landes … Der alte Mann ist krank und blind; er lebt von den Almosen, die eine junge Dienerin namens Liu erbettelt, um ihn am Leben zu erhalten.
Kalaf sieht die Begegnung mit seinem Vater, den er seit Jahren gesucht hat, als vielversprechendes Vorzeichen. Doch noch etwas anderes beschäftigt ihn: Er versteht nicht, warum diese unbekannte Frau sich seines Vaters angenommen hat und ihm seit all den Jahren selbstlos dient. Liu erklärt in einer wundervollen Arie den Ursprung dieser Treue, die sie später das Leben kosten wird …
»Eines Tages«, so berichtet Liu, »veranstaltete dein Vater, der König, eine Parade, um den Geburtstag unserer schönen Stadt zu feiern. Ich kam aus meinem Haus auf dem Land, um sie vorüberziehen zu sehen. An jenem Morgen, als ich zwischen Abertausenden von Menschen dort stand … da lächeltest du mir von deiner Kutsche aus zu, als du an mir vorüberfuhrst …«

Annehmen

»Nichts auf der Welt ist weicher als Wasser … Und doch überwindet es jedes Hindernis und folgt seinem Lauf.«
LAOTSE

Als ich noch Medizinstudent an der Universität von Buenos Aires war, verlegte sich unser Professor für Psychosemiologie immer aufs Scherzen, wenn es darum ging, den neuen Studenten in groben Zügen die Unterschiede zwischen den einzelnen psychiatrischen Störungen zu erklären.

»Wenn wir einer ›normalen‹ Person eine einfache Frage über die äußere Realität stellen, wie zum Beispiel ›Wie viel ist zwei plus zwei?‹, dann wird sie mit Sicherheit antworten: ›Vier‹ und damit ihre Verbindung zur Realität unter Beweis stellen. Stellen wir dieselbe Frage einem psychotischen Patienten«, fuhr er fort, »wird er vielleicht ›Zwölf‹ oder ›Tausendfünfhundert‹ oder ›Auto‹ antworten und somit zeigen, dass er diesen Kontakt zur realen Welt verloren hat.« Der Professor lächelte verschmitzt. »Unterziehen wir schließlich einen Neurotiker dieser mathematischen Prüfung, wird er wahrscheinlich antworten: ›Zwei plus zwei sind vier … Aber ich halte das nicht aus!‹«

Scherz beiseite – diese humorvolle Episode spiegelt besser als Hunderte wissenschaftlicher Abhandlungen das große Problem wider, das wir, die wir alle bis zu einem gewissen Grad Neurotiker sind, mit der Realität haben, in der wir leben: Wir wissen mehr oder weniger genau, wie die Dinge sind, weigern uns aber schlichtweg, das zu akzeptieren.

Wenn wir uns auf die spirituelle Ebene begeben, löst sich ein großer Teil dieses grundlegenden Konflikts auf. Das Bewusstsein für den Nächsten und die neue Art, sich mit der Liebe zu verbinden, helfen uns dabei, eine neue Einstellung zu entwickeln und die Dinge zu akzeptieren, wie sie sind.

Spiritualität bedeutet vor allem eine wirkliche Öffnung für andere, die eine ganz neue Gemeinschaft schaffen kann, die selbst im nachdenklichen Schweigen offenbar wird.

In diesem Zustand der liebevollen Verbindung mit dem Universum des Wesentlichen wirst du von Enthusiasmus erfüllt, und du nimmst rings um dich eine Schönheit wahr, die dem äußeren Auge verborgen bleibt, eine freudige Energie und die bedingungslose Annahme der Umstände, Menschen und Situationen in unserem Umfeld.

Schritt für Schritt erlernen wir das Handwerk und die Kunst, in heiterem Einklang mit der realen Welt zu leben.

Ich will damit nicht sagen, dass man mit Erreichen der spirituellen Ebene automatisch von seinen Neurosen geheilt würde (obwohl es manchmal wirklich so ist). Das Symptom der Neurose, dieser sinnbildlichste und beängstigende Ausdruck unserer Schwierigkeit, besser zu leben, wird zunehmend zurückgedrängt, wenn wir uns auf den Weg zu uns selbst machen. Anders gesagt: Ich glaube nicht, dass dich die Entdeckung deiner höheren Wesensanteile mit der Realität versöhnt, und dass du die Realität akzeptierst, verbindet dich auch nicht automatisch mit deiner Spiritualität; aber ich bin sicher, dass das eine oft mit dem anderen einhergeht.

Unstimmigkeiten aushalten

»Ich bin ich, und du bist du. Ich bin nicht auf dieser Welt, um deinen Erwartungen zu entsprechen, und du bist nicht auf dieser Welt, um meine Erwartungen zu erfüllen. Wenn wir uns zufällig begegnen, ist das schön. Und wenn nicht, dann ist das auch gut so.«

FRITZ PERLS

Auf dem Weg lernen wir, dass das Universum eins ist und die anderen, alle anderen, ein Teil von ihm sind.

Und wir erkennen, dass wir zu bedingungsloser Liebe fähig sind und dazu, eine ebensolche Liebe zuzulassen …

Dieses doppelte Bewusstsein wird es uns von nun an ermöglichen, die anderen aus einer erweiterten Perspektive zu sehen und uns nicht nur in den Übereinstimmungen, sondern auch in den Unstimmigkeiten mit ihnen zu verbinden.

Es ist absurd zu glauben, jemand teile zu hundert Prozent meine Ansichten (es sind nicht einmal neunzig oder achtzig). Das müsste kein Problem sein, wäre da nicht die Tatsache, dass das Verhalten und die Standpunkte eines jeden von den Dingen bestimmt werden, an die er glaubt, weil er sich an diesen drei oder vier Punkten orientiert, die als sichere Bezugspunkte erscheinen.

Aber wenn das, woran man glaubt, davon abhängt, was jeder Einzelne erlebt oder erfahren hat, was er gelesen oder gehört hat, und es auf der Welt keine zwei Personen geben kann, die exakt das Gleiche erlebt oder erfahren haben, muss man die Schlussfolgerung ziehen, dass es keine zwei Menschen geben kann, die exakt dasselbe denken, schon gar nicht über die letzten Wahrheiten. Vielleicht auf dieser Grundlage vertrat Jean-Paul Sartre die Ansicht, wenn zwei Menschen in einer Sache absolut einig seien, müsse es sich um ein Missverständnis handeln …

Bezugspunkte

Wenn wir einen Weg zum ersten Mal gehen, sammeln wir unterwegs Früchte, registrieren bestimmte Dinge und stellen gewisse Parameter auf, die später als Bezugspunkte dienen können, um uns in Momenten der Verunsicherung zurechtzufinden oder umzukehren, falls wir uns verlaufen. In den schwierigsten Momenten der Suche nach dem eigenen Ich kann man sich nur zurechtfinden, wenn man in der Lage ist, sich an dem zu orientieren, woran man glaubt, was man wirklich meint und denkt, was für einen selbst die Macht der Gewissheit besitzt.

Ich bin immer der Ansicht gewesen, dass es nur sehr wenige höhere Wahrheiten gibt, die im Laufe der Zeit einer kritischen Überprüfung standhalten.

Die anderen Wahrheiten, die relativen, vielleicht nicht ganz so sicheren oder nur vorübergehend sicheren, begleiten uns nur einen Teil des Wegs. Wir glauben eine Weile an sie, um dann unsere Ansichten zu ändern oder zu entdecken, dass es noch eine andere Wahrheit gibt, die uns »wahrer« erscheint … Oder wir stellen sie in Frage und verwerfen sie, um dann – zumindest für eine Zeit – ohne die Gewissheit zu sein, die uns unser Glaube verlieh, und erwartungsgemäß das Ziel aus den Augen zu verlieren.

Die Welt ist im ständigen Wandel, und die Geschwindigkeit, mit der Informationen weitergegeben werden, macht es sehr schwer, an Ideen und Empfindungen festzuhalten, seinen Glauben zu bewahren oder auf beständige Wahrheiten zu setzen.

Die drei Wahrheiten

Vor einigen Jahren schrieb ich in der Einleitung zu meinem Buch *Geschichten zum Nachdenken*, dass ich nicht viele Dinge gefunden hätte, die ich für unbestrittene Wahrheiten hielte. Die nicht nur in der Zeit Bestand haben, sondern den Anspruch, auf Dauer zu bleiben.

Ich erklärte, dass ich nur drei solcher Wahrheiten gefunden hätte, stichhaltige und vertrauenswürdige Ideen, die mir, wenn ich in die Irre ginge und mich nicht »organisieren« könne, dabei helfen könnten, meinen derzeitigen Standpunkt zu bestimmen und mich zu orientieren, in welche Richtung es weitergeht.

Zwei dieser Wahrheiten liegen immer noch allem zugrunde, was ich tue oder sage, sie sind nach wie vor der Dreh- und Angelpunkt für meine Art zu leben. Die dritte habe ich zu oft in Frage gestellt, als dass ich ihr die Ehre zugestehen könnte, neben den anderen auf dieser Liste zu stehen.*

Die erste, mit der ich mich jetzt erneut befassen will, lautet: Die Realität ist, wie sie ist.

Uns dieser offensichtlichen Wahrheit zu beugen, darum geht es in diesem Kapitel.

Um diesen Schritt, der notwendig ist, um spiritueller zu leben.

Um diesen Angriff auf unsere Erziehung, die uns dazu verleitet, Dinge nicht hinzunehmen, die uns

---

* Ich könnte nicht mehr mit derselben Aufrichtigkeit und Überzeugung versichern, mit der ich vor zwanzig Jahren schrieb, dass nichts Gutes umsonst sei (auch wenn diese Aussage nach wie vor ein Anhaltspunkt für mich und für viele andere ist).

missfallen, die nicht so sind, wie sie sein sollten, wie sie einmal waren oder wie man uns erzählte, dass sie gewesen seien.

Es ist einfach zu schreiben: »Es ist, wie es ist«, und es ist überhaupt nicht schwer, die Bedeutung dieses Satzes zu begreifen und ihm zuzustimmen (eine Art Binsenweisheit). Und doch scheint es nicht ganz so einfach zu sein, nach diesem Leitgedanken zu leben.

Diesen Gedanken als Orientierung zu nehmen bedeutet auch, zu akzeptieren, dass Dinge, Umstände, Situationen und Menschen einfach so sind, wie sie sind, nicht mehr und nicht weniger. Und selbst wenn man den Wunsch gutheißt, etwas an der Realität verändern zu wollen, kann eine Veränderung nur auf der Grundlage dieser Wahrheit geschehen.

Die Frage könnte lauten: Wie soll man herausfinden, wie es ist? Ich sehe schließlich mit meinen Augen, und wir wissen ja bereits, dass ihnen nicht ganz zu trauen ist. Das ist so sicher, dass manche von uns zweifeln, ob es Objektivität wirklich gibt.

Dann kommen wieder die Zweifel: »Es ist, wie es ist.« Wie soll man wissen, wie es ist?

Edmund Husserl, ein Zeitgenosse Sigmund Freuds, vertrat die Ansicht, dass die Realität so wahrgenommen werden solle, wie sie sich zeige, ohne das beobachtete Phänomen hinsichtlich seiner Ursache oder seines Kontextes zu bewerten oder zu interpretieren, da dies eine Verzerrung der Realität bedeute. Die Suche nach dem, was ist, müsse auf dem Offensichtlichen basieren und nicht auf dem stets durch seine Absichten gefärbten Blick des Beobachters. Das verlangt natürlich eine gewisse Disziplin und sicherlich auch ein wenig Übung, um erkennen zu können, was man wahrnimmt, ohne Informationen hinzuzufügen (oder auszuschließen).

In einem Experiment, das ihn berühmt machte, stellte der renommierte Verhaltensforscher B. F. Skinner zwei Forschungsgruppen zusammen, die das Verhalten von Meerschweinchen untersuchen sollten. Die Forschungsgruppe von der Ostküste war für die Meerschweinchen mit weißem Fell zuständig, die vorherigen Untersuchungen zufolge geschickter waren und leichter lernten, während die Forschungsgruppe von der Westküste sich um die Meerschweinchen mit grauem Fell kümmern sollte, die im Vorfeld als ungeschickter und langsamer im Lernen bewertet worden waren. Es handelte sich um eine vergleichende Studie, in der es darum ging, wie schnell die Tiere lernten, sich in einem Labyrinth zurechtzufinden, und zwar vor und nach der Gabe einer geringen Dosis Vitamin C. Nach einigen Wochen präsentierten die Forschungsgruppen ihre Berichte, die die erwarteten Ergebnisse bestätigten: Die weißen Meerschweinchen hatten sich nicht nur von Anfang an als intelligenter erwiesen, sondern hatten ihr Lernvermögen durch die Vitamingabe noch gesteigert; die andere Gruppe hingegen hatte sich während des gesamten Experiments als gleich unbeholfen erwiesen. Doch der Erfolg des Experiments ließ sich erst angemessen bewerten, als Dr. Skinner eröffnete, dass beide Meerschweinchengruppen dieselbe Abstammung besaßen (die einen waren grau gefärbt worden, die anderen nicht). Das eigentliche Forschungsziel des Experiments war nicht das Verhalten der Tiere gewesen, sondern das Verhalten der Menschen. Es erbrachte den Beweis, dass die Voreingenommenheit der Forscher das Ergebnis der Beobachtung verfälschte.

Skinners Experiment machte deutlich, dass die streng rationalistische Haltung der klassischen Wissenschaft falsch ist, die von der Vorstellung ausgeht, dass es eine »objektive« Realität gebe, die unabhängig vom Beobachter sei.

Offensichtlich ist es nicht dasselbe, von der Vorstellung auszugehen, dass die Dinge sind, wie sie sind – einmal ganz davon abgesehen, ob man in der Lage ist, sie wahrzunehmen –, oder aber anzunehmen, dass es absolut nichts gebe, was von außen kommt und meine Wahrnehmung der Realität bestimmen oder beeinflussen könnte.

Was ist nun die richtige Denkweise? Die gibt es nicht. Keine ist besser oder zutreffender als die andere, es sind einfach nur zwei verschiedene Haltungen, zwei Arten, sich im Leben zu positionieren.

Um ein Beispiel zu nennen: In der klassischen philosophischen Frage des umfallenden Baumes in einem stillen Wald* würde die reine Wissenschaft nicht zögern, zu behaupten, dass er Lärm macht, selbst wenn ihn niemand hört. Eine phänomenologische Betrachtung würde das wahrscheinlich in Zweifel ziehen oder zumindest den Begriff »Lärm« in Frage stellen, wenn niemand da ist, der diesen Lärm hören oder messen könnte.

Das Gesamte wahrnehmen, ohne darüber nachzudenken, bedeutet, dass zum beobachteten Phänomen die Anwesenheit und der Blick des Beobachters als

---

* Wenn in einem Wald, in dem weder Mensch noch Tier leben, die ein Geräusch wahrnehmen könnten, ein Baum umfällt: Macht er dann Lärm?

Teil einer untrennbaren Realität hinzukommen. Objektivität ist folglich nichts anderes als das Zusammentreffen von Subjektivitäten. In diesem Sinne scherze ich immer, wenn mich jemand um meine »objektive Meinung« bittet, dass ich ihm diesen Wunsch nicht erfüllen könne, denn dafür müsste ich ein lebloses Objekt sein, und das bin ich nicht.

Es ist völlig klar, dass das bloße Sammeln der von den Sinnesorganen gesendeten Daten es nicht ermöglicht, die vollständige Einheit einer Realität wahrzunehmen und schon gar nicht ihre Möglichkeiten. Wir kennen das berühmte Paradoxon von der Hummel: Betrachtet man ihr Gewicht, die Größe ihrer Flügel und ihre aerodynamische Struktur, dann kann dieses Insekt unmöglich fliegen, und doch …

Um die Welt zu begreifen, in der wir leben, empfiehlt Gregory Bateson, die rein physische Realität von jener zu unterscheiden, die sich in der Verhaltensweise der Lebewesen beobachten lässt, und hebt so das Unvorhersehbare der Letzteren hervor.

In der Welt der unbelebten Objekte lassen sich präzise Kausalbeziehungen herstellen und Folgen voraussehen; in der Welt der lebenden Dinge können wir Mutmaßungen anstellen, aber nicht mit Sicherheit wissen. Durch Rückkopplungen zwischen Ereignissen variieren die Folgen ins Unendliche, auch bedingt durch die kreisförmige Verbindung zwischen einem Reiz und der Reaktion darauf (ein Mechanismus, den wir Psychotherapeuten unter dem Begriff Feedback zusammenfassen).

Kurzum, ich weiß nicht, ob man mit Sicherheit sagen kann, was Wahrheit ist, aber ich habe gelernt, dass jedes persönliche Wachstum dazu führt, dass man sich zumindest eingehender damit auseinandersetzt, wie die Realität für andere aussieht, und sei es nur, um den eigenen Blick zu schärfen. Den Blick nach außen und nach innen.

Annehmen. Sich annehmen. Andere annehmen

Auf der spirituellen Ebene ebnet eine vorurteilsfreie, bedingungslose Wahrnehmung auf ideale Weise den Pfad der Begegnung und begünstigt das Miteinander mit anderen.

Auf dieser Ebene lernt man endgültig zuzuhören, ohne zu interpretieren, und eigene Vorstellungen und Erwartungen beiseitezulassen, die immer auf einer vorgefassten Meinung beruhen, darüber, wer wir sind (das heißt, wer wir vorher waren) und wie wir wollen oder glauben, dass die anderen sind.

Wenn wir ein Konzert genießen wollen, sollten wir versuchen, es als ein Ganzes zu erfassen und zu begreifen. Wenn wir keine Experten sind mit geschultem Gehör und nur auf das virtuose Spiel der ersten Geige achten, wird uns zwangsläufig etwas von der Schönheit der Musik entgehen.*

So betrachtet, kann jede Begegnung mit einem anderen Menschen (und jeder Augenblick unseres Lebens) eine unwiederbringliche Erfahrung sein, wenn ich lerne, sie als ein Ganzes zu begreifen, in sich kostbar und unteilbar. Verabschieden wir uns also ein für alle Mal von Bemerkungen à la »Ich fand ja gut, was er gesagt hat, aber nicht, wie er es gesagt hat« und anderen disqualifizierenden Sätzen und besiegen wir unseren ungesunden Drang, ständig in den Details zu kramen, um herauszufinden, »was gerade fehlt, damit die Situation perfekt ist« …

---

* Ob wir ein Konzert sehr, wenig oder gar nicht genießen, hängt allerdings von vielen Faktoren ab: von unserer momentanen Lage, von unserer Geschichte, von unserer emotionalen Verfassung und, warum es nicht zugeben, von unserer musikalischen Bildung (»die Schulung des guten Geschmacks«, wie es Fernando Savater so treffend nennt). Ich bin kein gutes Beispiel, aber ich habe die Musik von Mahler noch nie so sehr genossen wie von dem Zeitpunkt an, als ich mich ein wenig mit seinem Leben und seinem Werk befasst hatte.

Man kommt auf dieser Ebene nicht voran, wenn ich es nicht in der Absicht tue, mich kennenzulernen und mich anzunehmen. Gleichzeitig muss ich mich trauen, dich kennenzulernen und mich zu erkennen zu geben, in der ehrlichen Absicht, dich anzunehmen, wie du bist, auch wenn ich weiß, dass du bestimmt …

> nicht so bist, wie es mir gefallen würde, aber das musst du auch nicht.
> nicht so bist, wie es manchmal besser für mich wäre, und das musst du auch nicht.
> nicht so bist, wie ich es manchmal gerne hätte, aber das musst du auch nicht.
> nicht so bist, wie ich es jetzt gerade bräuchte, aber du musst dich nicht bemühen, so zu sein.
> Du musst nicht einmal so tun, als ob.

Du bist, wie du bist, und es ist meine Verantwortung und meine Aufgabe, dich anzunehmen, auch wenn Annehmen nicht bedeutet, dass es mir gefällt.

Annehmen und Verstehen

Ich behaupte, dass es drei Arten gibt, in Beziehung zum anderen zu treten.

Eine ist, dich zu begreifen. Das ist von allen die einfachste. Begreifen ist nämlich eine »Kopfsache«, ein verstandesmäßiger Vorgang.

Begreifen ist eine Sache von Verstand zu Verstand. Ich begreife, was du mir sagst, und ich begreife den Grund deines Verhaltens. Ich begreife es, ich kann es erklären und sogar rechtfertigen, aber das garantiert nichts … Kann sein, dass ich es trotzdem nicht akzeptiere, nicht annehme.

Ein wenig tiefer – ein wenig verbindlicher, sozusagen – als das Begreifen ist das Verstehen. Wenn Begreifen eine Kopfsache ist, dann ist Verstehen eine Herzenssache. Wenn ich sage, dass ich dich verstehe, meine ich damit, dass ich nachvollziehen kann, was du empfindest, weil ich genauso fühle oder weil ich weiß, dass ich an deiner Stelle das Gleiche empfinden würde, oder weil ich einmal in der gleichen Lage war und etwas ganz Ähnliches empfunden habe …

Das heißt, den anderen zu verstehen. Es ist sehr schwierig, und es ist sehr gewagt.

Und trotzdem reicht es manchmal nicht aus.

Nicht nur, weil Verstehen nicht zwangsläufig Begreifen bedeutet (es sind zwei getrennte und voneinander unabhängige Prozesse), sondern weil auch Verständnis, so emotional es auch klingt, nicht unbedingt Annehmen garantiert.

Annehmen ist noch mehr.

Annehmen heißt, mich nicht gegen das zu stellen, was du bist.

Nicht mit dem zu hadern, was du denkst oder tust, selbst wenn ich nicht damit einverstanden bin, wenn ich es nicht begreife, nicht verstehe und nicht gutheiße.

Die Anzahl und die Art der Dinge, die mir an dir nicht gefallen, das ist mit Sicherheit einer der Punkte, die unsere Beziehung bestimmen.

Ob wir Freunde sind oder nicht.

Ob wir ein inniges Verhältnis haben oder eher weniger.

Ob wir jeden Tag miteinander reden oder ob wir uns nur grüßen …

Aber dich anzunehmen bedeutet in jedem Fall, dass ich nicht erwarte oder verlange (und dich schon gar nicht darum bitte), dass du dich änderst.

Annehmen heißt, aufrichtig zu meinen, dass du dich nicht zu ändern brauchst, dass ich nicht möchte, dass du dich änderst – zumindest nicht wegen mir oder für mich.

Du wirst vielleicht dein Verhalten, deine Denkweise oder deinen Lebensstil ändern, so wie ich es dir wünsche, aber das wird geschehen, wenn du es willst, wenn du es entscheidest, wenn die Zeit für dich reif ist. Wenn die Veränderung zu dir kommt und sich dir aufdrängt, wenn dein Moment gekommen ist und du es für niemand anderen tust.

Ich lache immer, wenn ich Paaren, die heiraten oder zusammenziehen wollen, rate, sich auf etwas vorzubereiten, das so vorhersehbar ist und doch nie aufhören wird, sie zu überraschen.

Nach der ersten Freude über das Wunder, neben dem geliebten Menschen aufzuwachen, wenn uns klar wird, dass es so vielleicht ein Leben lang sein wird, macht sich ein zweites, beunruhigendes Gefühl breit. Es kann am nächsten Morgen passieren oder am ersten Montag des Zusammenlebens, aber es passiert immer:

Obwohl keiner von beiden sich traut, es auszusprechen, denken beide, dass der andere … seltsam ist.

Du kannst über meine Prophezeiung lachen, aber wenn es dann so weit ist und dir nicht mehr zum Lachen zumute ist, rate ich dir, nicht auf den Gedanken zu kommen, dass du ihn oder sie ändern musst, damit er oder sie nicht mehr so ist. (Und erst recht nicht, möchte ich ergänzen, wenn du sicher zu sein glaubst, dass es zu seinem oder ihrem Besten ist).

> Es war einmal ein etwas einfältiger Bursche, so heißt es in einer alten Geschichte, der arbeitete als Stallknecht im Palast eines mächtigen Königs.
> Eines Tages kehrte der König von der Jagd zurück und ließ seinen Falken im Pferdestall, um später wiederzukommen und ihn zu holen.

Als der Stallknecht, der nichts von der Falknerei verstand, den Vogel sah, sagte er:
»Du armes Tierchen! Wie siehst du denn aus?«
Und er nahm eine Zange und kürzte dem Falken den Schnabel, entfernte seine Klauen und stutzte die Schwingen.
»Jetzt ist es besser«, verkündete er nach getaner Arbeit. »Jetzt bist du eine richtige Taube.«

Für jeden Therapeuten, dem es wirklich um den Menschen geht, kann eine sinnvolle Veränderung nur stattfinden, wenn sich derjenige nicht unter Druck gesetzt fühlt (eine Aussage, die nahezu alle großen Denker der Geschichte bestätigen dürften).

Nach der sogenannten Paradoxen Theorie der Veränderung, von der wir in der Gestalttherapie so oft sprechen, kann sich ein Mensch nur dann dauerhaft und zum Positiven verändern, wenn er akzeptiert, dass er ist, wie er ist, sich also nicht länger verändern *will*.

Ein Paradoxon, nicht wahr?
Ja.
Aber auch eine grundlegende Wahrheit.

Paradox, weil diese Aussage zunächst einen scheinbaren Widerspruch in sich birgt.

Ich gebe ein Beispiel für die, die mit dem Thema der Paradoxie nicht so vertraut sind. Stimmt es, wenn ich sage: »Dieser Satz hat sechs Wörter«? Natürlich nicht, denn »Dieser Satz hat sechs Wörter« besteht aus fünf Wörtern. Und das ist bereits ein Paradoxon.

Aber wenn dem so ist, müsste nach aller Logik die Negation des zuvor Gesagten stimmen.

Also sage ich, um den vorherigen Fehler zu korrigieren: »Dieser Satz hat keine sechs Wörter.« Und welche Überraschung – auch dieser Satz ist unwahr. Denn nun hat der Satz sehr wohl sechs Wörter! Noch ein Paradox.

Das dritte Paradoxon in diesem linguistischen Fall stellt sich mit der Erkenntnis ein, dass »dieser Satz hat sechs Wörter« ebenso unwahr ist wie seine Verneinung.

Unser Kopf sagt uns, dass es nicht sein kann, akzeptiert aber gleichzeitig, dass es die reine Wahrheit ist.

Genauso schwer ist es zu glauben, dass sich ein Mensch nur ändern kann, wenn er nicht länger nach Veränderung strebt, aber genauso ist es.

Wenn wir diese spirituelle Ebene erreichen, wird uns zum Glück ein für alle Mal klar, dass es keine gute Idee (und nicht sinnvoll) ist, jemand anderem gleichen zu wollen, das erreichen zu wollen, was andere haben, oder machen zu wollen, was die Mehrheit macht. Der beste Weg dahin, ein besserer Mensch zu werden, besteht paradoxerweise darin, sich zu erlauben, der zu sein, der man ist.

Mein Philosophieprofessor sagte immer, ein perfekter Tisch sei der, dem nichts zu einem Tisch fehle und der gleichzeitig nicht mehr habe, als ein Tisch haben sollte. Du bist ein perfektes »Du«, solange du nicht alles daransetzt, perfekt zu sein.

Das ist das Paradox der Veränderung, etwas, das sich nicht durch Logik entschlüsseln lässt, jedoch das Samenkorn ihrer Wahrheit und ihrer Lehre in sich trägt.

Ich kehre noch einmal an den Anfang dieses Kapitels zurück und erinnere an Alan Watts, der das taoistische Bild vom See verwendete, um den Zustand größtmöglicher Empfänglichkeit und tiefer Annahme zu vermitteln:

> »Der Geist sollte sein wie das Wasser eines Sees, das dem Stein nachgibt, der in ihm versinkt. Es leistet keinerlei Widerstand. Und da es immer nachgibt, kann niemand ihm Schaden zufügen. Wir können versuchen, es mit dem härtesten Gegenstand zu schlagen oder mit der schärfsten Klinge zu zerschneiden, doch es wird uns nie gelingen, es zu beschädigen. Das Wasser gibt nach und

lässt sich durchdringen. Manchmal versuchen wir, fest zu sein, und werden hart und undurchdringlich wie Stein. Wir erkennen nicht, dass genau dieser Widerstand uns verwundbar macht. Wären wir wie das Wasser und ließen uns durchdringen, statt uns gegen das aufzulehnen, was uns widerfährt, wir würden unverwundbar. Nichts könnte uns schaden. Nichts könnte uns brechen. Wir würden uns von den Dingen durchdringen lassen, um uns dann wieder aufzurichten und in die Ruhe zu kommen. Einfach anzunehmen, dass die Dinge sind, wie sie sind, bedeutet in seiner letzten Ausdrucksform genau das: zum Wasser eines Sees zu werden.«

Frei von allen Forderungen, kann ich das bestmögliche Ich werden und mit Gelassenheit auf die guten Veränderungen warten, die noch bevorstehen, und auch auf jene, von denen ich noch nichts weiß und mit denen ich nicht rechne. Denn wie heißt es in dem Gedicht von Booth: »Jedes Samenkorn weiß, wie man zum Baum wird.«

Erinnern wir uns an das wunderbare Gebet des heiligen Franz von Assisi:

»Herr, gib mir die Kraft, die Dinge zu ändern, die ich ändern kann.
Gib mir die Gelassenheit, zu ertragen, was ich nicht ändern kann.
Und gib mir vor allem die Weisheit, zwischen diesen beiden Dingen zu unterscheiden.«

Die Intuition

So wie dir bewusst wurde, dass du Teil eines Netzes bist, das größer ist als du selbst, und dass es notwendig ist, stimmig zu leben, so wirst du auf dem Weg eine weitere deiner grundlegenden Fähigkeiten entdecken. Eine Stimme, die dich mit Sicherheit von jeher begleitet, der du aber ziemlich sicher nicht genug Beachtung geschenkt hast: die Intuition. Eine erstaunliche Weggefährtin, die sich erst dann in ihrer ganzen Größe entfaltet, wenn man gelernt hat, die Dinge anzunehmen, wie sie sind, um schließlich zu einer mächtigen Verbündeten zu werden.

Per definitionem ist Intuition die irrationale, instinktive und in gewisser Weise »künstlerische« Kenntnis der in einer Momentaufnahme analysierten Realität, die es uns ermöglicht, zu Schlüssen zu gelangen, ohne den bewussten Prozess des Denkens durchlaufen zu müssen.

Dieses Werkzeug (ein wunderbares Werkzeug) ist nicht nur einigen wenigen gegeben. Wir alle sind mehr oder weniger intuitiv. Und der beste Beweis dafür ist, dass wir es früher einmal waren.

»Alle großen Leute sind einmal Kinder gewesen (aber wenige erinnern sich daran)«, schreibt Antoine de Saint-Exupéry in der Widmung des *Kleinen Prinzen*.

Es ist diese Amnesie des Kindes, das wir einmal waren, die uns dazu zu verdammen scheint, zumindest einen Teil des wunderbaren intuitiven Potentials zu verlieren, das wir als Kinder besaßen (die unter uns, die Kinder haben oder jüngere Geschwister hatten, werden nie die weitentwickelte Wahrnehmung dieser kleinen Menschen vergessen, denen nichts, aber auch gar nichts entgeht).

Lange bevor sie tatsächlich darüber »nachdenken« können, spüren Kinder beispielsweise gleich, wer sie wirklich liebt, an welchen Orten sie sich glücklich und geborgen fühlen, wo es Konflikte und Spannungen gibt, was ein sicherer Ort ist und was nicht.

Wir Erwachsenen können das nicht mehr.

Wie konnten wir dieses wunderbare Werkzeug verlieren?

Die Antwort ist einfach: Wir haben es unserem urteilenden Verstand untergeordnet.

Und weshalb haben wir das getan?

Auch diese Frage ist einfach zu beantworten, auch wenn es schmerzhaft ist, es sich einzugestehen: Die Älteren haben uns beigebracht, diese Empfindungen geringzuschätzen. Manchmal wurden sie als »Kinderphantasien« abgetan, die jeder Grundlage entbehrten, andere Male als »simple Vermutungen«.

Dann wieder übertrieb man und nannte sie in einem Atemzug mit Wahrsagerei, Hellseherei oder dem sechsten Sinn, um sie in die Hände einiger weniger zu legen, die »die Gabe« besitzen, oder um sie abwertend den okkulten Wissenschaften zuzuordnen.

Und obwohl es vermutlich jeder schon einmal erlebt hat, dass uns in gewissen Situationen eine innere Stimme – oder wie auch immer wir es nennen mögen – vor Gefahren warnt oder eine Lösung aufzeigt, die uns zuvor entgangen ist, halten viele diese Vorgänge für reinen Zufall. Sie führen an, diese Vorstellung werde nur dann hervorgeholt, wenn es gerade passe, um sie dann, wenn es nicht passe, wieder in der Versenkung verschwinden zu lassen.

Ich glaube, dass wir alle eine Art inneren Kompass besitzen, den wir hier Intuition nennen wollen. Und auch wenn wir nicht begreifen, wie er funktioniert, ist er da, um uns bei der schwierigen Kunst zu helfen, durchs Leben zu steuern.

Für C. G. Jung, einen der Väter der Psychologie, war die Intuition neben der Wahrnehmung, dem Denken und dem Fühlen eine der vier Grundfunktionen der Psyche.

Diese primitive und – obwohl direkt mit dem Unterbewussten verbundene (oder vielleicht deswegen) – der Kontrolle entzogene Fähigkeit ermöglicht dem Menschen den Zugang zu Fakten, die im Alltag unbemerkt bleiben, vergessen, unterdrückt oder negiert werden, um diese mit seiner Gegenwart in Verbindung zu bringen und so den weiteren Weg nach vorne zu ebnen.

Für die Gestalttherapie ist die Welt des Intuitiven der ideale Anknüpfungspunkt für den wirklichen Kontakt mit der Realität, und sie setzt den Wahrnehmungsprozess auf natürliche Weise fort. Eine Form, sich der Dinge bewusst zu werden, die sich nicht auf den Verstand stützt, sondern auf das Erleben, Erspüren und Imaginieren. Aus dieser Perspektive zeichnet sich die Intuition vor allem dadurch aus, dass sie nicht versucht, eine starre Haltung einzunehmen oder logische Schlussfolgerungen zu ziehen. Sie kümmert sich nicht darum, das subjektive Bedürfnis nach Fassbarem zu befriedigen, versucht nicht verzweifelt festzulegen, was gerade geschieht; sie fließt einfach und verbindet sich plötzlich und auf kreative Weise mit Dingen, Personen und Situationen.

Wenn das Rationale bewirkt, dass wir ein Problem »verstehen« und mögliche Lösungen »erwägen«, dann bewirkt die Wahrnehmung, dass wir das Wesentliche dessen erspüren, was gerade geschieht, und einen Ausweg oder ein Verständnis der anderen Realität visualisieren, die mehr mit dem Innerlichen, den wesentlichen Anteilen unserer selbst, verbunden ist.

Arten der Intuition

Es gibt vielleicht ein Dutzend Modelle, in denen sich unsere Intuition zeigt (nach denen unsere Intuition funktioniert), und ihr Mechanismus ist bei jedem Menschen und in jeder Situation ein anderer.

In den meisten Fällen begegnet sie uns als unerklärliche, nicht mit dem Verstand zu begreifende Empfindung. Manchmal etwa scheint ein Blick zu reichen, damit wir eine Situation gänzlich erfassen oder die Eigenheiten einer Person wahrnehmen. Es ist ein auf dem Emotionalen beruhendes Bauchgefühl, und es hat nur Gültigkeit für uns, in diesem Moment und für diese spezielle Sache.

Andere Male ist die Intuition vom Verstand gefärbt und erscheint als die Fähigkeit, Beziehungen, Ähnlichkeiten und Unterschiede zwischen scheinbar unzusammenhängenden Dingen herzustellen. Hier scheint die Intuition die Dinge zu durchdringen, bis sie das Wesentliche an ihnen erfasst, ihre Struktur oder ihre Entwicklung, ihre Vergangenheit oder ihre Zukunft, und eine Reihe von Assoziationen auslöst, die wir als eine im Wesentlichen spirituelle Antwort beschreiben könnten.

Andere Male schließlich hat Intuition mit der Fähigkeit mancher Menschen zu tun, ein Ereignis vorauszuahnen oder vorhersagen zu können, was geschehen wird. Es ist ein Hinweis darauf, dass manche Menschen einen zusätzlichen Sinn besitzen, mit dem sie Dinge wahrnehmen können, die nicht alle wahrnehmen.

Können wir unsere Zukunft erspüren?

Den Begriff des Schicksals gibt es in fast allen Religionen und Kulturen. Dem liegt die Vorstellung zugrunde, dass alles vorherbestimmt und/oder Teil eines größeren »Plans« ist, der von einer höheren Macht bestimmt wird. Unter diesem Gesichtspunkt hieße, die Zukunft zu erspüren, nicht mehr (und nicht weniger) als die Fähigkeit, uns mit dem in Verbindung zu setzen, »was schon geschrieben steht«.

Von einem vorurteilsfreien wissenschaftlichen Blick aus, der die Realität als komplexe Interaktion zwischen zahlreichen Binomen aus Ursache und Wirkung begreift, wäre Zukunft zwangsläufig die logische Konsequenz der bereits existierenden Realität. Von diesem Standpunkt aus wäre es nicht weiter schwer, vorherzusagen, was kommt, sofern man ausreichende Erinnerungen an alles Geschehene hätte oder ein exaktes Register all dessen, was aktuell passiert. Ein reiner Wissenschaftler könnte Intuition als Ausdruck eines momentanen, unerklärlichen Zugriffs auf diese umfassenden Datenbanken akzeptieren, die logische Rückschlüsse auf noch nicht Geschehenes zulassen.

Mir gefällt dieser Gedanke, weil er mir erlaubt anzunehmen, dass – wenn der Keim dessen, was wir sind, bereits in uns angelegt ist – wir auch potentiell in der Lage sind, uns Zugang zu diesen Informationen über unsere eigene Zukunft zu verschaffen, vor allem, wenn wir den Mut haben, uns vorbehaltlos zu betrachten.

Voraussetzungen für einen intuitiven Blick

Diese kleine wissenschaftliche Abhandlung könnte (zusammen mit der Macht der sich selbst erfüllenden Prophezeiungen) erklären, dass wir ein Gespür für uns selbst haben. Aber sie würde nicht ausreichen, um zu verstehen, warum wir manchmal »wissen«, was mit anderen los ist, ohne dass sie es uns erzählen.

Niemand wird sonderlich überrascht sein, wenn ich behaupte, dass wir oft spüren, ob jemand müde, krank, traurig oder ängstlich ist, wenn wir eine Person nur ansehen – vor allem, wenn wir mit dem Herzen sehen, und umso mehr, wenn uns dieser Mensch etwas bedeutet.

In solchen Fällen verdanken wir unsere Informationen nicht unbedingt der Intuition, sondern einer genauen Beobachtung der Situation und des anderen (Gestik, Haltung, Körpersprache oder Stimmlage). Dieses »Lesen«, das nicht immer bewusst abläuft, verrät uns, was unterhalb der Ebene des Manifesten geschieht.

Diese Fähigkeit ist genau wie die Intuition nicht das Ergebnis einer außersinnlichen Macht oder eines außersinnlichen Phänomens und lässt sich genau wie diese trainieren und entwickeln. Doch dafür muss man sich zunächst öffnen, diese Vorgänge zulassen, ihnen eine gewisse Achtsamkeit schenken und ihnen zumindest ein Minimum an Glaubwürdigkeit zugestehen, auch wenn sie sich zunächst nicht mit unseren normalen fünf Sinnen in Übereinstimmung bringen lassen.

Wie bei jedem wahrhaftigen Kontakt mit der Realität müssen wir offen sein, bereit und bedingungslos mit dem Geschehen verbunden, um etwas wahrzunehmen.

> Je mehr wir alles unter Kontrolle haben wollen,
> desto weniger lassen wir das Überraschende zu.
> Je größer unsere Ablehnung gegenüber dem ist,
> was geschieht, desto weniger begreifen wir es.
> Je mehr unerledigte Dinge wir vor uns herschieben,
> desto weniger sind wir bereit, Neues zuzulassen.
> Je stärker wir uns auf eine einzige Sache konzentrieren

oder fokussieren, desto weniger Alternativen eröffnen sich uns.
Je strenger die Analyse, desto weniger kreativ die Interpretation.
Je mehr Lärm und innere Stimmen, desto geringer die Wahrscheinlichkeit, das Flüstern des Intuitiven zu hören.

Die neurologische Grundlage der Intuition

Mit Hilfe der Computertomographie haben die Neurologen die einzelnen Hirnareale erforscht und eine Art Karte ihrer unterschiedlichen Funktionen erstellt.

So weiß man, dass die linke Hirnhälfte besonders aktiv wird, wenn es um logische Analysen geht, Zahlen und Rechenvorgänge, rein rationale Überlegungen und alles, was mit dem gesprochenen oder geschriebenen Wort zu tun hat.

In der rechten Hirnhälfte hingegen sind vor allem das räumliche und zeitliche Vorstellungsvermögen, das Gedächtnis und der künstlerische Ausdruck angesiedelt.

Der Volksmund spricht seit eh und je von der »weiblichen Intuition«, ganz so, als verfügten Frauen in diesem Bereich über größere Kapazitäten als Männer. Und etliche Studien scheinen diesen Mythos zu bestätigen: Es lässt sich nämlich nachweisen, dass die nicht dominante Hemisphäre bei Frauen statistisch gesehen weiter entwickelt ist, der Ort also, wo die intuitive Wahrnehmung entsteht.

Es ist auch häufig zu beobachten, dass sehr sensible, neugierige Menschen intuitiver und empfänglicher sind als andere.

Wenn der spirituelle Weg ein Raum ist, in dem die »weiblicheren« Aspekte des Menschen erblühen, in dem unsere Sensibilität geschärft wird und die Neugier unseres inneren Kindes wieder erwacht, dann ist es nicht erstaunlich, dass sich auf dieser Ebene die Intuition in ihrer ganzen Großartigkeit entfaltet.

Lass dich von deiner Intuition leiten

Meine Lehrmeisterin Raj Dharwani schlug häufig eine Übung vor, die ich heute mit dir teilen möchte. Sie sagte, es sei wie eines dieser Spiele, die wir als Kinder spielten, wenn wir uns mit unseren Spielkameraden eine Situation ausdachten und uns »mit Leib und Seele« auf sie einließen.

Spielen, als ob wir Kinder wären, kann nur lohnend sein, und manchmal ist es auch sehr aufschlussreich.

Lass uns also spielen …

Stell dir vor, du gehst auf einem Weg durch einen dichten Wald.

Du kommst zu einer Lichtung und entdeckst einen Steinkreis.

Der Ort ist von der Sonne beschienen.

Du setzt dich auf den Boden.

Du atmest tief aus, und wenn die Luft wieder in dich hineinströmt, formulierst du im Stillen eine Frage, die für dich in diesem Moment sehr wichtig ist.

Dann warte ab und lausche, ob du eine Antwort hörst oder auch mehrere.

Wenn jemand vor deinem inneren Auge erscheint, dann versuche ihn zu erkennen, spüre seine Gegenwart und entspanne dich. Hab keine Angst.

Es tut nichts zur Sache, ob es ein Bekannter oder ein Unbekannter ist. Er ist gekommen, um dir zu helfen. Ob Kind oder Greis, Mann oder Frau, heiße ihn willkommen und wiederhole deine Frage.

Höre auf seine Antwort. Oder seine Antworten.

Verharre einige Momente in Schweigen und Ruhe.

Dann kehre auf demselben Weg, auf dem du gekommen bist, in die Gegenwart zurück.

Der portugiesische Neurologe António Damasio, der wahre Schöpfer des Begriffs der emotionalen Intelligenz, vertritt die Ansicht (wie um den Sinn dieser Übung zu stützen), dass Emotionen mehr bewirken können als Intelligenz, wenn es darum geht, Entscheidungen zu treffen.

Angesichts eines bestimmten Problems sollten wir nach einer Antwort suchen und ihr gemäß handeln. Wir sollten uns darum kümmern, statt uns zu bekümmern.

Sich zu bekümmern scheint eine Art zu sein, Gedanken zu wälzen, um eine Lösung zu finden. Tatsächlich ist es jedoch der Ausdruck eines Ringens zwischen unserem Verstand und unseren Gefühlen um die richtige Lösung.

Wenn du entschlossen bist, deine Spiritualität zu entdecken, wäre es nicht schlecht, jeden Tag eine gewisse Zeit damit zu verbringen, deine weniger rationalen Anteile heraufzubeschwören (die rationalen werden auch dann zu dir kommen, wenn du nicht nach ihnen rufst). Bereichere deinen Geist, gib deinem Empfinden den Vorzug und lass dich ein wenig mehr von der Intuition leiten.

Es wurden zahlreiche Methoden beschrieben, um jene Hirnbereiche zu stimulieren, in denen unsere Intuition und unsere vorausschauende Wahrnehmung sitzen. Manche davon haben einen Bezug zur Realität, andere grenzen ans Phantastische, einige schließlich erscheinen mir schlichtweg wahnwitzig.

Ich gebe im Folgenden einige der Dinge wieder, die anderen geholfen haben und die wir ausprobieren könnten:

Es könnte sicherlich hilfreich sein, zu lernen, den inneren Warnungen, die jeder von uns kennt, mehr Beachtung zu schenken.

Es könnte auch nützlich sein, in Bildern und nicht nur in Worten zu denken.

Vielleicht sollten wir auch mehr auf die Sprache unseres Körpers hören (was will er uns mit diesem Schmerz oder jenem Wohlgefühl mitteilen?).

Die Gefühlswelt wäre viel reicher, wenn wir mehr Zeit damit verbrächten, einfach nur wahrzunehmen, was die Umgebung uns zeigt, und ein interessierter und aufmerksamer Betrachter zu sein, ohne Kritik oder Klagen und ohne die Absicht, alles unter Kontrolle haben zu wollen.

Die Routine zwingt uns, immer dieselben Pfade zu betreten, was natürlich nicht eben dabei hilft, Neues zu entdecken.

Deshalb riet ich meinen Patienten immer, wenn sie darüber klagten, dass sie das Gefühl hätten, in einer Sackgasse zu sein, und, wie sie es ausdrückten, nicht wüssten, wie es weitergehen solle:

»Ändere einen Tag lang deine Gewohnheiten … Geh spazieren … Ruf jemanden an, den du lange nicht gesehen hast … Iss etwas, was du noch nie probiert hast … Gib deiner Wahrnehmung eine Chance.«

Es ist doch völlig klar, dass du immer wieder an derselben Stelle herauskommst, wenn du dich ausschließlich auf ausgetretenen Pfaden bewegst.

Liebe und Spiritualität

Ich frage mich: Bist du der Durst oder das
Wasser auf meinem Weg?
Du bist die Liebe, und deshalb bist du beides.
Durst und Wasser. Eine köstliche Unruhe.
ANTONIO MACHADO

Ebenso wichtig wie das, was uns von Geburt an mitgegeben wurde, ist das, was wir im Laufe unseres Lebens in der Interaktion mit der Außenwelt erwerben. Von grundlegenden Fähigkeiten wie der Sprache und dem aufrechten Gang bis hin zu Charaktereigenschaften wie Aufrichtigkeit und Beständigkeit.

Mit Ausnahme des Instinktiven ist alles, was wir wissen, das Ergebnis von Erziehung und Erfahrung. Wir sind wie Lehm, aus dem sich potentiell außergewöhnliche Wesen formen lassen.

An den Menschen zu glauben heißt auch, jeden Einzelnen ebenso wertzuschätzen wie das gewaltige Potential, das in ihm steckt. Die Menschheit, das sind wir alle, und in diesem Bewusstsein sollten uns das Talent, das Schaffen, die Tugenden und die Schönheit anderer Menschen mit Stolz erfüllen auf das, was »wir« sind und was aus uns werden kann.

Von Natur aus sind wir gesellschaftliche Wesen. Das zeigt sich in unserem Bedürfnis, in Beziehung zu anderen zu treten, um unser Leben zu verbringen, unsere Fähigkeiten auszuschöpfen und glücklich zu sein. Die Gesellschaft ist weit mehr als eine notwendige oder nützliche Übereinkunft aller, so wie dein Zuhause mehr ist als ein von Wänden gestütztes Dach, unter dem du schlafen kannst, wenn es regnet oder friert.

Die Liebe ist die erste und letzte Weggefährtin, der wir auf unserer Erkundung des spirituellen Weges begegnen. Eine Weggefährtin, die wir zu kennen glaubten – doch auf dieser Ebene werden wir sie »neu« entdecken, und es wird sein, als hätten wir sie noch nie zuvor gesehen.

Ihre Bedeutung wurde von den unterschiedlichsten Disziplinen, die man sich nur vorstellen kann, herausgestellt: Philosophie, Anthropologie, Religion, Ethik, Psychologie, bis hin zur Metaphysik.

Die meisten dieser Annäherungen stimmen darin überein, dass über die menschliche Natur zu sprechen bedeutet, über den Kontakt zu anderen zu sprechen. Das heißt, dass mindestens zwei Instanzen zu betrachten sind: die Kommunikation (über die wir bereits gesprochen haben) und die affektive Implikation.

Kann man ein Gefühl, eine Empfindung, Leidenschaft definieren? Macht es Sinn, dies für die Liebe zu versuchen, wenn diese gemeinhin als ein mehr oder weniger unerklärbares Verhalten oder Erleben angesehen wird?

Die Etymologie hilft uns nicht sonderlich weiter, teils wegen der unklaren Herkunft des Wortes, teils aufgrund der unterschiedlichen Bedeutungsfelder, aus denen es in den einzelnen Sprachen entstanden ist. Linguistisch ist es in den germanischen Sprachen mit dem Verlangen (lubh) verwandt, in den romanischen Sprachen steht es für viele in Verbindung mit dem Leben (a+mort).

In meinem Buch *Der Weg der Begegnung* schrieb ich über die Liebe:

»Es gibt viele Dinge, die ich tun kann, um zu beweisen, zu bekräftigen, zu beteuern oder zu rechtfertigen, dass ich dich liebe. Aber nur eines davon kann ich aus meiner Liebe heraus tun: dich lieben, für dich sorgen, meine Gefühle leben, so wie ich sie empfinde. Und das wird meine Art sein, dich zu lieben.«

Der Vorgang des Liebens umfasst eine so breite Skala an Verhaltensweisen, dass es unmöglich wäre, sie alle aufzuzählen. Um nur einige zu nennen: sich sorgen, zuhören, achtsam sein und, warum es nicht sagen, einem bestimmten Menschen den Vorzug vor allen anderen geben.

Jene, die daran glauben, dass nur die Physik die Wirklichkeit bestimmt, mögen weiterhin behaupten, jedes Ereignis sei die Reaktion auf einen vorherigen Impuls. Und sie sollen sich den Kopf darüber zerbrechen, wie die Auswirkungen bei der Freisetzung von Hormonen und Neurotransmittern zu messen und jede Form von Interaktion aufgrund Hunderter biochemischer Komponenten zu bewerten sind. Die Liebe aber, die jene beschreiben, die schon einmal geliebt haben, erzählt von der unbeschreiblichen Freude, in der Gegenwart des geliebten Menschen zu sein, und von dem mehr als unbeschreiblichen Leiden, das traditionell auch mit der romantischsten Paarliebe einhergeht.

Ich gebe zu, es ist ein bisschen frustrierend, festzustellen, dass die Definitionen anderer (fast aller) letztlich immer darauf hinauslaufen, dass, nur wer die Liebe erlebt habe, auch wisse, wie sie wirklich ist. Das Unschöne an dieser Behauptung ist, dass sie, wörtlich genommen, zur Folge hat, dass das Begreifen der Liebe den Experten vorbehalten bleibt – Experten in dem Sinne, dass sie die Erfahrung am eigenen Leib gemacht haben. Die anderen, nicht Initiierten, die angeblich nicht imstande sind, die Liebe zu begreifen, wären so dazu verdammt, lediglich körperliches Verlangen oder reine Anziehung zu empfinden und diese für wahre »Liebe« zu halten.

Glücklicherweise ist das nicht so.

Die erhabenste Vision

Schon bei den ersten Schritten in den Gefilden der Liebe merkt man, dass es da etwas gibt, das über das Greifbare hinausgeht, auch wenn man es nicht in Worte fassen kann (mit Ausnahme der Dichter natürlich).

Auf der spirituellen Ebene bekommt die Liebe – vielleicht zum ersten Mal – den unantastbaren Wert einer Empfindung, die aus uns selbst kommt und stets zugegen ist – nicht nur in Gegenwart bestimmter Menschen, nicht nur in diesen besonderen oder »magischen« Momenten.

Dieser Aspekt, der unsere Seele berührt, zeigt sich spontan, und doch braucht es unsere Mithilfe, damit er sich in seiner ganzen Fülle offenbart und es uns ermöglicht, die zuweilen verborgene Schönheit aller Dinge zu entdecken. Die faszinierende, unwiderstehliche Schönheit der Welt um uns herum, die uns Hand in Hand mit der Wahrheit begleitet oder zu dem Seinszustand führt, den wir Glück, Nirwana oder einfach Lebensfreude nennen könnten.

Es ist also kein Zufall, dass sich auf dieser Ebene eine bevorzugte, klare Definition der Liebe herausbildet (für mich die beste von allen), die von Josef Zinker: Die Liebe ist die Freude an der puren Existenz des anderen.*

Unsere Einstellung zur menschlichen Liebe

Im spirituellen Sinne ist die Liebe zu einem anderen Menschen, die wir auf dieser Ebene entdecken, das Erkennen einer Seele, die meine eigene Seele ergänzt, etwas von außerhalb, das mich vollständig macht oder erweitert und das Beste in mir zum Vorschein bringt.

Bei einer solchen Erfahrung ist es nicht verwunderlich, dass manche die Liebe als die Sprache der inneren Göttlichkeit definieren und andere in ihr das menschliche Echo der Liebe Gottes sehen.

Diese Liebe, die zu verstehen uns manchmal so schwerfällt.

---

* Und ich korrigiere: Freude an der reinen Existenz von jemand – einem oder einer anderen, mir selbst, meines Glücksbringers – oder etwas – einem Buch, einer Landschaft, einer Situation.

Die folgende, von der Bibel inspirierte Geschichte brachte uns irgendwann ein Patient mit, um danke schön zu sagen; sie erzählt von der Begegnung eines Mannes, der am Ende seines Lebens steht, mit Jesus.

»Meister«, sagt er, »ich habe mein Leben noch einmal zurückverfolgt bis zu dem Ufer, an dem ich dir einst begegnete. Meine und deine Fußspuren verliefen im Sand. Es war sehr berührend zu sehen, dass du die ganze Zeit an meiner Seite warst. Aber es gab auch lange Strecken, die zu den schlimmsten Momenten meines Lebens gehörten, in denen zu meiner Enttäuschung nur ein Paar Spuren im Sand zu sehen war. Warum hast du mich gerade dann allein gelassen, wenn ich dich am meisten brauchte?«

Der Meister lächelte.

»Hast du nicht bemerkt, dass die Fußabdrücke auf diesen Wegstücken tiefer in den Sand gegraben waren als zuvor?«

»Doch, Meister, und das macht meinen Schmerz noch größer. Offensichtlich hatte ich an einer schweren Last zu tragen …«

»Aber verstehst du nicht? Ich habe dich auf meinen Schultern getragen, als du dich in deiner Verzweiflung an mich geklammert hast …«

So gesehen, als tiefster Ausdruck von Hingabe und Mitleid, lassen unsere irdischen Versuche, Liebe in unser Leben zu bringen, ziemlich zu wünschen übrig.

Wir sprechen über unser Bedürfnis nach Liebe mit denselben Worten und mit derselben Haltung wie über unser Bedürfnis, zu essen, zu schlafen oder zu atmen. Selbst wenn wir es in der Absicht tun, unser Gefühlsleben in eine Wertehierarchie einzuordnen, indem wir es mit unseren Grundbedürfnissen gleichsetzen, ist das Ergebnis alles andere als schmeichelhaft.

Betrachten wir die Liebe als eine weitere Körperfunktion, dann übersehen wir, dass wir sie damit auf eine biochemische Reaktion reduzieren und dabei vergessen, dass Wasser und Nahrung zwingend notwendig sind, um den Körper zu erhalten; die Liebe jedoch – zumindest die Art Liebe, von der ich spreche – möchte etwas Essentielleres sein, das auch die Seele nährt.

Wenn Liebe eine Substanz wäre, dann wäre das Herz irgendwann so voll davon, dass nichts mehr hineinpasste. Aber wir wissen, dass es nicht so ist. Wir hören nicht auf, alte Freunde zu lieben, wenn ein neuer Freund in unser Leben tritt. Wir verlassen kein Kind, weil wir ein weiteres bekommen haben. Wir können uns selbst auf eine heilsame und großzügige Weise lieben und gleichzeitig einen anderen Menschen nicht minder innig.

Diejenigen, die Liebe als etwas Materielles betrachten, behaupten, dass es unmöglich sei, wirklich, bedingungslos und für immer zu lieben … Und sie irren. Sie sind es, die sich am häufigsten auf dem Irrweg der Spiritualität verlieren, weil sie Liebe zunächst mit Sex verwechseln und später mit dem durch und durch irdischen narzisstischen Anspruch, bewundert, umworben, begehrt oder erwählt zu werden.

Die wahre Liebe, von der ich hier zu reden versuche, überwindet diese Eitelkeiten ebenso wie die Grenzen von Zeit und Raum, indem sich im besten Sinne die Selbstliebe mit der Liebe zum anderen verbindet. Folglich ist es nur die halbe Wahrheit, wenn wir sagen, dass wir Liebe brauchen und nicht ohne jemanden leben können, der uns liebt (es gibt dieses Bedürfnis; aber zunächst einmal müssen wir lernen, uns selbst zu lieben, uns mit dem Wesentlichen in uns selbst zu verbinden). Wenn ich mich in einem liebevollen Verhältnis zu all meinen Anteilen geborgen weiß, kann ich die Angst überwinden, die Person neben mir könne aufhören, mich zu lieben, oder sich von mir entfernen. Ich kann meine egoistischen, kontrollsüchtigen Besitzansprüche ablegen, weil meine Beziehung zu den anderen nicht darauf abzielt, was ich von ihnen bekommen kann, sondern darauf, was ich zu geben habe.

Eros, Philos und Agape

Amor, Eros, Philos und Agape werden häufig als verwandte Begriffe benutzt. Das geht so weit, dass man sie oft verwechselt oder als Synonyme betrachtet, wo sie doch in Wahrheit, wenn wir pingelig sind, ziemlich unterschiedliche Dinge bezeichnen.

Wer die Wörter liebt, weiß genau, dass solche linguistischen Manöver niemals unschuldig oder ohne Hintergedanken sind.

Die Gesellschaft neigt immer dazu, subtile Bedeutungsunterschiede zwischen einzelnen Wörtern, die um ein und dasselbe Thema kreisen, aufzuheben, aber nicht, um die Kommunikation zu fördern, sondern in der Absicht, Nuancen verschwinden zu lassen und eine globale, weniger verwirrende und dafür vorhersehbarere Uniformität zu schaffen.

Aus diesem Grund will ich kurz definieren und erläutern, was die einzelnen Begriffe bedeuten und wofür sie stehen (zumindest für mich).

Der Begriff Eros meint zunächst die ebenso notwendige wie gesunde Anziehung, die ein Mensch gegenüber einem anderen verspürt.

Für Platon ist sie ein Ausdruck des natürlichen Strebens nach Schönheit. In der Anziehung manifestiert sich der ästhetische Blick, der in der Lage ist, in dem, was er betrachtet, alles Schöne hervorzurufen, was das Universum bereithält, einschließlich von Träumen, Plänen und Ideen.

Es ist so, dass die »Liebe« zu jemandem für Platon keine nur auf diese Person ausgerichtete Empfindung ist, sondern die Anerkennung ihrer Teilhabe an der Schönheit des Ganzen (eine Vorstellung, die im metaphorischen Sinne auch heute noch schön und anregend ist, nicht wahr?)

Weil aber Eros (altgriechisch Ἔρως) im antiken Griechenland der Name des Gottes der Liebe war (ein Sohn des Zeus und der Aphrodite), begann man dieses Wort mit der Zeit für jenen Bereich der Liebe zu verwenden, der das leidenschaftliche und intensive Verlangen nach etwas oder jemandem meint. So entstand die Verbindung zum Sexuellen, und darum bezeichnen wir den Bereich des Sinnlichen mit dem Wort *erotisch*.

Rom verlegte und übersetzte den Olymp ins Lateinische und machte aus dem Gott Eros Cupido, der bei seinem Umzug in eine andere Kultur ein Paar Flügel sowie Pfeil und Bogen erhielt, dafür aber viele seiner ursprünglichen Aufgaben und Eigenschaften verlor. Cupido wurde zu einer Gottheit des romantischen Gefühls, wobei ein Großteil seines ungestümen, leidenschaftlichen Wesens verlorenging. Mit der Zeit wurde aus ihm ein unschuldiges, pausbäckiges und irgendwie harmloses Engelchen, das seine Macht verloren hatte, den Menschen dazu zu bringen, seine großen Passionen auszuleben, und zwar nicht nur in Liebesdingen.

Im theoretischen Kontext wurde das Wort Eros von den ersten Psychoanalytikern verwendet, um die Summe oder die Gesamtheit aller sexuellen (nicht zwangsläufig »geschlechtlichen«) Triebe der Persönlichkeit zu beschreiben. Später allerdings kam es mit zunehmender Anerkennung des umfassenden Begriffs der Libido bei Freud zu einer Bedeutungserweiterung, und Eros wurde zum emotionalen und physischen Ausdruck des Lebensprinzips, im Gegensatz zu Thanatos, dem Prinzip des Todes.

Philos wiederum war den Griechen Sinnbild für etwas ebenso Wichtiges wie Bedeutsames. Der Begriff stand für freundschaftliche Liebe, Brüderlichkeit, Liebe in der Familie. Philos bewirkte, dass jemand plötzlich einzigartig und wichtig war, ohne dass dies etwas über seine Vorzüge oder seine tatsächlichen Eigenschaften aussagte.

Auch diesmal erweiterte die Zeit den Blick auf die Philia, diesmal im Sinne einer Zugehörigkeit, die ich für die anderen an meiner Schule, in meiner Stadt, in meinem Land empfinde.

Auch die Agape entging dem Bedeutungswandel nicht.

Ursprünglich verkörperte Agape die Gottheit, die den Verstorbenen in die ewige Heimat geleitete.

In den primitiven Gesellschaften glaubte man an die Existenz eines Lebens im Jenseits. Deshalb gab man den Toten eine Wegzehrung mit, damit sie auf ihrer ewigen Reise oder nach ihrer Auferweckung nicht darben mussten. In den Pharaonengräbern wurden zahlreiche Reste von Totenspeisen gefunden.

Vielleicht als Überbleibsel dieses Brauchs ist es in westlichen Gesellschaften oft üblich, dass die Familie bei der Totenwache für die Besucher, die kommen, um ihr Beileid auszudrücken, Essen und Getränke bereitstellt.

Dieses Mahl, bei dem immer mehr da ist, als man essen kann, erhielt den Namen des zuständigen Gottes, und die uneigennützige Hingabe, mit der er den Toten geleitet, ohne etwas dafür zu erwarten, wurde von der Gottheit auf verschiedene andere Bereiche übertragen. Zunächst auf die umfassende, schützende Liebe Gottes zum Menschen, dann auch auf die Liebe des Menschen zu Gott und schließlich im erweiterten Sinne auf die bedingungslose Liebe zwischen Menschen und die selbstlose Liebe zur ganzen Menschheit.

So wurde Agape nach den düsteren Anfängen zum Synonym für die allumfassende, beseelende Liebe jener, die wissen, dass nichts wichtiger ist, als zu lieben. Es ist die spirituellste aller Empfindungen, geht sie doch über das Persönliche hinaus und ist voller Hingabe um das Wohlergehen anderer bemüht, ohne nach Erwiderung zu verlangen.

Martin Luther King, ihr größter Befürworter, sagte, nur die Agape sei imstande, wahre Liebe zu schaffen, die auch jenen gilt, die dir ein Leid angetan haben. So stark sei ihre Macht, erklärte er in seinen Predigten, dass in ihrer Gegenwart jeder Versuch, einem anderen zu schaden – und wäre es, um sich zu verteidigen –, zum Scheitern verurteilt sei.

Im Laufe der Geschichte fanden Männer wie Frauen einen Weg, um zu dieser freigebigen Liebe zu gelangen, aber seltsamerweise (oder vielleicht auch nicht) auf völlig unterschiedliche Weise: die einen, indem sie sich in der Einsamkeit in die Stille der Meditation versenkten; die anderen, indem sie sich voller Enthusiasmus dem Kontakt und der Arbeit zuwandten. Zwei Lebensmodelle, die sich trotz aller Gegensätzlichkeit nicht immer ausschließen. Manchmal ergänzen sie sich, noch häufiger allerdings wechseln sie einander ab.

Mir gefällt das Wort Enthusiasmus, vor allem, wenn man es als das Resultat der Liebe zu einer Idee, einer Sache definiert. Die leidenschaftliche Begeisterung für eine jetzige oder kommende Aufgabe, dem Wörterbuch zufolge. Erfüllt sein vom Göttlichen, wenn wir es etymologisch übersetzen.

Wenn wir enthusiastisch sind, lieben wir das, was wir tun, und glauben daran. Wir haben alle Energie der Welt und handeln in der gelassenen Gewissheit, dass uns nichts davon abhalten kann, unser Ziel zu erreichen.

Diesen Definitionen zufolge ist Agape die vollkommene Liebe; für gläubige Menschen ist es die Liebe, die von Gott kommt. Eine bedingungslose Liebe, die stets verzeiht und jede Enttäuschung ertragen kann. Ein gütiges Gefühl, das nicht durch die Umstände in Frage gestellt oder erschüttert werden kann.

Die Geschichte, die ich dir nun erzähle, ist eine der Geschichten, die anzunehmen und zu verstehen mir schwerfiel.

> In einer Stadt in einem alten Königreich lebte einmal ein schweigsamer alter Mann alleine in einem kleinen Verschlag, der in den Fels am Ausgang des Ortes gehauen war. Sein Leben war überaus einfach: Er stand morgens bei Sonnenaufgang auf, machte sich etwas zu essen und ging dann in die Stadt hinunter, um zu betteln. Er sprach

mit niemandem (außer um sich für die Almosen zu bedanken), und niemand sprach mit ihm. Wenn er genug Münzen zusammenhatte, um Essen für diesen Tag zu kaufen, kehrte er in sein Haus zurück, um es erst am nächsten Tag wieder zu verlassen.
Eines Abends, der alte Mann zog gerade seine zerschlissenen Sandalen aus, da klopfte es an der Tür.
Als er öffnete, stürzte ein junges Mädchen herein, schloss die Tür hinter sich und schob den Riegel vor.
»Bitte hilf mir«, flehte das Mädchen. »Die Soldaten des Königs sind hinter mir her. Bitte verstecke mich.«
»Ganz ruhig«, sagte der alte Mann. »Du kannst ein Weilchen hier verschnaufen, bevor du dich auf den Nachhauseweg machst.«
»Du verstehst nicht … Ich kann nicht nach Hause. Mein Vater ist der König. Er ist hinter mir her.«
Der alte Mann sagte nichts. Wortlos drehte er sich um und goss ein wenig Wasser in die Suppe, um sie mit dem Mädchen zu teilen.
»Mein Vater akzeptiert nicht, dass ich mich in einen Soldaten der Wache verliebt habe. Wir wollten fliehen, aber jetzt haben wir festgestellt, dass ich schwanger bin, und da hat er es mit der Angst zu tun bekommen und hat keinen Mut mehr. Ich weiß nicht, wohin … Bitte lass mich bei dir bleiben. Ich werde dir auch nicht zur Last fallen, das verspreche ich.«
»Es ist gut«, sagte der Mann. »Es ist gut.«

Das Mädchen lebte mehrere Monate in dem Haus. Nachts ging es, um sich mit seinem Verlobten, dem Soldaten, zu treffen. Der alte Mann ging für beide betteln,

beschaffte warme Kleidung für beide und hörte sich geduldig ihre Klagen über ihr Unglück an.
Eines Tages verschwand das Mädchen, ohne ein Wort zu sagen.
Als der alte Mann nach Hause kam und feststellte, dass sie nicht mehr da war, sagte er nur:
»Es ist gut. Es ist gut.«
Zwei Tage später kamen erneut die Soldaten und traten beinahe die Tür ein.
»Wie konntest du es wagen, die Tochter des Königs zu entführen?«, fragten sie ihn. »Bist du verrückt? Sie hat erzählt, wie du sie gefangen gehalten hast und wie ihr schließlich die Flucht gelang. Nun hat uns der König geschickt, damit wir dir eine Lektion erteilen, die du niemals vergessen wirst.«
Die Soldaten prügelten den alten Mann, bis sie nicht mehr konnten, und zerschlugen die wenigen Habseligkeiten, die es in seiner ärmlichen Hütte gab.
»Was hast du dazu zu sagen?«, fragte der Chef der Wache.
»Es ist gut … Es ist gut«, sagte der alte Mann.

Doch es warteten noch mehr Überraschungen auf ihn …
Vier Monate später kamen die Soldaten erneut und schleiften ihn in den Palast. Dort ließ ihn der König vor seinen Thron führen.
»Meine Tochter hat mir gebeichtet, dass du die Dreistigkeit besessen hast, sie zu schänden und zu schwängern, du teuflischer alter Schuft. Am liebsten würde ich dich mit meinen eigenen Händen töten, aber ich weiß, dass sich das für mich nicht ziemt. Das Wechselbalg, das meine Tochter im Leib trägt, wird bald zur Welt kom-

men. Ich kann es nicht verhindern, denn sie wird nicht zulassen, dass ich es töte. Also wirst du dich um das Kind kümmern. Und besser, du verrätst niemals, woher es stammt, sonst lasse ich dir die Zunge herausschneiden und dich blenden. Verstanden?«

»Es ist gut … Es ist gut«, sagte der alte Mann ein weiteres Mal.

Als das Kind geboren war, legte eine Dienerin der Prinzessin das Baby in einen Korb und brachte es zur Hütte des alten Mannes.

Ohne ein Wort zu verlieren, kümmerte sich der alte Mann um das Kind. Er sorgte für es. Er fütterte es. Er zog es groß. Fünf Jahre sorgte er dafür, dass es ihm an nichts fehlte.

Eines frühen Morgens klopfte es an der Tür des alten Mannes. Es war die Prinzessin. Neben ihr stand mit gesenktem Kopf ein junger, schmucker Soldat und legte den Arm um sie.

»Ich habe mir ein Herz gefasst und meinem Vater die ganze Wahrheit gestanden«, sagte die Frau. »Er hat mir verziehen und die Zustimmung zu unserer Hochzeit gegeben …«

Schweigend sah der alte Mann das Kind an, als wüsste er, was jetzt kam.

»Wir sind gekommen, um unseren Sohn mitzunehmen. Er ist der künftige König, und du wirst sicher verstehen, dass er nicht länger hier leben kann.«

Der alte Mann legte dem Jungen ganz sanft einen Mantel um die Schultern und führte ihn an der Hand zu seinen Eltern.

Der junge Soldat wollte etwas sagen, doch der alte Mann brachte ihn mit einer Geste zum Schweigen und sagte nur:

»Es ist gut … Es ist gut.«

Im Unterschied zur Philos, jener Liebe, die wir für Freunde, Partner und Familie empfinden, kennt die Agape keine Grenzen, keine Ausnahmen, keine Bedingungen. Nichts kann ihre Fähigkeit zu lieben brechen.

Im Unterschied zu Eros, der für einen zeitlich begrenzten Ausdruck von Liebe steht, ist Agape nicht an die äußeren oder inneren Eigenschaften des anderen gebunden und auch nicht davon abhängig, ob sich mein Geschmack ändert. Wie zum Ausgleich für sein flüchtiges Wesen ist Eros zu einer intensiven Lust fähig, die die Agape nicht kennt. Um es noch einmal in den Worten zu sagen, die ich gerne verwende: das eine hat Intensität, das andere Tiefe. Schade, dass sie nur für sehr kurze Zeit miteinander sein und dasselbe sehen können.

Der alte Mann aus der Geschichte lebt zweifellos auf der spirituellen Ebene, wo man der Agape begegnet und sich bewusst für sie entscheidet.

Auf den anderen Ebenen lernen wir, jene zu lieben, die uns irgendwie nahestehen oder die uns etwas geben können (und sei es nur ihre Fähigkeit, das anzunehmen oder wertzuschätzen, was wir ihnen geben).

Wir lieben Dinge, Gruppen oder Personen, denen wir den Stempel »meins« oder »meine« aufdrücken können.

Es steht außer Frage, dass dies nicht die beste Liebe ist, zu der wir fähig sind.

Wenn wir aufrichtig wären, müssten wir schmerzlich zugeben, dass diese Form von Gefühlen zwangsläufig damit endet, dass wir Unterschiede zwischen den einen und den anderen machen, zumindest in unserem Herzen.

Wenn wir ehrlich sind, müssten wir uns bitter eingestehen, dass diese Liebe potentiell dazu imstande ist, ihren Ursprung zu vergessen und zum reinen Verlangen nach Inbesitznahme oder Anerkennung zu werden – eine der Türen, die zu Konkurrenz, Rivalität, Leidenschaft, Kampf, Manipulation und nahezu allen Konflikten führen, die es zwischen Menschen gibt.

Die Schalen der Zwiebel

Fritz Perls, einer der großen Lehrmeister der Psychotherapie und Begründer der Gestalttherapie, verglich die Art und Weise, wie wir mit den anderen in Verbindung treten, mit einer Zwiebel. Ihm zufolge besitzen wir alle mehrere Schichten, die einander überlagern und zum Vorschein kommen, je nach der Verbindung, die wir mit anderen einzugehen in der Lage sind.

Bei unserer Geburt sind wir Wesen und reiner Geist, und schon früh werden wir uns – berechtigt oder auch nicht – der Gefahr bewusst, die es bedeuten könnte, wenn unser empfindsamster, durchlässigster Anteil auf Gedeih und Verderb den Fehlern und Boshaftigkeiten anderer ausgesetzt wäre.

Fast instinktiv umhüllen wir uns zunächst mit Emotionen und später mit Gedanken, Folge unseres ersten Austauschs mit der Welt, insbesondere unseren Eltern. Schnell erkennen wir, was wir machen können und was nicht, wenn wir von unserem Umfeld geliebt, verwöhnt und belohnt werden wollen. Wir beginnen, eine neue Schutzhülle zu entwickeln: die der passenden Rollen.

Erziehung und Schule sind unsere ersten Lehrmeister, wenn es um sozial korrektes Verhalten geht und darum, welches Gesicht wir allen zeigen können. Unser innerstes Wesen ist nun geschützt (und verborgen).

Fritz Perls erklärte, wir seien wie eine Zwiebel, die ihren Kern unter mehreren äußeren Schichten verberge. Die Herausforderung eines verantwortlichen

Lebens sei es, diese Zwiebel Schicht um Schicht zu häuten.

Dieses Bild ist nicht nur interessant, sondern auch sehr aufschlussreich.

Wir alle gehen mit einer dicken äußeren Schale durch die Welt. Diese Schutzhülle ist das Einzige, was wir den anderen in unseren alltäglichen, zufälligen und belanglosen Begegnungen offenbaren. Die Maske einer wohlerzogenen, sozial anerkannten Person.

Wenn wir uns aus irgendeinem Grund ein wenig mehr auf die Außenwelt einlassen, nehmen wir Zuflucht zu einer der Rollen, die wir uns angeeignet haben und die in der zweiten Schicht gespeichert sind. Rollen, die wir irgendwann aus Bequemlichkeit angenommen haben oder die uns gewaltsam aufgedrängt wurden, die wir aber mittlerweile akzeptiert und uns zu eigen gemacht haben. In gewisser Weise sind auch sie Uniformen, aber aus der Ferne sieht man das nicht. Wenn wir in Beziehung zu einer Person treten, und sei es auch eine oberflächliche, öffnen wir die Schale ein wenig und gestatten der Person, einige Dinge über uns zu erfahren, die über die erste Maske hinausgehen. Wir lassen den anderen wissen (und zeigen es ihm), dass wir höflich, respektvoll, vertrauenswürdig, unsicher, fleißig oder zupackend sind.

Wenn die Beziehung enger wird und ich Vertrauen zu dem anderen zu fassen beginne, habe ich vielleicht den Mut (denn Mut gehört dazu), ihm eine dritte Schicht zu zeigen: meine Überzeugungen, das, was ich wirklich denke. Ich offenbare einem oder einigen wenigen (nicht meinem ganzen Umfeld), was hinter diesen Rollen steckt, auch auf die Gefahr hin, dass sie mich nicht mehr sympathisch, liebenswert oder bezaubernd finden. Ich zeige mich, wie ich bin (oder zu sein glaube).

Die letzte Schicht, die ich enthülle, die Schicht, die dem innersten Kern am nächsten liegt, geht über die Wörter und Gedanken hinaus. Es ist die Schicht der Emotionen, und ich gebe mich preis, indem ich sie zeige.

Wenn die andere Person das Gleiche macht, werde ich nicht nur wissen, wie sie ist, sondern ich werde anfangen, sie zu verstehen. Vielleicht wird mir klar, warum sie so handelt, wie sie handelt, und was sie dazu gebracht hat, der zu sein, der sie ist. Ich entdecke nicht, was sie tut, nicht nur, was sie denkt, sondern auch, was sie empfindet. Ihr innerstes Wesen.

Wir lassen unseren Gefühlen freien Lauf, lassen zu, dass sie nicht nur der Beziehung zu dem einen oder der anderen ihre spezielle Farbe geben, sondern allem, was uns umgibt, wenn wir zusammen sind.

Bis dahin konntest du nur einige deiner Anteile zeigen, von denen du wusstest, dass sie dem anderen gefallen würden. Doch von nun an kannst du dich ganz offenbaren, ohne zu berechnen, was du lieber sagen und was du lieber verschweigen solltest oder wie du dich verhalten sollst, um dich von deiner besten Seite zu zeigen. Im vertrauten Miteinander ist kein Platz für Zwänge und Verstellung. Die Konventionen der Gruppe oder Familie, Gewohnheiten und Übereinkünfte bleiben auf der anderen Seite der Tür zurück, durch die du diese Ebene betrittst.

Natürlich schafft dieses Sich-Öffnen eine ganz besondere Verbindung zwischen Menschen. Sie ist so besonders, dass uns an diesem Punkt bewusst wird, dass diese Hingabe uns zutiefst verletzlich macht, uns dem anderen in gewisser Weise ausliefert. Wenn wir uns trotzdem entscheiden, das Risiko einzugehen, ist es gut zu wissen, dass das Risiko gar nicht so groß ist. Auf der spirituellen Ebene hängt unsere Stärke nicht länger davon ab, wie dick unsere Rüstung ist, sondern davon, wie unerschütterlich wir im Innersten sind.

In diesem Sinne ist unser Sich-Öffnen für die höchste Liebe kein konstruktiver oder intelligenter Akt. Es ist schlichtweg die einzige Möglichkeit, und die Konsequenzen sind immer lohnend.

Auch wenn man es nicht glauben mag, aber die wahre Liebe ist ansteckend. Wir mögen grundverschieden sein und zuweilen gegensätzliche Vorstellungen haben, die uns dazu bringen, Entscheidungen zu treffen, die scheinbar unvereinbar sind, aber nichts davon ist wirklich wichtig, wenn wir merken, dass wir aus demselben Holz geschnitzt sind und in einem Boot sitzen.

Die Agape lehrt uns, dass die Liebe zwar nicht verhindert, dass man einen Menschen nach seiner Intelligenz, seinem Charakter, seiner Anziehungskraft oder anderen persönlichen Qualitäten beurteilt. Aber wenn es wirklich Liebe ist, beruft man sich nicht auf diese Erkenntnisse, um Bedingungen zu stellen, bevor man ihm sein Herz öffnet.

Dieses Gedicht eines unbekannten Verfassers hat mich sehr berührt:

> Als er betete, sah ich, dass seine Religion nicht meine war.
> Als er seinen Hass hinausschrie, galt dieser Hass nicht denen, die ich hasste.
> Als er sich anzog, hatten seine Kleider nichts mit meinen gemeinsam.
> Als er redete, tat er es nicht in meiner Sprache.
> Als er meine Hand nahm, hatte seine Haut eine andere Farbe als meine.
> Doch als er lachte, merkte ich, dass er genauso lachte, wie ich lachte.
> Und als er weinte, wusste ich, dass sein Weinen genauso war wie meines …

Wenn wir wirklich lieben, sind wir in der Lage, in jeder Situation adäquat zu handeln, weil man unmöglich vergessen kann, dass die Wünsche und Bedürfnisse der anderen genauso viel wert sind wie unsere eigenen, selbst wenn sie unvereinbar sind.

Die spirituelle Liebe

Liebe ist ein Gefühl, und als solches braucht sie keine Begründung oder Rechtfertigung. Aber die reife Liebe geht darüber hinaus, weil sie uns immer – ich wiederhole: immer, ganz gleich, ob sie von einem Heiligen, einem Sünder, einem Verlorenen, einem Atheisten oder einem Papst empfunden wird – mit der Hingabe, dem Verzicht, dem Verständnis und dem Mitleid verbindet, mit dem aufrichtigen Schmerz über den Schmerz des anderen und der aufrichtigen Freude darüber, lieben zu können (nicht nur die Freude desjenigen, der geliebt wird, sondern auch die Freude dessen, der liebt).

Manchmal, wenn ich über diese Dinge nachdenke, ist es mir ein tiefes Bedürfnis, genau zu erklären, was wahre, bedingungslose Liebe für mich bedeutet, das Feedback, auf dem Beziehungen beruhen, den Sinn wahrer, dauerhafter Hingabe …

In diesen Momenten, so wie jetzt, nimmt sich

mein Kopf eine Auszeit, und ohne dass ich danach suche, kommt die Erinnerung an meinen Hund in mir hoch, den ich etwas länger als siebzehn Jahre besaß.

»Das ist ziemlich lange für einen Collie«, sagten etliche, die etwas von Hunden verstanden.

»Zu kurz für mich«, dachte ich, der ich meine Gefühle kannte.

Vielleicht wird sich der eine oder andere über diese Bemerkung wundern, ein anderer mag Anstoß daran nehmen. Wieder ein anderer schließlich, der nie einen Hund hatte, mag diesen Exkurs für unpassend halten … Ich bitte im Voraus um Entschuldigung, aber ich habe es selbst erlebt und kann versichern, dass Hunde, wenn sie so anhänglich sind, wie es Super war, ihre Gefühle genauso gut oder sogar noch besser ausdrücken können und sich fast immer leichter lieben lassen als so manche Menschen.

Wenn du ein Tier hast und es liebst, verraten dir sein Blick, seine Haltung und selbst sein Schweigen nicht nur, dass es dort bei dir ist, sondern dass es weiß, fühlt und schätzt, dass du da bist.

Die Basis der wahren Liebe zwischen Menschen ist spirituell. Deshalb steht sie über allem.

Sich dieser Tatsache bewusst zu sein ist Teil der spirituellen Liebe.

Wahre Liebe findet statt, wenn sich die Seelen begegnen, wie es meine Freundin Silvia Salinas nennt. Diese Liebe von Seele zu Seele ist die einzige, die ewig währen kann, weil die Seele unsterblich ist.

Es ist eine so heilende, nährende Liebe, dass sie uns nur Freude bringen kann.

Eine Liebe, die frei ist von Konkurrenzkampf oder Eifersucht, Manipulation, Kontrolle oder Machtkämpfen.

Wenn eine Person diese Liebe empfindet, beginnt sie, sich nicht länger von der Zustimmung, Anerkennung und Wertschätzung der anderen abhängig zu machen. Dabei ist es nicht so, dass sie das Interesse an ihnen verlöre – ganz im Gegenteil.

Wenn einer so lieben kann, wird es ihm zuerst zur Gewohnheit und dann zu einer Form der Freude, ganz selbstverständlich Dinge zu tun, die den Menschen in seinem Umfeld eine Freude machen. Wenn es eine Möglichkeit gibt, die ganze Welt zu einem besseren Ort zu machen (und natürlich gibt es die), dann durch die Vision einer spirituelleren Liebe und das Handeln Einzelner und der Gesamtheit, das dieser Empfindung entspricht.

Drittes Buch

Die Lehrjahre

Verzicht

Wenn wir gebeten würden, in Worte zu fassen, wie wir uns einen weisen Menschen vorstellen, würden sich die meisten unserer Beschreibungen ziemlich ähneln: ein älterer Mann, der an einem einsamen Ort fern vom Lärm der Städte ein einfaches Leben ohne jeden Luxus und Überfluss führt, ohne großen Komfort oder Bequemlichkeit.

Dieses Bild entspringt sicher einem Vorurteil oder Stereotyp, aber vielleicht ist das nicht alles. Warum könnte es nicht das Ergebnis jener Form von »Wahrnehmung« sein, die wir ein paar Seiten zuvor Intuition nannten?

Irgendwie wissen wir, dass wir als weise Menschen weniger abhängig von materiellen Dingen wären. Und deshalb müssten wir uns weder mit ihnen umgeben noch ihnen so viel Zeit widmen. Wir spüren intuitiv, dass wir auf einer höheren Bewusstseinsstufe nicht mehr ständig auf andere Menschen angewiesen wären, die uns zujubeln, uns bestätigen oder uns sagen, wie sehr sie uns lieben und brauchen. Folglich würden wir weder Zeit noch Kraft darauf verwenden, etwas zu sein, was wir nicht sind.

Etwas in uns sagt uns, dass es Schwäche, Ignoranz, Neurose oder geistige Armut ist (wir können dem viele Namen geben), die uns zu diesen eigentlich oberflächlichen Dingen treibt, die wir für unverzichtbar halten.

Aber ist diese intuitive Empfindung wirklich richtig?

Wenn ich ganz ehrlich bin, muss ich eingestehen, dass ich es nicht weiß.

Seit etlichen Jahren verbringe ich einen nicht unbedeutenden Teil meiner Zeit in meinem Haus in Nerja. Es ist ein einfaches Häuschen in einem kleinen Fischerort, wo ich nur wenig Kontakte pflege – schon gar nicht zu den anderen Stadtbewohnern, die in den Wintermonaten nur ein paar tausend Menschen zählen.

Wenn ich dort bin, arbeite ich fast nichts, von der einen oder anderen wöchentlichen Zeitungskolumne einmal abgesehen. Ich treffe so gut wie niemanden und mache nicht viel mehr als lesen, schreiben und einfache Mahlzeiten zuzubereiten, während ich das Mittelmeer betrachte. Lässt das alles den Rückschluss zu, dass ich weiser geworden wäre? Ich fürchte, nein.

Ist es Ausdruck des so oft erwähnten Verzichts, der Rückkehr zu den einfachen Dingen, von der in den letzten zwanzig Jahren so viel die Rede war und nach der auch ich strebte? Vielleicht ja, vielleicht nein.

Ich weiß es nicht, weil ich den Eindruck habe, dass

es mehr als eine Art gibt, das Wort Verzicht zu verstehen, und natürlich mehr als eine Art, Verzicht in unser Leben zu bringen.

Deshalb sollten wir zunächst einmal klären, was wir meinen, wenn wir von Verzicht sprechen.

Das Gegenteil von Verzicht ist das Festhalten an etwas, eine Form von Zuneigung, Hinwendung, Sympathie oder Affinität zu etwas oder jemandem. Es ist eine Beziehung, die immer sehr speziell und ungesund ist, weil sie eine Bewunderung beinhaltet, die versklavt, ein kleines Vergnügen, das Leid verursacht, eine Vorliebe, die unfrei macht, eine Beziehung, die ausbremst. Es ist eine Art Abhängigkeit von dem, was man liebt oder erwählt hat – etwas, das auch Verlustangst impliziert, die Schwierigkeit, sich zu trennen, und die subjektiv empfundene Unmöglichkeit, etwas loszulassen.

Die Welt dreht sich immer schneller, Veränderungen passieren mit einer Geschwindigkeit, wie sie die Menschheit noch nie zuvor erlebt hat, alles (und ich meine wirklich alles) ist jederzeit und überall verfügbar. Unsere Zukunft wird zu einer Abfolge von Unwägbarkeiten, die zunehmend Verunsicherung in uns hervorrufen, wobei uns eher das verunsichert, was wir verlieren könnten, als das, was uns zustoßen könnte.

Vielleicht wird nun klarer, warum man lernen sollte, den Pfad des Verzichts zu gehen.

Loslassen lernen ist also fast unvermeidlich.

(Merkt man, dass es mir selbst in diesem Fall nicht leichtfällt, einfach so zu behaupten, etwas sei unvermeidlich?)

Nun … Wie können wir diesen Gedanken auf unser Leben anwenden?

Welche Konzepte oder Einstellungen könnten uns dabei helfen, ihn in die Praxis umzusetzen?

Als es in dieser Abhandlung um das Bedürfnis nach Weisheit ging, haben wir unseren Blick auf die chinesische Philosophie des Tao gerichtet, die uns lehrt, die Dinge anzunehmen, wie sie sind.

Wenn wir nun über das Chinesische Meer nach Japan weiterreisen, könnten wir, wenn wir schon einmal dort sind, die eine oder andere Antwort auf unsere Fragen im Zen-Buddhismus suchen.

In dieser Philosophie (wie in den meisten fernöstlichen Lehren) beginnt die Umsetzung des Verzichtens »ganz einfach« mit einer Entscheidung: der Entscheidung, alles loszulassen. Das heißt, aus freien Stücken und bewusst allem materiellen Besitz und jeder Bindung an andere Menschen zu entsagen.

Im Zen ist ein einfaches, von äußeren Dingen befreites Leben Zeichen für eine höhere Bewusstseinsebene und gleichzeitig ein Weg, sich in der Disziplin der inneren Unabhängigkeit zu üben. Seit der Entstehung dieser Denkrichtung vor vielen Jahrhunderten ist die Vermittlung dieser Übung und dieser Lebensweise eine ihrer tragenden Säulen.

Aber wir leben im Westen und nicht in Fernost, und wir leben heute, im 21. Jahrhundert, und nicht vor vielen Jahrhunderten. Ist es wirklich unbedingt vonnöten, auf alles Materielle zu verzichten, um spirituelle Erfüllung zu finden?

Ich glaube nicht, zumindest nicht in diesem Ausmaß.

Wie bereits zuvor gesagt: Wenn wir die Ebene unserer Spiritualität durchwandern und erforschen wollen, erkennen wir, dass wir uns mit leichtem Gepäck auf die Reise machen müssen. Um den spirituellen Weg zu gehen, ist nur eines nötig: einfach loszugehen. Schon bald merkst du von selbst, dass du alles Überflüssige zurücklassen musst, all diese Dinge, die du nicht brauchst und die früher oder später zu einer Belastung werden.

In unserer Konsumgesellschaft wird Nebensächliches zum Notwendigen erklärt und Notwendiges zu einem raren Gut, das man unbedingt besitzen müsse (eine Methode, einen Artikel noch erstrebenswerter zu machen, klar, und den Verkäufern und Werbeleuten die Arbeit zu erleichtern).

Für viele ist es Geld oder materieller Besitz; für andere sind es die Annehmlichkeiten, die sie sich als Ersatz für ein glückliches Leben leisten; für wieder andere ist es der sichere Hafen einer Beziehung, in der sie sich gefangen fühlen.

Was auch immer es ist, auf der neuen Ebene wird jeder, kaum dass er sich auf den Weg gemacht hat, erkennen können, was überflüssig ist, was ihn am meisten belastet und was er unnötigerweise mit sich herumschleppt.

> Die folgende Zen-Geschichte ist ein Klassiker. Sie erzählt von einem Reisenden, der unterwegs von der Nacht überrascht wird und an der Tür eines weisen Mannes anklopft, um ihn bis zum nächsten Morgen um Obdach zu bitten. Der weise Mann bittet den Reisenden herein. Dieser ist überrascht, als er sieht, dass die Hütte abgesehen von einer Decke zum Schlafen sowie zwei Wasserschalen völlig leer ist.
> »Wo sind deine Sachen?«, fragt der Reisende den weisen Mann.
> »Und wo sind deine?«, lautet die Antwort.
> »Ich bin auf der Durchreise!«, erklärt der Gast.
> Da lächelt der weise Mann und sagt: »Ich auch.«

Wir alle sind nur auf der Durchreise. Vor allem diejenigen, die nicht darum wissen.

In der Zen-Philosophie ist aller Besitz nur störender Ballast, totes Gewicht, von dem wir uns befreien müssen, um leichter zu werden und uns zu höheren Ebenen aufschwingen zu können (so wie die Pilger auf dem Jakobsweg, die beim ersten Halt ihren Rucksack leeren, du erinnerst dich?).

Aber die Zen-Philosophie ist eine buddhistische Lehre und geht deshalb noch weiter. Sie fordert uns auf, auch all unseren Wünschen zu entsagen.

Warum? Weil Wünsche immer aus einem Mangel heraus entstehen: ein größeres Haus, ein besserer Job, mehr Zweisamkeit mit unserem Liebsten, eine jüngere Partnerin, der Beste im Beruf zu sein oder immer die Oberhand zu behalten …

Wir versuchen zu bekommen, was wir nicht haben, oder etwas zu sein, was wir nicht sind. Selbst wenn das, was wir uns wünschen, unnötig ist, unerreichbar, unpassend oder ungerecht.

Wir Privilegierten, die nie Hunger oder Durst leiden, die ein Dach über dem Kopf haben und einen halbwegs guten Job, die nie barfuß laufen, außer am Strand, wir haben ständig Wünsche. Wir wollen dies, wir wollen jenes, und das auch noch, weil wir uns nicht zufriedengeben mit den Dingen, wie sie sind.

Wünsche zu haben führt angeblich zwangsläufig zu Unzufriedenheit, doch in Wirklichkeit ist es genau umgekehrt: Die Unzufriedenheit ist der Grund dafür, dass wir Wünsche haben. Aber gehen diese in Erfüllung, bleibt die Unzufriedenheit tief drinnen bestehen.

Wenn wir lernen, uns von unserer inneren Unzufriedenheit zu befreien, werden wir merken, dass nichts je vollkommen ist, selbst wenn sich manche unserer Wünsche erfüllen. Das Ergebnis wird nie genauso sein wie das, was wir uns ausgemalt haben. Es wird nie genügen.

Ein Schiffbrüchiger, der sich auf eine Holzplanke gerettet hatte, als sein Schiff unterging, war auf einer einsamen Insel gestrandet. Nach vielen Jahren des Schweigens und der Entbehrungen sah er eines Morgens, wie das Meer eine geheimnisvolle Lampe an den Strand spülte. Der Mann rieb daran, und ein Geist erschien.

»Du hast zwei Wünsche frei«, sagte der Geist. »Einen, weil du mich aus dem Meer gerettet hast, und einen, weil du mich aus meinem Gefängnis befreit hast.«

Der Mann überlegte, wovon er in all den Jahren auf der Insel geträumt hatte …

»Ich möchte eine Flasche Bier. Unzerbrechlich soll sie sein und niemals leer werden.«

»Nichts leichter als das«, sagte der Geist. »Dein Wunsch sei dir gewährt.«

Zu Füßen des Schiffbrüchigen erschien eine kleine Wolke und darin eine Flasche Bier.

Der Mann trank gierig. So lange hatte er von diesem Moment geträumt.

Nachdem er den längsten Schluck seines Lebens genommen hatte, betrachtete er die Flasche und stellte fest, dass sie immer noch voll war.

Er begann laut zu lachen und fing an, das Bier zu verschütten. In einem goldgelben Strahl ergoss es sich unaufhörlich in den Sand, doch die Flasche wurde nicht leer. Dann schleuderte er seinen kostbaren Schatz gegen einen Felsen, doch das Glas zerbrach nicht, und die Flasche war immer noch randvoll mit Bier.

Der Mann nahm einen weiteren tiefen Schluck und wischte sich den Mund mit dem Hemdsärmel ab.

»Und wie lautet dein zweiter Wunsch?«, fragte der Geist. »Brauchst du Zeit, um darüber nachzudenken?«

Der Schiffbrüchige war unersättlich, und wer unersättlich ist, ist nicht sonderlich einfallsreich …

»Nein«, sagte der Mann auf der einsamen Insel. »Ich möchte noch so eine Flasche!«

Aus Zen-Perspektive ist es praktisch unmöglich, dass der Mensch je Zufriedenheit findet, selbst wenn er im Besitz der magischen, sich nie leerenden Flasche ist. Folglich lassen sich Enttäuschung und Unglück nur vermeiden, wenn man, um im Bild zu bleiben, von Anfang an auf die erste Flasche verzichtet.

Anders gesagt: wenn man die Dinge so annimmt, wie sie sind, ein entspanntes Verhältnis zu dem gewinnt, was ist, so wie es ist, ohne Forderungen zu stellen.

Um dich zum Nachdenken zu bringen, möchte ich festhalten, dass der Verzicht auf sämtliche Wünsche paradoxerweise auch beinhaltet, sich nicht zu wünschen, keine Wünsche mehr zu haben …

Folgende rätselhafte Zen-Geschichte handelt von einem Schüler, der, nachdem er sich für eine Weile in die Berge zurückgezogen hatte, wieder zu seinem Meister ging.

»Ich habe alles aufgegeben, Meister«, sagte er sichtlich zufrieden. »All meinen materiellen Besitz und alle menschlichen Bindungen. Ich komme mit leeren Händen und friedlichem Herzen zu dir.«

»Dann lass auch das hinter dir«, sagte der Meister.

»Aber Meister, was kann ich noch aufgeben, wenn ich nichts mehr habe?«

»Sehr gut«, antwortete der Meister. »Bewahre dir nur diese Frage.«

Im Zen-Buddhismus bergen jeder Besitz, jede Bindung, jeder Wunsch die Gefahr, dass man sich an sie klammert und sie so zu Fesseln werden. Die Lösung lautet, auf alles zu verzichten. Die Zen-Mönche behaupten, wer die Erleuchtung erlangt habe, brauche nicht viel. Es gibt zahlreiche Geschichten über spirituelle Lehrer, die tagelang ohne Essen und Schlaf auskamen oder stundenlang gehen konnten, ohne Erschöpfung oder Durst zu empfinden.

Wenn ich lese, was ich gerade geschrieben habe, klingt es ganz so, als sei ein Erleuchteter in der östlichen Welt zwangsläufig ein Asket. Aber dem ist nicht so. In der Askese ist das Leiden des Körpers ein weiterer Schritt, um uns auf eine höhere Bewusstseinsstufe zu bringen; für einen Zen-Mönch ist Leiden nicht wünschenswert, und er ist nicht bestrebt, es zu ertragen.

Natürlich ist dieser Zustand, inklusive des Verzichts auf jegliche Bindung und irdische Wünsche, von dem in der Zen-Philosophie die Rede ist, sehr schwer zu erreichen.

Womöglich ist dieser Weg nur einigen wenigen Erleuchteten vorbehalten. Vielleicht kann es auch nur ganz unvermutet geschehen, in einem blitzartigen Moment des Erwachens (so erging es Buddha, du erinnerst dich?).

Jedenfalls glaube ich, dass es ein überaus steiniger Weg für uns ist, die wir in der westlichen Kultur geboren und aufgewachsen sind, die wir daran gewöhnt sind, Besitz anzuhäufen, nach Anerkennung und Sicherheit zu streben und auf ewige, exklusive Liebesbeziehungen zu hoffen. Unter all diesen Voraussetzungen wird es nicht leicht sein, allem zu entsagen, ohne uns völlig orientierungslos zu fühlen.

Der falsche Verzicht

Das bislang Gesagte birgt eine nicht zu unterschätzende Gefahr. Dann nämlich, wenn der Entschluss, nichts zu wollen und nichts zu haben, Ausdruck einer Schutzhaltung ist, durch die man versucht, dem Schmerz des Verlusts vorzubeugen. Eine Art Selbstbetrug, um nicht noch einmal einen Verlust zu erleiden.

»Wenn ich nichts habe, kann ich nichts verlieren.«

»Wenn ich keine Träume habe, kann ich nicht enttäuscht werden.«

Wer diesen falschen Verzicht betreibt, kann in der Tat den einen oder anderen Schmerz verhindern; dafür aber widerfährt ihm etwas viel Schlimmeres: die innere Armut.

Menschen, die sich zurückziehen und den Kontakt mit anderen meiden, um eventuellen Verletzungen aus dem Weg zu gehen, führen ein leeres, tristes und armes Leben. Sie sind gezwungen, vor allem davonzulaufen, was sich als schön erweisen könnte: »Besser, ich lasse es sein, solange es noch nicht weh tut … Nicht, dass ich es liebgewinne und dann verliere.«

Mein Großvater, ironisch, wie er war, sagte immer zu meinem Bruder und mir, seinen einzigen männlichen Enkeln, wenn wir einmal heirateten, sollten wir uns eine wirklich hässliche und uncharmante Frau suchen.

Wenn wir ihn fragten, warum, antwortete er: »Bei einer hübschen, lieben Frau lebst du ständig in der Angst, sie könnte dich verlassen.«

Mein Bruder und ich stellten immer wieder dieselbe Überlegung an: »Aber Opa, eine hässliche Frau kann dich genauso verlassen … Zum Beispiel, um mit einem anderen durchzubrennen, der dein Geheimnis kennt …«

»Schon«, sagte er. »Aber wenn sie sooo hässlich und abstoßend ist – was zum Teufel schert es dich dann, wenn sie geht!«

Niemand wird so dumm sein, den Scherz meines Großvaters ernst zu nehmen, aber viele von uns (mich selbst eingeschlossen) haben schon einmal solche Gedanken gehabt.

Hast du noch nie die Phantasie gehabt, dich an etwas zu binden, an dem dir nicht sonderlich viel liegt, nur weil du nicht den Mut hast, das Risiko einzugehen, das zu verlieren, an dem dir wirklich etwas liegen würde und für das du, um es zu bekommen, kämpfen könntest?

Ich sehe dich vor mir, wie du diesen Überlegungen folgst und mich fragst: Wenn die Askese der buddhistischen Mönche schwer zu erreichen ist, wenn erzwungener Verzicht keinen Sinn hat und die Verleugnung aller Wünsche uns ins Unglück stürzt – was ist das dann für ein Verzicht, der angeblich so wichtig für die Entwicklung unserer Spiritualität ist?

Der Verzicht, von dem ich spreche, hat wenig mit sublimiertem Masochismus zu tun, noch weniger mit Argwohn und nichts mit Gleichgültigkeit.

Der Verzicht, von dem ich spreche, beginnt mit der Erkenntnis, dass alles vergänglich ist, die Rose aus *Der kleine Prinz* genau wie wir selbst.

Doch damit ist es nicht getan.

Es geht nicht darum, nichts zu besitzen, nicht zu genießen, was ich habe, mich allem zu verschließen.

Es geht darum, vollkommen zu akzeptieren, dass ich das, was ich habe, oder das, was ich tue, jederzeit aufgeben könnte. Dass ich den Menschen verlieren könnte, den ich liebe, oder dieser Mensch mich.

Und was bedeutet »vollständig akzeptieren«?

Nicht innerlich damit zu ringen.

Nicht zu denken: »Das wäre unmöglich.«

Nicht zu glauben: »Das könnte ich nicht ertragen.«

Es bedeutet, zu begreifen – ob mit einem Lächeln, weiß ich nicht, aber zumindest, ohne die Ruhe zu verlieren –, dass die Wahrheit genau das Gegenteil ist: Verluste geschehen und sind unvermeidlich. Mein Leben wird auch ohne diese Dinge weitergehen. Und die Dinge und Menschen werden auch ohne mich weiterbestehen.

Wenn ein Mitglied von Raj Dharwanis Gruppe über etwas Unangenehmes klagte und dabei den so oft gesagten und gehörten Satz »Warum ich?« verwendete, antwortete sie hart: »Warum nicht du? Welche Privilegien, glaubst du, stehen dir zu?«

Wie ich in *El camino de las lágrimas* (Der Weg der Tränen) immer wieder sagte, erleiden wir alle Verluste. Große und kleine, gerechte oder ungerechte, notwendige oder nutzlose (wie Judith Viorst es nennt), und damit müssen wir zurechtkommen.

Verzicht heißt, das Leben zu genießen und gleichzeitig die Möglichkeit zu akzeptieren, nicht die Dinge um uns zu haben, die wir lieben.

Verzicht heißt, loszulassen, was ich liebe, ohne aufzuhören, es zu lieben.

Verzicht heißt, gehen zu lassen, ohne Hass.

Verzicht heißt, zu begreifen, dass »das Andere« uns früher oder später verlässt oder wir es zurücklassen müssen (zumindest in der Form, in der wir es bislang kannten).

Wenn mir das gelingt, geschieht etwas Wunderbares.

Denn dann … kann ich Wünsche haben, kann ich Dinge besitzen und Beziehungen knüpfen, ohne von einem dieser Dinge abhängig zu sein.

Verzicht, wie ich ihn verstehe, ohne auch nur im Entferntesten weltabgewandt zu sein, ist das, was mich in eine Beziehung zur Welt treten lässt, ohne diese als Bedrohung zu erleben.

Um den Verzicht akzeptieren zu können, muss ich begreifen, dass mein Leben nicht von dem abhängt, was ich habe. Ich muss begreifen, dass die Tatsache, dass ich etwas liebe oder haben möchte, nicht bedeutet, dass es notwendig und unverzichtbar wäre. Ich muss unterscheiden zwischen der Erkenntnis, dass dieser oder jener Verlust mich sehr schmerzen würde, und der falschen Annahme, es nicht zu haben, würde mich vernichten.

Wenn ich glaube, ich könnte nicht ohne dich leben, werde ich alles tun, um dich zu halten: Ich werde jemand werden, der ich nicht bin, um dir zu gefallen, ich werde an dein Mitleid appellieren und womöglich gar zu Lügen und Gewalt greifen, um dich daran zu hindern, dass du gehst.

Wenn ich glaube, ich könnte nicht ohne meine Arbeit leben, werde ich alles tun, um sie zu behalten: Ich werde jede Ausbeutung hinnehmen und alles andere hintanstellen.

Wenn ich glaube, ich könnte nicht ohne eine bestimmte Menge Geld leben, werde ich mein ganzes Leben darauf ausrichten, es anzuhäufen und zu behalten, ohne es je ausgeben zu können.

»Ich kann nicht ohne dich leben. Ich würde es einfach nicht ertragen …« Wir alle wissen, wie verlogen dieser Satz ist, vor allem, wenn wir sehen, wie beharrlich Menschen weitermachen, die alles verloren haben: Soldaten, die mit amputierten Gliedmaßen von der Front zurückkehren, Mütter, die ihre Kinder verloren haben, die Angehörigen unzähliger Jugendlicher, die die grausamste Droge der Welt auf einen Weg ohne Wiederkehr geschickt hat.

Und doch mögen wir diesen Satz. Uns fasziniert der Gedanke, jemand, den wir lieben, könnte ihn angesichts der Möglichkeit, uns zu verlieren, sagen. Er springt uns ins Auge, wenn wir ihn in der Regenbogenpresse lesen, und wir sind gerührt, wenn wir an die Schlussszene von Romeo und Julia denken.

Dennoch ist Verzicht wie gesagt kein Wundermittel, um schlimmen Kummer zu vermeiden. Meiner Meinung nach liegt der Schlüssel darin, zwischen zwei widersprüchlichen Empfindungen unterscheiden zu können: Liebe und Angst. Zwischen dem gesunden Gefühl der geteilten Freude und dem furchtbaren Gift der Abhängigkeit.

Du könntest nun sagen: »Was ist so schlimm daran, wenn ich Angst habe, meine Arbeit zu verlieren? Es stimmt, dass ich viel Zeit in der Firma verbringe und sie mir sehr wichtig ist, aber ich bin wirklich auf sie angewiesen.«

Ich könnte dir antworten: »Selbst wenn ich einräume, dass du eine Arbeit brauchst, ist immer noch nicht gesagt, dass du *diese* Arbeit brauchst. Wenn du sie nicht als Bedrohung erleben würdest, könntest du wahrscheinlich mehr leisten und sogar ein bisschen Spaß daran haben. Glaubst du nicht?«

Solche Gedanken sind »Rückversicherungen« (wie sie der geniale Eric Berne nennen würde). Sie funktionieren wie falsche Bestätigungen unserer Zuneigung, unserer Abhängigkeiten und unserer (bewussten oder unbewussten) Entscheidung, uns an die Existenz von etwas oder jemand zu klammern, der nicht ich ist. Denn das passiert, wenn wir uns in unseren Beziehungen von anderen abhängig machen. Sicher gibt es Dinge, die wir brauchen, um unser Leben weiterzuleben. Wir brauchen Unterstützung, Gesellschaft, Zuneigung, ein Zuhause und jemanden, der uns ansieht … aber wir müssen begreifen, dass sich diese Dinge nicht in einer einzigen Person, einer einzigen Beziehung, an einem speziellen Ort finden lassen.

Wenn wir das verstanden haben, verliert die Aussicht, einen dieser Orte oder eine dieser Bindungen zu verlieren, etwas von ihrem Schrecken. Der Gedanke an ein mögliches Ende ist zwar schmerzlich, aber nicht der Weltuntergang; wir empfinden nicht länger diese lähmende Angst und versuchen nicht ständig, die Zukunft vorherzusehen. Und vor allem klammern wir uns nicht länger an Dinge, die wir verloren haben, weil wir glaubten, wir könnten ohne sie nicht leben.

Und das ist noch nicht das Beste. Das Beste ist, dass unsere Fähigkeit, sie zu genießen, solange sie da sind, um ein Vielfaches größer wird.

Vor einiger Zeit hatte ich einen Patienten, der zu mir kam, weil er, wie er sagte, Hilfe brauchte, um »ins Leben zurückzufinden«. Er hatte gerade eine schmerzhafte Trennung hinter sich. Er war viele Jahre in einer

Partnerschaft gewesen (einige mehr, als er sich gewünscht hätte), und seine Scheidung war so schmerzlich gewesen, dass er danach nicht mehr wusste, wie es weitergehen sollte. Nach einer Weile ging es ihm ein bisschen besser, aber ihm wurde klar, dass er sich nach einem Leben in einer Partnerschaft sehnte, nach der Gesellschaft einer Frau, der Begegnung der Seelen. Doch ihm wurde auch klar, dass etwas in ihm sich dagegen sträubte, eine neue Beziehung einzugehen. Er wollte nicht noch einmal etwas so Schlimmes wie seine Scheidung mitmachen.

Nach einigen Monaten Therapie lernte er in einem Kurs eine Frau kennen und fasste sich ein Herz, sie zum Essen einzuladen.

Wie er mir danach erzählte, hatten sie nach dem Essen bis spät in die Nacht zusammengesessen, geredet, gelacht und sich die intimsten Dinge erzählt.

»Etwas in mir hat sich verändert«, sagte er mir während einer Sitzung. »Wenn ich früher mit einer Frau ausging, kreisten meine Gedanken ständig um zwei Dinge: ob ich sie wiedersehen würde oder ob ich sie nicht wiedersehen würde. Neulich abends hatten wir solchen Spaß, dass ich es einen schönen Gedanken finde, sie wiederzusehen, und das ist ja auch logisch. Was mich überrascht, ist, dass ich mich so gut gefühlt habe, dass ich gar nicht darüber nachdachte, dass ich sie vielleicht nicht wiedersehen könnte.«

Das ist das Interessante am Verzicht, dass er es uns ermöglicht, zu genießen, was wir haben, ohne an das zu denken, was die Zukunft bringen wird. Es geht nicht darum, dass uns alles gleichgültig wäre, sondern darum, die Angst vor dem Schmerz zu verlieren.

Immer wenn meine Patienten an einem solchen Punkt angelangten, machte ich eine provokative Übung.

Wenn sie darüber klagten, dass sie nicht genießen könnten, was jetzt war, weil sie wüssten, dass sie es bald verlieren würden, warf ich ihnen ein Kissen zu und forderte sie auf, es zu umarmen, als wäre es das, worüber wir gerade sprachen, und laut zu wiederholen, was sie gerade gesagt hatten.

»Wie kann ich die Zeit mit ihm genießen, wenn ich weiß, dass er bald nicht mehr bei mir sein wird?«, sagte eine Frau, deren Mann an einer tödlichen Krankheit litt.

Daraufhin forderte ich sie auf, den Satz erneut zu sagen, diesmal aber ergänzt um ein einfaches »nicht«.

Im vorliegenden Fall war die Frau völlig verdutzt und brach in Tränen aus, als sie sich sagen hörte: »Wie kann ich die Zeit mit ihm nicht genießen, wenn ich weiß, dass er bald nicht mehr bei mir sein wird …?«

Das ist Verzicht. Die Erkenntnis, die Dinge zu genießen, die wir haben, nicht nur, weil wir sie eines Tages nicht mehr haben *könnten*, sondern obwohl wir sie irgendwann nicht mehr haben *werden*.

Das gilt natürlich auch für das Leben selbst. Mit allem Guten und Schlechten, mit dem, was bleibt, und mit dem, was sich ändert, mit dem, was nie wurde, und mit dem, was nicht mehr ist.

Osho sagte immer zu denen, die zu ihm kamen:

»Du kommst zu mir, weil du erwartest, etwas zu bekommen. Aber ich warne dich: Wenn alles gutgeht, wirst du mit mir nichts gewinnen. Du wirst lediglich lernen, alles zu verlieren.«

Ich möchte dieses Kapitel mit einer Geschichte ausklingen lassen, die zeigt, wie schwer es uns fällt, nicht gewaltsam zu versuchen, diese Gedanken zu verstehen – die beste Voraussetzung, um über uns selbst lachen zu können.

> Ein Geschäftsmann hatte genug von den Zwängen der Stadt, dem oberflächlichen Konsum und der Hektik des modernen Lebens. Er beschloss, nach Nepal zu reisen und als Schüler in ein buddhistisches Kloster einzutreten.
>
> Dort wurde er von einem Mönch empfangen.
>
> »Du kannst bei uns bleiben«, sagte er zu dem Geschäftsmann, »aber du musst auf all deinen Besitz verzichten.«

»Einverstanden«, sagte der Mann.
»Du wirst all deine Bindungen vor dem Tempel zurücklassen müssen.«
»Einverstanden«, sagte der Mann.
»Du bekommst ein Gewand und ein Paar Sandalen. Du verpflichtest dich zu absolutem Schweigen. Lediglich alle zehn Jahre darfst du zwei Wörter an den Meister richten.«
»Einverstanden«, sagte der Mann.
Er legte seine Kleider ab, zog das Gewand und die Sandalen an und führte dasselbe Klosterleben wie alle anderen. So vergingen zehn Jahre … Eines Tages kam ein Mönch zu ihm und sagte: »Der Meister erwartet dich.«
Der Mann ging zu dem Raum, wo der Meister auf einer Tatamimatte saß und auf ihn wartete. Als dieser ihn nach seinen zwei Wörtern fragte, sagte der Mann:
»Wenig Essen.«
Die einzige Antwort des Meisters bestand in einem Kopfnicken, und der Mann wurde wieder aus dem Raum geführt. Es vergingen weitere zehn Jahre, bis erneut der Tag kam, an dem ein Mönch zu ihm trat und sagte: »Der Meister erwartet dich.«
Der Mann ging zum Meister, und dieser fragte ihn nach seinen zwei Wörtern. Diesmal sagte der Mann:
»Hartes Bett.«
Wieder nickte der Meister, und der Mann zog sich zurück. Weitere zehn Jahre vergingen, bis zum dritten Mal ein Mönch zu ihm kam und sagte: »Der Meister erwartet dich.«
Der Mann ging langsam, bis er wieder vor dem Meister stand, und als dieser ihn nach seinen beiden Wörtern fragte, sagte der Mann:

»Ich gehe.«

Worauf der Meister völlig außer sich geriet und schimpfte:

»Dann geh doch endlich! Seid dreißig Jahren bist du in einem fort am Jammern!«

Das Notwendige und das Unverzichtbare

Über viele Jahrhunderte hinweg propagierten religiöse Bewegungen die Askese, um durch die Geißelung des Körpers in geistige Verzückung zu geraten. Bei allem Respekt, ich kann damit nichts anfangen, zumindest nicht für mich.

Vielmehr glaube ich, dass es eine Sache ist, uns auf dem geistigen Weg von allem Überflüssigen und Unnötigen zu trennen, und etwas völlig anderes, auch das Mindestmaß an Unverzichtbarem aus unserem Leben zu tilgen. Mir ist klar, dass hiermit die Diskussion darüber eröffnet ist, was »unverzichtbar« ist. Ich werde zu hören bekommen, dass der eine vielleicht nicht auf sein Ferienhaus an der Amalfiküste verzichten mag, während ein anderer der festen Überzeugung ist, dass er nicht einmal warme Kleidung braucht, wenn es schneit. Mir ist klar, dass vielleicht beide wirklich davon überzeugt sind. Aber noch bevor sie mich als Therapeuten aufsuchen, der etwas von diesen Dingen versteht, würde ich ihnen helfen wollen, indem ich dem Ersten klarzumachen versuche, dass sein Haus vielleicht doch nicht so unverzichtbar ist, wie er glaubt, und dem Zweiten, dass er womöglich falschliegt, wenn er einen Wintermantel für überflüssig hält.

Und ich füge hinzu: Die Askese mag kein guter Wegbegleiter sein, wenn es darum geht, die spirituelle Ebene zu erforschen, aber Genusssucht und Körperkult sind es ebenso wenig. Es mag verrückt klingen, aber manchmal denke ich, dass ab einem gewissen Punkt das eine zum anderen führt. Als Beweise ließen sich die neuen Krankheiten unserer Zeit ins Feld führen, die den Menschen zum Sklaven seiner Obsession für die Schönheit und die Gesundheit machen: Magersucht, Bulimie, Sportsucht und seit neuestem die Sucht nach Schönheitsoperationen.

Zum Ende sei noch einmal gesagt, dass unter Leiden erbrachte Opfer und erzwungener Verzicht zu nichts führen und für Selbstkasteiung in diesem Buch und auf diesem Weg kein Platz ist. Spirituelle Bereicherung kann niemals aus einer Haltung erwachsen, die nichts anderes im Sinn hat, als uns zu zwingen, etwas zu tun, nur weil ein anderer sagt, das sei gut für unser innerstes Wesen.

Man darf die Entscheidung, unseren Vorlieben, Sehnsüchten, Wünschen oder Abhängigkeiten zu entsagen, nicht damit verwechseln, dass wir verleugnen, wer wir sind …

Obwohl … vielleicht wäre das nur eine weitere Herausforderung.

Das Gefängnis hinter uns lassen

Chuang-tzu war einer der bedeutendsten Philosophen der chinesischen Geschichte. Er lebte um 300 vor Christus und ist neben Laotse, seinem Lehrer, einer der beiden großen Denker des Taoismus.

Die bekannteste Legende über seine Person berichtet, dass Chuang-tzu eines Nachts träumte, er sei ein Schmetterling. Der Traum war so echt, dass Chuang-tzu beim Aufwachen nicht wusste, ob er Chuang-tzu war, der geträumt hatte, ein Schmetterling zu sein, oder ob er ein Schmetterling war, der geträumt hatte, Chuang-tzu zu sein.

Eigentlich wollte ich gar nicht auf dieses wunderbare, tiefsinnige Gleichnis hinaus, als ich auf Chuang-tzu zu sprechen kam, aber ich merke gerade, dass diese kleine Geschichte vielleicht gar nicht so weit von dem Thema entfernt ist, das wir in diesem Kapitel behandeln wollen. Denn die hintergründige Fragestellung des Träumenden legt den Gedanken nahe, dass unsere Identität vielleicht gar nicht so offensichtlich, gesichert und über alle Zweifel erhaben ist, wie wir im Allgemeinen glauben.

Das Gleichnis vom leeren Boot lernte ich durch Osho kennen; es war bei seinem Besuch in Brasilien, als ich zum ersten Mal die Gelegenheit hatte, ihn zu hören. Er war damals längst ein Erleuchteter und ich ein junger Mann, der darauf brannte, zu lernen.

Meister Chuang-tzu sagt:

Stell dir vor, du gleitest gemächlich in deinem Boot auf einem ruhigen Fluss dahin und lässt dich ohne Eile in Richtung See treiben.

Plötzlich siehst du ein zweites Boot, das in der sanften Strömung schaukelt und deinem immer näher kommt.

Du versuchst Abstand zu gewinnen, um einen Zusammenstoß zu verhindern, doch es gelingt dir nicht. Das Boot, das sich von irgendeinem Steg losgerissen hat, stößt gegen den Bug deines Bootes und hinterlässt ein paar tiefe Kratzer im glänzenden Lack.

Du schaust erneut: In dem Boot ist niemand. Du versuchst es festzuhalten, damit es nicht weiter abtreibt. Der Zwischenfall gefällt dir nicht, vielleicht bedauerst du ihn, doch du ärgerst dich nicht.

Chuang-tzu sagt: Warum und über wen solltest du dich ärgern?

Jetzt stelle dir die gleiche Situation vor, doch diesmal sitzt jemand in dem anderen Boot.

Er ist abgelenkt, unaufmerksam oder schläft, und

sein Boot treibt in der Strömung auf dich zu. Als du es auf dich zukommen siehst, schlägst du Alarm, vielleicht rufst du »Vorsicht!« oder etwas in der Art.

Nehmen wir an, der andere unternimmt nichts und das Boot kommt immer näher. Kurz bevor es mit deinem zusammenstößt, wirst du wütend. Du schreist: »He! Pass doch auf, wo du hinfährst! Wir werden zusammenstoßen!«

Der andere reagiert auch diesmal nicht, und tatsächlich stößt sein Boot gegen deines.

Der Aufprall und der Schaden sind genau wie beim ersten Beispiel, nur dass du diesmal wütend wirst, vielleicht sogar ausfallend.

»Bist du vollkommen verrückt geworden, du Trottel? Du hast mich umgefahren!«

Plötzlich wird der Vorfall ärgerlich.

Chuang-tzu fragt sich: Woher kommt der Unmut?

Die Ursache ist nicht der Schaden am Boot, denn der war im ersten Beispiel genauso groß, ohne dass du dich geärgert hast.

Der Ärger, so erklärt Chuang-tzu, kommt durch die Tatsache, dass jemand in dem Boot sitzt.

Du kannst nicht mehr denken »Ist halt passiert« und es einfach hinnehmen. Da jemand in dem Boot sitzt, stellst du dir Fragen: Warum hat er es nicht verhindert? Hat er es vielleicht absichtlich getan? Hat er etwas gegen mich? Muss ich Angst vor diesem Mann haben?

Eine Spirale von Fragen, die womöglich immer größer wird und noch mehr Angst, noch mehr Wut, noch mehr Unruhe, noch schlimmere Befürchtungen erzeugt.

Wenn es uns nicht gelingt, einen Ausweg aus dieser sich verselbständigenden Situation zu finden, können wir vielleicht nie mehr ruhig in unserem Boot einen Fluss hinabfahren. Vielleicht schauen wir, während wir uns in die Riemen legen, nervös von einer Seite zur andern, um einer weiteren Begegnung mit diesem oder einem anderen Trottel, der sein Boot nicht unter Kontrolle hat, aus dem Weg zu gehen …

Die Metapher lässt viele Deutungen zu und öffnet uns ein Dutzend Türen, hinter denen wir noch einmal so viele absurde Reaktionsweisen entdecken, die uns in unserem täglichen Leben begleiten.

Unser Leben zu verbessern, indem wir versuchen, die anderen zu ändern, führt zu nichts. Oder um im Bild zu bleiben: Die Boote der anderen kommen, wie sie kommen, und es gibt weder eine Möglichkeit noch einen Grund, etwas daran zu ändern. Und natürlich wäre es dumm, den Schluss zu ziehen, der beste Weg, voranzukommen, ohne sich aufzuregen, bestünde darin, alle anderen aus den Booten zu kippen.

Was du aber tun kannst, sagt Chuang-tzu, ist zu erkennen, wenn du wütend auf dich selbst bist, warum die Dinge nicht wie gewünscht oder geplant laufen, und dann zu entscheiden, »dein eigenes Boot zu leeren«. Wenn dein Boot leer ist, gibt es keine Zusammenstöße zwischen dem eher fordernden, perfektionistischen Teil deiner selbst und jenem anderen, der gelassener ist und sich leichter ablenken lässt. Du wirst durchs Leben gleiten wie auf einem ruhigen Fluss, ohne dass es jemand bemerkt, ohne Eile und ohne vorher abgesteckte Ziele.

Ich kann mir vorstellen, was du denkst: »Klingt phantastisch, aber woran erkennt man, dass wir uns leeren müssen?«

Genau darum geht es in diesem Kapitel.

Als wir über den Verzicht sprachen, umrissen wir in wenigen Worten, dass es um die Fähigkeit geht, sich nicht an Besitz, Situationen oder Personen zu klammern. Es ging darum, zu lernen, sich bewusst von dem einen oder anderen dieser »unverzichtbaren« Dinge zu trennen, auch, aber nicht nur, um deutlich zu machen, dass unser Leben nicht von ihnen abhängt.

Wenn wir erkennen, dass auch unser »Ego« (wie es gemeinhin genannt wird) ein Besitz ist, unsere Identität eine Situation und unsere Beziehung zu uns selbst ein starres, einengendes Verhältnis, wird uns klar, dass die Befreiung von den strikten Vorstellungen, die wir von uns selbst haben, ein äußerst wichtiger Schritt auf unserer Suche nach uns selbst ist. Denn wie wir gesehen haben, verbirgt sich der wesentliche, wahre Kern unserer selbst unter vielen Schichten von Persönlichkeiten, Gewohnheiten, Überzeugungen und Vorurteilen, die uns irgendwann einmal tatsächlich vor realen oder imaginären Bedrohungen geschützt haben.

Um die vorhin gestellte Frage zu beantworten: Wir sollten darüber nachdenken, uns leer zu machen.

Wer ist dieses »Ich«?

Der Vorschlag ist, uns von allem frei zu machen, von dem wir glauben, dass es uns ausmacht, angefangen mit unserem innersten, kontrollierenden »Ich«, jenem Teil von uns, der die Herrschaft über unser Leben, unsere Ziele und Wünsche haben will.

Und ich spreche hier wohlgemerkt nicht von komplexen psychologischen Strukturen oder hochtrabenden Begriffen, die nur »Eingeweihte« verstehen können. Ich spreche schlicht und einfach von der Person, die wir meinen, wenn wir »Ich« sagen.

Mit anderen Worten: Diese erste Person Singular (und als solche sehr singulär), die mich vor mir selbst und insbesondere gegenüber den anderen ausmacht. Der- oder diejenige, der oder die denkt, was wir denken, glaubt, was wir glauben, entscheidet, was seiner oder ihrer Erfahrung nach zu tun ist, und es dann auch tut, so gut er oder sie kann und wie er oder sie es im Laufe seines oder ihres Lebens gelernt hat.

Wir haben schon darüber gesprochen, dass wir von klein auf von denen, die uns am meisten lieben, gewarnt werden: Wenn wir einfach machten, was wir wollten, könne es sein, dass die anderen uns ihre Liebe, ihre Anerkennung oder Aufmerksamkeit entziehen.

Meine Mutter, eine Art Expertin für Sätze aus der »mütterlichen Folklore« (solche Sachen, wie sie alle Mütter sagen), kam mir immer wieder mit einem Satz, den sie mit Sicherheit viele Male aus dem Mund ihrer eigenen Mutter gehört hatte:

»Wenn du so weitermachst, wird dich niemand mögen.«

Und ich, der immer einen eigenen Kopf hatte (und vielleicht deswegen), wagte eines Tages zu fragen: »Niemand? Nicht mal du?«

Sie schwieg verdattert und sagte schließlich: »Doch, ich schon. Ich werde dich immer lieben … Aber das zählt nicht, ich bin schließlich deine Mama«, erklärte sie dann, während sie mich auf die Stirn küsste.

Als ich neunzehn war, half mir meine Psychotherapeutin, diesen Dialog umzudeuten und zu begreifen, dass ich an diesem Tag von meiner Mutter mindestens drei Dinge gelernt habe, die mich seitdem immer begleiten:

Das Erste und Wichtigste war, dass es nicht ganz der Wahrheit entsprach, dass mich keiner lieben würde, wenn ich mich nicht änderte.

Das Zweite, dass ich nur dann tiefere, ehrliche Antworten bekommen würde, wenn ich mich nicht fügte.

Und das Dritte, Wesentlichste, dass meine Mutter mich jedes Mal belohnte, wenn ich eine feste Regel in Frage stellte …

Wir haben nicht alle und nicht immer den Raum oder die Gelegenheit, die Aussagen unserer Eltern neu zu deuten und hilfreiche Botschaften aus ihnen zu machen. Nicht alle Vorschriften lassen eine neue, positive Lesart zu.

Manche dieser Bemerkungen, die sich an der knallharten Zensur unserer kindlichen Umgebung ausrichteten und nach den Plänen, die sie für uns hatten, hatten zur Folge, dass wir ein bestimmtes Verhalten entwickelten, eine Art des In-der-Welt-Seins, die uns eigen ist. Doch irgendwann im Laufe der Zeit stellen wir fest, dass diese »Identität« nicht strikt mit unserem wahren Wesen vereinbar ist.

Die folgende Geschichte habe ich mir Hunderte Male erzählt, seit ich sie vor fast zwanzig Jahren zum ersten Mal hörte.

In einem fernen Dorf irgendwo im Orient lebte der bedeutendste und einflussreichste Priester der damaligen Zeit, ein einfacher Mann von ungewöhnlicher Weisheit und Sensibilität.
Eines Tages traf in dem Kloster, in dem er lebte, eine Einladung zum Abendessen im Hause eines der reichsten Männer des Landes ein. Der Priester, der das Kloster so gut wie nie verließ, kam zu dem Schluss, dass er nicht länger unhöflich zu seinem Gastgeber sein könne, und nahm die Einladung an.
An dem Tag, als das Essen stattfinden sollte, beschloss er, den Wagen anzuspannen und zum Haus des reichen Mannes zu fahren, obwohl ein Sturm aufzog.
Er war fast am Ziel, als ein Donnergrollen und ein greller Blitz sein Pferd scheuen ließen. Es bäumte sich auf und warf den Wagen samt dem Priester in einen Graben.
Der Mann rappelte sich auf und versuchte das Pferd zu beruhigen, indem er seinen Rücken streichelte und ihm leise Worte ins Ohr flüsterte. Dann sah er an sich herunter. Er war von Kopf bis Fuß mit Schlamm bedeckt, Erde und nasse Blätter klebten an seinen Kleidern und seinen Händen.
Da es zurück zum Kloster weiter war als zu seinem Ziel, beschloss er, dorthin zu gehen und um Ersatzkleidung zu bitten.
Als er an die Tür der Villa klopfte, öffnete ein vornehmer Kammerdiener. Als der ihn so sah, keifte er:

»Was willst du hier, du Bettler? Wie kannst du es wagen, an diese Tür zu klopfen?«
»Ich komme wegen des Essens heute …«, antwortete der Priester.
»So eine Frechheit!«, schimpfte der Diener. »Die Reste gibt's erst morgen. Falls etwas übrig bleibt – was ich bezweifle –, kannst du am Hintereingang danach fragen. Verstanden?«
»Sie verstehen mich falsch«, versuchte der Besucher zu erklären. »Ich komme nicht wegen der Reste …«
»Soso«, spottete der Diener. »Du wirst dich doch nicht mit den Herrschaften zu Tisch setzen wollen?«
»Nun ja … eigentlich …«
Er kam nicht dazu, den Satz zu beenden. Der Hausherr erschien, um den Diener zu fragen, was da los sei.
»Nichts Wichtiges, Herr. Nur dieser Bettler, der will, dass ich ihm die Reste gebe, bevor das Essen überhaupt aufgetragen wurde … Ich habe ihm gesagt, er soll verschwinden, aber er besteht auf seiner Forderung.«
»Er soll sofort verschwinden! Sieh nur, wie er den Eingang verdreckt! Furchtbar! Ausgerechnet heute … Ruf die Wache, und wenn er nicht geht, lasst die Hunde los!«
Der arme Priester wurde mit Stößen und Tritten auf die Straße befördert, bedroht von einem Dutzend Hunde, die ihn mit gefletschten Zähnen anknurrten.
Der Mann kletterte auf seinen Wagen und fuhr zum Kloster zurück.
Nachdem er sich in seinem Zimmer Hände und Gesicht gewaschen hatte, ging er zu seinem Schrank und holte einen kostbaren, gold- und silberdurchwirkten Umhang hervor, den ihm ein Jahr zuvor ausgerechnet der Besitzer

des Hauses geschenkt hatte, aus dem man ihn soeben hinausgeworfen hatte.
So angezogen, bestieg er erneut den Wagen und erreichte sein Ziel diesmal ohne Zwischenfälle.
Er klopfte erneut, und derselbe Diener öffnete ihm die Tür.
Dieses Mal bat er ihn mit einer Verbeugung herein.
Der Hausherr eilte herbei und begrüßte ihn unterwürfig.
»Exzellenz«, sagte er, »ich dachte schon, Ihr kämt nicht mehr … Wollen wir eintreten? Die anderen warten schon auf uns …«
»Natürlich«, sagte der Neuankömmling.
Alle Anwesenden standen auf, als sie ihn hereinkommen sahen, und setzten sich erst wieder, als der Mann in dem prachtvollen Umhang zur Rechten des Gastgebers Platz genommen hatte.
Der erste Gang wurde aufgetragen, eine reichhaltige Suppe, die auf den ersten Blick sehr appetitlich aussah. Es entstand eine Pause, und aller Blicke richteten sich auf den Priester. Doch statt ein Gebet zu sprechen oder mit dem Essen zu beginnen, wie alle erwarteten, griff dieser mit der Hand unter den Tisch, nahm den Saum seines kostbaren Umhangs und begann ihn in die Suppe zu tunken.
In das betretene Schweigen hinein begann der Priester mit seinem Umhang zu sprechen. »Probier nur, mein Guter«, sagte er. »Schau nur, was für eine leckere Suppe … Siehst du dieses Kartöffelchen? Und dieses Fleisch? Iss nur, mein Guter …«
Nachdem der Hausherr fragend in die Runde geschaut

hatte, fasste er sich ein Herz und fragte seinen Gast: »Ist etwas nicht in Ordnung, Exzellenz?«

»Nein, es ist alles bestens«, sagte der Priester. »Aber dieses Essen war nie für mich bestimmt. Die Einladung galt ganz klar meinem Umhang … Als ich vorhin ohne ihn hier war, hat man mich nämlich auf die Straße geworfen.«

Ich habe aus dieser Geschichte gelernt, über den Jorge Bucay nachzudenken, der sich hinter so manchen Verkleidungen verbirgt. Und du? Weißt du, wie du bist, wenn du deine Verkleidungen ablegst?

Die Identität, eine Tochter unserer Abhängigkeit

Wir alle werden mit dem Bedürfnis nach Liebe, Aufmerksamkeit und Fürsorge geboren. Und wir alle stellen in den ersten Lebensjahren fest, dass wir weiter kommen, wenn wir eine bestimmte Art an uns haben. Wir werden mehr verwöhnt, bekommen mehr Geschenke, und manches fällt uns leichter, wenn wir uns so verhalten, wie es die anderen gerne hätten.

Mit der Zeit werden wir mit jedem Schritt in dieser Erkenntnis bestärkt, doch das bringt auch ein Problem mit sich: Die Menschen, die uns ihre Anerkennung geben (»Liebkosungen«, wie Eric Berne es nennt), lieben nicht uns, sondern die Person, die wir ihretwegen erschaffen haben, vielleicht noch bevor wir sie überhaupt kannten.

Nachdem ich über dreißig Jahre als Erwachsenentherapeut gearbeitet habe, kann ich dir versichern, dass wir alle eines Tages einsehen müssen, dass unser Selbstbild – der, von dem wir dachten und im guten Glauben waren, dass wir es sind – zumindest teilweise unrichtig ist.

Diese Vorstellung von uns, mit der wir durchs Leben gehen und uns den anderen präsentieren, ist im Grunde eine Illusion, die wir mit Hilfe unseres sozialen oder familiären Umfelds geschaffen haben, dem wir zwanghaft zu gefallen versuchen.

Sich dessen bewusst zu werden ist keine einfache Aufgabe, und sich dieser »Realität« zu stellen ist, wie du dir vorstellen kannst, ebenso verstörend wie erhellend.

Es gibt ein Bild, das ich sehr überzeugend und eindeutig finde: Wenn ich elegant gekleidet ins Wasser springe, mit Samthose und passendem Jackett, besticktem Hemd und feiner Krawatte, die farblich zu den Socken passt, wird es mir sehr schwerfallen, zu schwimmen (und außerdem wird keiner sehen, ob ich elegant aussehe oder nicht).

Auf der spirituellen Ebene sind die Rollen, die wir spielen, wie vornehme Kleider, in denen wir nicht vorankommen und die wie für den Schwimmer mehr und mehr zur Last werden. Dieser Weg ist nicht für aufgesetzte Persönlichkeiten gemacht, die der Vorstellung anderer entspringen.

Um die zu sein, die wir wirklich sind, müssen wir zunächst den Mut aufbringen, alle Rollen abzulegen, die wir uns im Laufe unseres Lebens angeeignet haben; vor allem die, die wir am besten beherrschen.

Zum Zweiten muss ich mich völlig von allem leeren, was mich daran hindert, ein freier Mensch zu sein, völlig spontan und nicht eingeschränkt durch das Gefängnis meiner eigenen Vorstellungen von mir selbst.

Das mag zunächst ein wenig seltsam klingen.

Wie kann ich leer werden und ich selbst bleiben?

Ist es nicht unmöglich, nicht mehr der zu sein, der man ist?

Wenn ich mich von meinem Ich löse, was bleibt dann übrig?

All diese Fragen sind berechtigt, aber sie werden uns vom Weg abbringen, wenn wir nicht merken, dass sie von demselben Ich formuliert werden, das wir in Frage zu stellen versuchen.

Um zu dem Bild von Chuang-tzu zurückzukommen: Diese Aufgabe kann nur der Mensch leisten, der in dem Boot sitzt. Es ist Teil seines Versuchs, die Kontrolle zurückzugewinnen (eine Kontrolle, die er zudem nie hatte).

Wenn das Boot leer ist, bleibt die Essenz dessen zurück, was wir sind. Denn in dieser Geschichte ist das Wesentliche das Boot selbst, aber es stellt keine Fragen. Wenn es mir gelingt, das Boot zu sein, lasse ich mich einfach treiben und genieße die Reise.

Als ich vor einiger Zeit von einer langen, anstrengenden Reise aus Übersee zurückkehrte und unter der Zeitumstellung litt, legte ich mich ins Bett und versuchte zu schlafen, doch der Schlaf ließ trotz meiner Müdigkeit auf sich warten. Ich holte den Rucksack, mit dem ich unterwegs gewesen war, und nahm Giovanni Papinis Buch *Der blinde Pilot* heraus, das ich auf dem Flug gelesen hatte. Ich schlug es an der Stelle auf, wo meine Bordkarte steckte. Es war der Anfang einer Erzählung, der Papini den Titel ›Wer bist du?‹ gegeben hatte.

Die aufwühlende Geschichte hätte einen wacheren Leser verdient gehabt. Sie handelte von einem allseits beliebten Mann, der eines Morgens überrascht feststellt, dass ihn seine Bekannten und Freunde nicht mehr zu erkennen scheinen, ganz so, als wäre er aus dem Gedächtnis der Menschen in seinem Umfeld ausgelöscht …

An diesem Abend konnte ich die Geschichte nicht mehr zu Ende lesen, aber ich erinnere mich, dass mir am nächsten Morgen, als ich wach wurde (oder träumte, wach zu werden), Papinis Frage immer noch im Kopf herumging: Wer bist du?

In diesem Zustand zwischen Wachen und Träumen, in dem man sich nach dem Aufwachen befindet, empfand ich die Frage als ziemlich bedrückend. Ich fragte mich selbst (auch das durch Papinis Schuld), ob ich eine wirklich überzeugende Antwort auf diese Frage hatte.

Eher aus Neugier ging ich meiner Empfindung nach und ließ mich von diesem Befremden leiten, ohne es zu hinterfragen, ohne zuzulassen, dass mein denkender Geist diese Episode beiseiteschob, die mich mit der »objektiven« Wirklichkeit meiner Identität konfrontierte. Fast amüsiert erlaubte ich mir, zu fragen, wer ich war oder zumindest, wie sehr ich dieser Jorge Bucay war, für den ich mich hielt, und wie viel von meiner Person durch meinen Namen, meinen Beruf oder meine Zugehörigkeit zu was auch immer bestimmt sein mochte.

Ich kann heute nicht sagen, wie lange ich reglos im Bett lag, um diesen Prozess nicht zu unterbrechen, diesen inneren Dialog, der mir auf der einen Seite lächerlich vorkam, mich andererseits aber vielleicht sogar zu sehr aufwühlte.

Damals wurde mir plötzlich klar, dass alles, was ich über mich sagen kann, »ich« bin. Aber auch, dass ich nicht nur das bin. Ganz offensichtlich bin ich (sind wir alle) viel mehr als das, was wir durch Wörter definieren können.

»Definieren« bedeutet so viel wie »abgrenzen«: festlegen, wo etwas endet und beginnt. Ein paar Dinge über mich zu wissen reicht sicherlich nicht aus, um zu definieren, wer ich bin – nicht einmal vor mir selbst.

Angesichts der Unmöglichkeit, Identität in Worte oder auch eigenes Erleben zu fassen, ist diese letztlich nicht viel mehr als eine Illusion, ein Referenzschema, das sich aus den kleinen Geschichten nährt, die wir uns erzählen (und von denen wir Therapeuten wissen, dass sie nicht immer stimmen), um unser Leben möglich und unser Denken stimmig zu machen.

Vielleicht müssen wir resigniert oder wütend akzeptieren, dass die Vorstellung, die wir von uns selbst haben, im Grunde in großen Teilen ein mehr oder weniger stimmiges Konstrukt ist, das wir ungefragt hinnehmen, weil es uns einen mehr oder weniger sicheren Bezugsrahmen bietet.

Das alles scheint keinen Anlass zur Sorge zu geben, aber wir müssen erkennen, dass wir uns, wenn wir uns damit zufriedengeben, nur das zu sein, was wir von uns kennen und von dem wir glauben, dass es uns ausmacht, letzten Endes an diese Dinge klammern und jede Möglichkeit ausschlagen, uns zu verändern und letzten Endes weiterzuwachsen.

Im Kerker unserer Identität eingeschlossen, nehmen wir uns alle Möglichkeiten, zu entdecken, wie es ist, jeden Tag ein anderer zu sein.

Wenn Osho über diese Dinge redete, pflegte er uns die faszinierende Geschichte von dem Prinzen zu erzählen, der glaubte, ein Hahn zu sein.

> Es war einmal ein Prinz, der plötzlich glaubte, er sei ein Hahn. Eines Tages weckte er bei Sonnenaufgang den gesamten Hofstaat mit einem ohrenbetäubenden Krähen. Als man zu seinem Zimmer kam, war der Prinz nackt. Er watschelte in der Hocke herum, schlug dabei mit den Armen, als ob es Flügel wären, und stieß seltsame Geräusche aus, die wie Geschnatter klingen sollten.
>
> Die Mitglieder des Hofstaats waren entsetzt, als sie das sahen, und versuchten, den Prinzen zur Besinnung zu bringen. Doch der begann durchs Zimmer zu rennen und mit der Nase heftig nach jenen zu »picken«, die ihn verfolgten. Schließlich krabbelte er unter einen Tisch und blieb dort hocken.
>
> Die Tage vergingen, doch der Zustand des Prinzen besserte sich nicht. Sein Vater, der König, ließ die berühmtesten Ärzte des Landes herbeiholen. Sie versuchten es mit unzähligen Tränken und Pülverchen, doch nichts davon hatte den erhofften Erfolg. Daraufhin wandte sich der König an die Weisen und Mystiker und auch an jene, die sich Zauberer und Schamanen nannten, doch nichts half. Der Prinz war so verrückt wie eh und je.
>
> Eines Tages erschien ein alter Mann im Palast, der behauptete, er könne den Prinzen heilen. Er war wie ein Bettler gekleidet; unter normalen Umständen hätten ihn die Wachen ohne langes Federlesen hinausgeworfen, aber die Situation war verzweifelt, und so ging der König zu ihm, um ihn zu sehen.

»Nur ich kann deinen Sohn heilen«, sagte der Alte, als er vor dem König stand. »Um einen Verrückten zu heilen, brauchst du einen, der noch verrückter ist als er … und das bin ich. Ich bin durch das Land des Wahnsinns gereist, nur ich kenne den Weg zurück.«
Der König wusste sich keinen Rat mehr, also ging er auf den Vorschlag des Alten ein und ließ ihn zum Zimmer des Prinzen bringen. Dort zog sich der alte Mann vollständig aus, ging in die Knie und verschwand krähend und mit den Armen flatternd unterm Tisch.
»Wer bist du denn?«, fragte der Prinz, als er ihn in seinen Unterschlupf kommen sah.
»Ich bin ein erfahrenerer Hahn als du«, sagte der Alte. »Du bist ja fast noch ein Küken, ein Anfänger. Du hast keine Ahnung, was es heißt, ein Hahn zu sein.«
Der Prinz wirkte ein wenig verwirrt.
»Dann bist du auch ein Hahn?«, fragte er. »Aber du siehst wie ein Mensch aus …«
»Gib nichts auf mein Äußeres«, entgegnete der Alte. »Schau in meine Seele, und du wirst sehen, dass ich ein Hahn bin wie du.«
Der Prinz akzeptierte, dass der alte Mann mit ihm unter dem Tisch lebte, und mit der Zeit wurden sie Freunde. Bei Sonnenaufgang krähten sie gemeinsam und verbrachten die Tage damit, im Zimmer umherzustolzieren. Bis sich der alte Mann eines Tages plötzlich ein Hemd anzog.
»Was machst du da?«, fragte der Prinz. »Hähne tragen keine Menschenkleidung!«
»Ganz gleich, was ich anhabe, ich bleibe doch ein Hahn. Ich werde diesen Menschen etwas vormachen, und sie

werden glauben, dass ich einer von ihnen bin. Aber du solltest nicht so leichtgläubig sein. An meiner Hahnenseele ändert sich nichts.«

Der Prinz musste zugeben, dass er recht hatte, und als es kalt zu werden begann, konnte der Alte ihn überreden, ebenfalls ein Hemd anzuziehen. Es vergingen einige Tage, und eines Abends bat der alte Mann die Palastdiener um etwas zu essen. Der Prinz begehrte erneut auf: »Was machst du da? Willst du etwa mit ihnen essen?«

»Mein Wesen als Hahn ändert sich nicht durch das, was ich esse. Du kannst essen, was du willst. Du kannst machen, was du willst, und doch ein Hahn bleiben.«

An diesem Abend teilten sie sich einen köstlichen Braten. Auf diese Weise überzeugte der Alte den Prinzen Schritt für Schritt, zu seinem Leben unter den Menschen zurückzukehren. Der Prinz benahm sich wieder völlig normal, und der alte Mann wurde zum Zeichen der Dankbarkeit in den Hofstaat aufgenommen.

Bis eines Tages während eines Festmahls, an dem der Prinz völlig protokollgerecht teilnahm, einer der Höflinge zu ihm sagte: »Kaum zu glauben, dass Euer Hoheit sich vor ein paar Wochen noch für einen Hahn gehalten haben!«

Der Prinz beugte sich zu dem Höfling herüber und flüsterte ihm ins Ohr: »Verrate mich nicht, aber ich bin ein Hahn. Ich benehme mich nur wie ein Mensch und führe so alle hinters Licht.«

Der Mann rannte zum König, um ihm davon zu erzählen. Wütend herrschte dieser den alten Mann vor seinem ganzen Gefolge an.

»Mein Sohn ist immer noch verrückt!«, sagte er.

»Natürlich«, lautete die Antwort des Alten. »Er ist genauso verrückt wie ihr alle. Er hält sich für einen Hahn, du hältst dich für einen König, ihr haltet euch für edle Höflinge … Wo ist der Unterschied?«
Der König wollte etwas erwidern, aber ihm fiel keine passende Antwort ein, und so stand er mit offenem Mund da und schwieg. Der alte Mann redete weiter.
»Der Unterschied ist, dass er gelernt hat, das Wesen vom Verhalten zu unterscheiden. Das Sein vom äußeren Bild. Er kann heute ein Hahn sein und morgen ein Mensch, danach vielleicht ein Löwe oder ein Stein … Er kann eine Frau sein, ein Kind oder ein Pirat, sein Wesen bleibt davon unberührt. Dir hingegen sind die Hände gebunden; du hältst dich für einen König und kannst nur handeln wie ein König. Du bist verrückt! Völlig verrückt. Wie alle, die deine Verrücktheit für eine unverrückbare Realität halten … Mag sein, dass auch dein Sohn ein wenig verrückt ist, aber zumindest weiß er darum. Er ist mit Sicherheit normaler als ihr!«
Als er zu Ende gesprochen hatte, lächelte der Alte, nahm sein Besteck und aß in aller Seelenruhe weiter.

Wenn wir nicht einmal für einen Moment in der Lage sind, uns von unserem Ego zu lösen, wird das Bild, das wir von uns selbst haben, zu einem Gefängnis.

Und damit verzichten wir auf eine unendliche Zahl von Alternativen und verschenken große Potentiale, nur weil sie nicht der Vorstellung von dem entsprechen, was wir zu sein glauben.

Trauen wir uns hingegen, diese Struktur zu durchbrechen, die in großem Maße durch unsere Erziehung bestimmt wird, sich aber mit der Zeit mit unserem Einverständnis festigt und vertieft, können wir wie der Prinz aus der Geschichte bis zu einem gewissen Grad wählen, wer wir sein wollen, wie wir uns verhalten wollen und welche Aspekte unseres Lebens wir weiterentwickeln oder weiter erforschen wollen.

Zwei völlig verschiedene Wege

Anders als die spirituellen Ratgeber im Westen, die uns nahelegen, dass wir bemüht sein sollen, unsere positiven Eigenschaften auszubauen und unsere Fehler unter Kontrolle zu halten, wobei sie auf eine vorgefertigte Liste dessen zurückgreifen, »wie es zu sein hat«, scheinen die spirituellen Lehrer der östlichen Welt das genaue Gegenteil zu empfehlen: Nämlich nicht länger zu versuchen, so zu sein wie unser Vater, unsere Mutter, unser Lehrer oder der ältere Bruder, und uns völlig von dem Ich zu lösen, das Ziele hat, Wünsche und Hoffnungen ...

Jahrelang dachte ich, diese Haltung stehe nicht nur in Widerspruch zu all meinen Bemühungen um persönliches Wachstum, sondern sei außerdem schlichtweg inkompatibel mit sämtlichen Erkenntnissen der westlichen Psychologie.

Heute sehe ich das anders, auch wenn das vielleicht nur daran liegt, dass ich mit dem Alter verständnisvoller geworden bin.

Aber was auch immer der Grund ist, heute bin ich überzeugt, dass diese beiden Bewegungen nicht zwingend im Widerspruch zueinander stehen müssen.

Ich glaube, in dem Maße, wie ich als Person wachse, löse ich mich von den vorgegebenen Vorstellungen darüber, wer ich bin, und in der Folge in irgendeiner Weise auch von meinem strukturierten Ego, meiner Persönlichkeitsstruktur, meiner »automatisierten« Art, zu sein und zu denken (dieser Ansatz könnte meinen Meinungswandel erklären und gleichzeitig belegen, wie sehr sich die beiden Sichtweisen ergänzen).

In meinem Kopf tauchen – genau wie in deinem, nehme ich an – einige naheliegende Fragen auf. Wenn es so erstrebenswert und sinnvoll ist, auf unsere »Identität« zu verzichten, warum fällt es uns dann so schwer? Warum wehren wir uns so vehement dagegen?

Vielleicht kann uns der folgende »Dialog unter Geschwistern«, den ich einmal von einem Patienten hörte, dabei helfen, die Sache aus einem anderen Blickwinkel zu betrachten.

»Ich kann nicht mehr. Ich bekomme keine Luft, kann mich nicht mehr bewegen.«
»Du musst durchhalten. Es geht vorbei.«
»Das glaube ich nicht, Bruder. In den letzten Stunden ist es immer schlimmer geworden. Die Wände beben, und ringsum wird alles immer beängstigender.«
»Ich weiß, aber dieser Raum ist unsere einzige Chance. Du musst durchhalten.«
»Ich kann nicht so weitermachen. Ich glaube, es wäre das Beste, wenn mich der Strom davonträgt.«
»Tu das nicht, Bruder. Wenn du loslässt, wirst du zu dem Tunnel getrieben, der in den Tod und ins Verderben führt. Los, komm schon, streng dich noch ein bisschen an.«
»Ich habe meine Entscheidung getroffen. Ich werde nicht hierbleiben, um auf den Tod zu warten. Wenn ich loslasse, bietet sich vielleicht noch eine andere Möglichkeit. Wir wissen nicht, was auf der anderen Seite ist …«
»Eine andere Möglichkeit? Wovon sprichst du? Was willst du essen? Wie willst du dich vor den Schlägen schützen? Und die Hitze und die Kälte? Das ist Wahnsinn. Los, halte dich an mir fest.«
»Nein. Es reicht.«
Mit diesen Worten ließ der Kleinere los und wurde nach unten gezogen, zu dem schwarzen Tunnel ins Unbekannte.
Sein Bruder sah ihm verzweifelt hinterher und glaubte kurz darauf das verzweifelte Schreien seines Bruders auf der anderen Seite des Tunnels zu hören.
»Der Ärmste«, dachte er. »Was für ein schrecklicher Tod …«

Draußen füllten sich die Lungen seines schreienden Bruders mit frischer Luft. Er war geboren worden.

Unsere Persönlichkeit ist in gewisser Weise ein geschützter Raum, in dem wir zu dem herangewachsen sind, was wir sind, ein Raum, der uns, obwohl wir wissen, dass er zu eng geworden ist, Zuflucht und die Sicherheit des Bekannten bietet. Ihn zu verlassen (in dem Gleichnis die Geburt in ein neues Leben) macht uns Angst, weil es zwangsläufig die Auflösung der sicheren, gewachsenen Grenzen des Ichs bedeutet. Die bekannten Vorstellungen davon aufzugeben, was wir sind, stößt uns in einen Raum voller Ungewissheit, und das ist stets mit Angst verbunden. In unseren schlimmsten Phantasien hat es große Ähnlichkeit mit dem Tod.

Im ersten Teil dieses Buchs sprach ich von Gurdjieffs Aussage, man müsse den Mut haben zu sterben, um auf einer höheren Ebene wiedergeboren zu werden. Vor einigen Jahren sah ich ein zeitgenössisches Tanztheater, das von einem Ensemble namens Espiral Danza in Valladolid aufgeführt wurde. Überrascht stellte ich fest, dass es fast so schien, als würden sie den Satz kennen oder hätten sich von ihm inspirieren lassen. Das provokante Stück hieß *Das Gewicht des Lichts.* In einer kurzen Einführungsrede wurde den Zuschauern die Grundidee vorgestellt, mit der sich die Tänzer in ihrer Arbeit auseinandersetzten: der

Konflikt zwischen den kleinen alltäglichen Toden, diesen notwendigen Toden im ständigen Kampf auf der Suche nach sich selbst, um so die erdrückende Last des eigenen Selbstbildes abzuschütteln.

Ich finde, kein Therapeut hätte es besser sagen können.

Die Grenze

Wir haben irgendwann gelernt, den Ratschlägen anderer zu folgen, die behaupteten, sich auszukennen, und haben eine imaginäre Wand errichtet, die uns ein wenig von der Welt trennt und es uns ermöglicht, darüber zu entscheiden, was wir an uns heranlassen wollen und was nicht. Durch sie konnten wir bislang die brüchige Illusion von ein klein wenig Kontrolle über die Welt und die anmaßende Phantasie der absoluten Kontrolle über unser Leben aufrechterhalten.

Doch um uns zu verwirren oder wachzurütteln (vielleicht auch beides), lehrt uns das Leben, dass nichts erstrebenswerter ist als die Auseinandersetzung mit der Wahrheit, und das bedeutet, darum zu kämpfen, uns von jeglichem festgelegten Verhalten zu lösen.

Welcher dieser Anteile wird sich durchsetzen? Der, der an der Grenze festhält, oder der, der sich treiben lassen will?

Und wenn ich mich für den beschwerlichen Weg entscheide, mich eins mit dem Universum zu fühlen?

Und wenn ich aufhöre, mich von allem abgrenzen zu wollen?

Und wenn es keinen Unterschied zwischen der Welt und mir gäbe?

Und wenn ich die Begrenzung meiner Haut nicht länger als unüberwindliche Schranke betrachtete?

Was könnte passieren?

Wie zur Bestätigung der doppelten Botschaft findet ein Teil von mir die Möglichkeit, durchlässig zu werden für alles, was draußen passiert, überaus verlockend … Aber auf der anderen Seite und vielleicht nicht weniger intensiv schrillen inmitten all der verwirrenden Fragen und Antworten Hunderte neuer Alarmglocken, die mich vor den Gefahren warnen, sollte ich die Mauer niederreißen. Ich werde von Ängsten geplagt, die ich zuvor nicht kannte, von lähmenden Katastrophenszenarien, entstanden aus dem Gedanken, ich könnte womöglich das Leid nicht ertragen, das mir daraus entstehen könnte.

Wenn es mir nicht gelingt, diese Ängste zu überwinden, werde ich wieder Zuflucht im sicheren Gefängnis meiner bekannten Persönlichkeit suchen, die Tür hinter mir schließen und, wenn es geht, den Schlüssel siebenmal im Schloss drehen, um den Schmerz, das

Ungewisse oder Unbekannte außen vor zu lassen … Auch wenn mir klar ist, dass ich damit zugleich die Tür vor allem Neuen, Kreativen oder Andersartigen verschließe … Auch wenn ich weiß, dass ich mir dadurch jede Möglichkeit des Wachsens nehme. Denn zu wachsen heißt letztlich nichts anderes, als die bisherigen sicheren Grenzen hinter sich zu lassen, um andere Gebiete zu durchwandern und neue Erfahrungen machen zu können.

Nur etwas mehr

Angeblich ist der Hauptunterschied zwischen den germanischen und den romanischen Völkern, dass Erstere eine Lösung für jedes Problem finden, während wir Spezialisten darin sind, ein Problem für jede Lösung zu finden. Vielleicht fällt mir deswegen jetzt ein, dass sich jeder gute Gedanke falsch auslegen lässt und dies hier keine Ausnahme ist.

Es beunruhigt mich, dass jemand meine Ausführungen als Aufforderung verstehen könnte, den Ereignissen unseres Lebens mit Passivität zu begegnen. Ein altes Sufi-Sprichwort besagt: »Vertraue auf Allah, aber dein Kamel musst du selbst anbinden.«

Folgender alter Witz veranschaulicht, was ich meine:

> Treffen sich zwei Freunde auf der Straße.
> »Lange nicht mehr gesehen!«, sagt der eine zur Begrüßung. »Wie läuft's denn so?«
> »Nicht besonders …«, antwortet der andere niedergeschlagen, doch gleich darauf fasst er sich und sagt: »Aber ich habe die Hoffnung, dass nächste Woche alles anders wird …«
> »Was ist denn nächste Woche?«
> »So Gott will, werde ich am Montag im Lotto gewinnen.«
> »Aha … Hoffen wir's für dich. Welche Zahlen hast du denn gespielt?«
> »Gar keine.«
> »Aber wie willst du dann gewinnen?«
> »Na ja, ich sagte ›So Gott will‹ … Und wenn Gott will, wird er sich nicht darum scheren, ob ich gespielt habe oder nicht …«

Nicht länger das Universum kontrollieren zu wollen bedeutet nicht, die Entscheidungen anderen zu überlassen und darauf zu hoffen, dass das Glück an deine Tür klopft. Es geht darum, dein Leben auszurichten wie das Segel eines Schiffes und zu versuchen, es auf Kurs zu bringen, aber in dem Wissen, dass man nicht leben kann, wenn man nicht weiß, woher der Wind weht, oder man sich die ganze Zeit über die starke Strömung aufregt.

Zu erkennen, wie schwer es ist, sich über die Motivation im Klaren zu sein, die uns dazu treibt, uns eine Persönlichkeit zu schaffen, die Anstrengung auf uns zu nehmen, sie aufrechtzuerhalten und uns darüber bewusst zu sein, welchen Preis wir dafür bezahlen, dass wir eisern an ihr festhalten, scheint mir wichtig, aber es darf uns nicht davon abhalten, weiter unseren Weg zu gehen.

Wie uns das Gleichnis von dem leeren Boot lehrte, ist es unmöglich vorherzusagen, ob wir irgendwann mit einem anderen Boot zusammenstoßen werden oder nicht. Es zu vermeiden, liegt nicht in unserer Macht. Aber wir können sehr wohl beeinflussen, wie wir reagieren, wenn es passiert, und auch, wie wir uns danach verhalten.

Im Zusammenhang mit unserer spirituellen Suche wird uns klar, dass das, was gerade geschieht, nur ein Teil des »Problems« ist. Das andere, viel größere, beginnt, wenn wir anfangen, das, was in Zukunft geschieht oder was bereits geschehen ist, beeinflussen oder ändern zu wollen. Anders gesagt: Wenn wir auf die Sicherheit unserer Höhle verzichten, werden wir sehr wahrscheinlich erkennen, dass nicht die Welt für unseren Schmerz und unsere Freude verantwortlich ist, sondern wir selbst. So unglaublich es auch klingen mag, aber wir leiden nie an etwas, das uns widerfährt, sondern daran, wie wir es aufnehmen oder interpretieren.

Ein kluger Kopf wird erkennen, dass er nicht länger mit der Welt hadert, wenn er sich wirklich von seinem Kontrollbedürfnis löst. Und das ist nur möglich, wenn das Ego bereit ist, seine Wahrheiten zu überdenken und die Bühne zu verlassen.

In der buddhistischen Tradition wird immer, wenn ein buddhistisches Kloster erbaut wird, ein Bild des Bodhi aufgestellt, jenes Baums, unter dem Buddha die Erleuchtung erlangte, um so an diesen Moment zu erinnern. Die Besucher fragen meistens irgendwann: »Wenn es darum geht, an diesen Moment zu erinnern, warum ist dann unter dem Baum nicht der meditierende Buddha zu sehen?«

Und immer lautet die erklärende Antwort: »Weil Buddha im Augenblick der Erleuchtung nicht mehr dort war. Siddharta Gautama hatte sich selbst vergessen und war verschwunden, um eins mit allem zu werden. Nur der Baum blieb als stummer Zeuge dieses Vorgangs zurück.«

Wenn du und das Universum voneinander getrennt seid, kannst du gewinnen oder verlieren, aber es wird immer ein Kampf sein, und dein Glück wird immer vom Ausgang des Kampfes abhängen.

Wenn du hingegen erkennst, dass du ein Teil des Ganzen bist (ein kleiner Teil natürlich), werden die Enttäuschung und die Anspannung verschwinden, denn wenn es keine zwei Seiten gibt, kann es keinen Kampf geben.

Wenn es uns gelingt, unser Boot zu leeren, entdecken wir vielleicht ein wunderbares Universum, ein Universum, das wir noch nicht kennen, obwohl es immer in greifbarer Nähe war.

Die Eroberung eines stillen Raums

Meditieren bedeutet nicht, mit einem Problem zu ringen. Meditieren bedeutet beobachten. Dein Lächeln beweist es. Es zeigt, dass du freundlich zu dir selbst bist, dass die Sonne des Bewusstseins in deinem Inneren erstrahlt und die Situation unter Kontrolle ist. Du bist du selbst und genießt einen inneren Frieden.

Thich Nhat Hanh

Die Meditation

Ein anschauliches Bild, das auch Freud hin und wieder verwendete, besagt, dass es zwei Arten von Kunst gibt: die Kunst des Hinzufügens und die Kunst des Weglassens. Im ersten Fall, der traditionell mit der Malerei in Verbindung gebracht wird, fügt der Künstler der weißen Leinwand Linien, Formen und Farben hinzu, um ein Kunstwerk zu schaffen, wo früher keines gewesen ist. Im zweiten Fall, für den die Bildhauerei steht, nimmt der Künstler etwas von einem Steinblock weg, um das Kunstwerk zu ent-decken, das darunter verborgen liegt. Als ich das Glück hatte und mich meine Wege nach Florenz führten – zum einen der Arbeit wegen, vor allem aber, weil ich unbedingt diese herrliche Stadt kennenlernen wollte –, nahm ich zwei der größten Eindrücke von all meinen Reisen mit nach Hause. Es waren zwei Kunstwerke, die mir auch heute noch in allen Einzelheiten vor Augen stehen: die kolossale Statue des David und die »unvollendeten«, aus Marmorquadern herausgehauenen Skulpturen Michelangelos. Sie sind der deutlichste Ausdruck dieses Gedankens, dass die Schönheit der Skulptur aus dem Stein erwächst. Unglaubliche Formen glatt glänzender Schönheit, die aus einem groben Block hervortreten, der nicht einmal Marmor zu sein scheint.

Ich stelle mir nun einen Bildhauer vor, der sich daranmacht, eine Marmorstatue zu schaffen. Sagen wir, er habe, von einer stillen Bergwanderung inspiriert, den Entschluss gefasst, als Nächstes einen Adler darzustellen, der mit ausgebreiteten Schwingen auf einem Felsgipfel sitzt. Der Künstler sieht sich im Steinbruch um, bis er den für seine Zwecke geeigneten Marmorblock findet. Mit seinem geübten Auge ist er imstande, im Inneren des Steins die Anlage der fertigen Statue zu sehen.

Er weist die Arbeiter im Steinbruch an, den Stein auf seinen Karren zu laden.

Auf dem Nachhauseweg fährt er durchs Dorf. Er

muss alle Werkzeuge besorgen, von denen er weiß, dass er sie zum Behauen des Steins benötigt.

Der Bildhauer vergisst nicht, dass er nicht nur diese Dinge braucht, um das erträumte Werk zu verwirklichen. Er wird auch sein Können einbringen müssen, um sie kunstfertig zu benutzen. Es wird ihm nichts nutzen, in seiner Phantasie den schönsten Adler zu schaffen, wenn er danach nicht mit Hammer, Stichel, Schmirgelpapier und Säge umgehen kann. Um zu lernen, wie man sie richtig benutzt und die besten Ergebnisse erzielt, muss er sich im Umgang mit ihnen geübt und oft auch Fehler gemacht haben.

Wenn nun handwerkliches Geschick und Erfahrung auf künstlerische Sensibilität und Einfühlungsvermögen treffen, werden die Zeit, der Schweiß und die Inspiration den Rest erledigen.

Der Gedanke, uns auf den spirituellen Weg zu machen, entsteht in unserem Inneren, genau wie das Bedürfnis unseres Freundes, des Bildhauers, seiner Inspiration Ausdruck zu verleihen. Es ist wie ein mehr oder minder deutliches Erwachen. Der erste Entwurf spirituellen Wachsens verändert sich wie bei jedem künstlerischen Schaffensprozess, während wir daran arbeiten. Unser Werkzeug ist alles an Hilfe, was wir bekommen können. Die Erkenntnisse, zu denen wir gelangen, sind die Lehrmeister, die uns helfen, und so manche Unterstützung, die uns voranbringen kann.

Das Rohmaterial, der grobe Marmorblock, das sind wir selbst.

Wie in der Parabel vom Bildhauer bleibt nach den Vorbereitungen nur noch eines zu tun: ganz vorsichtig und mit großer Geduld alles Überflüssige wegzulassen und allmählich das Ergebnis zum Vorschein kommen zu sehen (die einzelnen Elemente, aus denen die Struktur unseres spirituellen Lebens bestehen wird). Es ist eine individuelle Arbeit, die uns keiner abnehmen kann.

Ein großer Teil dieser künstlerisch-handwerklichen Arbeit besteht darin, diese Ebene zu durchwandern. Das lässt sich besser bewerkstelligen, wenn wir in der Lage sind, uns eines wichtigen Werkzeugs zu bedienen: der Meditation.

Die Meditation ist die Küche unseres Geistes, ein ebenso subtiles wie vorzügliches Werkzeug, das es uns bei sachgerechter Handhabung erlaubt, auf dem paradoxen Weg voranzukommen, zu etwas zu werden, was wir in gewisser Weise bereits sind.

Osho spricht von der Meditation als dem Raum und dem Prozess, durch den dir bewusst wird, was wirklich in deinem Inneren und um dich herum geschieht.

Das meditative Ideal

Die meisten von uns leben weder in Tibet noch inmitten einer Wüste oder in der ständigen Abgeschiedenheit eines Klosters. Wir leben fast alle in einer mehr oder weniger kosmopolitischen Realität, umgeben von Menschen, die hierhin und dorthin eilen, die verlangen und fordern, die anrufen oder an unserer Tür klingeln, um etwas anzubieten, etwas zu erbitten oder Geschäfte zu machen. Sicherlich verbringen du und ich wie viele unserer Freunde und Verwandten lange Stunden unseres Lebens in einem Transportmittel oder vergeuden einen Teil unseres endlichen Lebens in Staus. So oder so ähnlich gestaltet sich unser tägliches Leben, und in dieser Umgebung müssen wir lernen zu meditieren.

Ich bin weit davon entfernt, ein Experte auf diesem Gebiet zu sein, aber ich habe von einigen Lehrmeistern gelernt, dass weder die Form der Meditation noch der Ort oder die Tageszeit wirklich entscheidend sind. Einer von ihnen wurde nicht müde zu betonen, dass wir unsere Zeit nicht damit verschwenden sollten, nach der besten Art oder der besten Umgebung zum Meditieren zu suchen …

»Es hat keinen Sinn, auf die idealen Bedingungen zu warten, um mit dem Meditieren anzufangen«, sagte er. »Man muss sich nicht in ein tibetanisches

Kloster zurückziehen oder wie ein Eremit in einer Berghütte leben, um dieses Werkzeug zu entdecken.«

Es war einmal ein alter Uhrmacher, der nach zweijähriger Abwesenheit in sein Dorf zurückkehrte. An einem einzigen Nachmittag landeten sämtliche Uhren des Dorfes auf dem Ladentisch seiner Werkstatt, die irgendwann stehengeblieben waren und seither in einer Kiste im Haus ihrer Besitzer auf ihn gewartet hatten.
Der Uhrmacher untersuchte jede einzelne von ihnen Teil für Teil, Rädchen für Rädchen. Doch nur eine Uhr ließ sich reparieren. Sie gehörte dem alten Dorfschullehrer; alle anderen waren nutzlos geworden.
Die Uhr des Lehrers war ein Erbstück von seinem Vater. Vielleicht deshalb war der Tag, an dem sie stehenblieb, ein trauriger Moment für diesen Mann gewesen. Doch statt sie in seinen Nachttisch zu legen und zu vergessen, nahm der Lehrer seine alte Uhr jeden Abend hervor, wog sie in seinen Händen, polierte sie blank, zog sie auf und schüttelte sie in der Hoffnung, sie würde wieder zu laufen beginnen. Die Uhr schien ihrem Besitzer einen Gefallen tun zu wollen, der für einige Minuten dem wohlbekannten Ticken des Uhrwerks lauschte. Doch dann blieb sie wieder stehen.
Es war dieses Ritual, dieses Sich-Kümmern um die Uhr, diese liebevolle Pflege, die verhinderte, dass diese Uhr für immer stillstand.
Es waren der Antrieb und die Beharrlichkeit des Lehrers, die seine Uhr davor bewahrten, endgültig einzurosten.

Für diejenigen, die sich für die Meditation entscheiden, ist Meditieren etwas zu Wesentliches, um es davon abhängig zu machen, ob die äußeren Umstände uns entgegenkommen. Unsere Einstellung zur Meditation muss die des Lehrers aus der Geschichte sein, eine tägliche Übung, die unabhängig von den Ergebnissen beibehalten wird.

Die Suche nach Meditation

Die Meditation erreicht ihren Zenit in den östlichen Lehren, die halb Religion und halb Philosophie sind. Die Meditation als solche ist ein Element, das über das Religiöse hinausgeht und von den Lehren eines Glaubens beseelt sein kann oder auch nicht. In dem einen Fall können wir sie als eine erlernte und erlernbare Technik betrachten; im anderen Fall kann man sie auch, wie wir später noch sehen werden, mit dem Gebet in Verbindung bringen.

Man kann auf vielen Wegen zur Meditation gelangen, und man kann sie auch auf vielerlei Arten praktizieren.

Ein Bildhauer verfügt für seine Arbeit über eine Vielzahl von Meißeln und Eisen und kennt die unterschiedlichsten Techniken, um das beste Resultat zu erreichen. Aber schon bei seiner ersten Skulptur stellt er fest, dass das, was ihm mit einem bestimmten Werkzeug und einer bestimmten Technik am leichtesten fällt, für andere – so erzählen sie ihm – mit einem anderen Werkzeug und einer anderen Technik besser zu bewältigen ist. So ist es auch mit der Meditation. Es gibt die unterschiedlichsten Meditationstechniken; jeder muss die finden, die für ihn am sinnvollsten ist und am besten seinen persönlichen Bedürfnissen, Anforderungen, Möglichkeiten und Beschränkungen entspricht.

Wir können uns jedenfalls darauf einigen, dass der erste Schritt zur Meditation die Beobachtung ist.

Einen aufrichtigen, reinen, vorurteilslosen Blick entwickeln … nach innen gerichtet, damit du einfach da-sein kannst und dich von dort aus mit dir selbst und allen anderen verbindest.

Wenn ich die spirituelle Entwicklung auf dem Weg der Meditation Schritt für Schritt beschreiben sollte, würde ich es mit folgenden kurzen Worten tun:

Am Anfang **Nur ich**
Dann **Ich mit dir**
Dann **Ich mit mir**
Bis hin zum **Ich ohne mich**
um **Ich mit allen** zu werden
und schließlich **alle** zu sein.

In die Stille finden

Damit dieser Blick möglich wird und diese Worte erlebbar werden, muss man sich zunächst darum bemühen, den besten Kontext zu schaffen. Man muss die Stille entdecken.

Das Wort Stille – so leer, dass man es scheinbar nur als die Abwesenheit von etwas (Geräuschen) definieren kann – ist dennoch ein Begriff voller Inhalte und Bedeutungen, von denen sich einige vielleicht widersprechen. Zu sagen, dass ein Mensch zur Stille, zum Schweigen verdammt ist, bedeutet, dass er sich damit abgefunden hat, sich nicht mitzuteilen, einsam zu sein, keinen Zugang zur Welt des Miteinanders zu haben. Doch gewollte Stille zu finden kann eine völlig andere Realität zum Ausdruck bringen: die eines Menschen, der in der (inneren und äußeren) Stille viel genauer wahrnimmt, was um ihn herum passiert, und manchmal Dinge sehen kann, für die er inmitten des Lärms der heutigen Welt blind war.

Nur in der Stille nimmt man diese Geräusche wahr, die den Ohren schmeicheln: Vogelgezwitscher, dahinperlende Musik oder das Lied des Windes.

Lärm lenkt ab, die Stille zentriert uns.

Lärm schreckt ab, die Stille lädt uns ein.

Lärm ist der Medizin zufolge die Ursache für zahlreiche Erkrankungen, die Stille hingegen fördert die Heilung, die Entspannung und das innere Wachsen.

Es wäre zu einfach und auch irreführend, zu schließen, dass der Lärm, der unseren Geist abstumpft, vor allem von den Autohupen kommt, dem Rattern der Maschinen oder der schrillen Musik der jüngeren Generation, die in voller Lautstärke aus den Lautsprechern der Geschäfte tönt. Der schlimmste Lärm, den man ganz besonders meiden sollte, der am meisten krank macht und uns am meisten ablenkt, ist der Lärm, den wir selbst verursachen, vor allem, indem wir zu viel reden.

In seinem wunderbaren Buch *Die drei Schätze des Tao* erzählt uns Osho eine Episode aus dem Leben Laotses. Es heißt, dass der legendäre Meister zwei »Konferenzen« am Tag gab: eine morgens bei Sonnenaufgang und eine abends bei Sonnenuntergang.

Seine Schüler begleiteten ihn ein oder zwei Stunden auf seinen Spaziergängen und genossen mit ihm die schöne Landschaft rings um den großen See. Die einzige Bedingung, um sich der Gruppe anzuschließen, war, dass man wie der Meister absolutes Schweigen bewahrte.

Getreu seiner Überzeugung, dass sich die Wahrheit nicht durch Worte ausdrücken lasse, bat Laotse den entsprechenden Begleiter, nicht wiederzukommen, wenn dieser auf einem Spaziergang mehr als einen Satz sagte. Es gibt viele Menschen, die den unverstellten Zustand des Schweigens nicht aushalten und lieber die Maske der Wörter aufsetzen.

Ein Mensch, der zu viel spricht, glaubt, dass Zuhören nicht sonderlich wichtig sei. Und da einer, der nicht hinhört, kaum etwas weiß, sind die Folgen unvermeidlich. Ohne einen Raum zum Zuhören, ohne die Stille des Sich-Öffnens, die das Fehlen der eigenen Wörter hinterlässt, leert sich der Mensch in Riesenschritten, da er nicht zulässt, dass etwas von außen Zugang in sein Inneres findet.

Das gilt für sämtliche Lebensbereiche, aber auf der spirituellen Ebene ist es die wichtigste und alles entscheidende Regel. Zu oft sind wir selbst das größte Hindernis, wenn unser Geist nach Höherem strebt.

Ich will nicht den Eindruck vermitteln, dass man sich aufs Land zurückziehen müsste, um in die Stille zu finden.

Es gibt Tausende stiller Plätze und ruhiger Stunden in unserer Umgebung, wenn wir uns nur aufraffen, sie zu entdecken und zu nutzen.

Für diejenigen, die nicht so gern durch die Straßen der Städte streifen, finden sich immer kleine, menschenleere Plätze in irgendeinem entlegenen Winkel, die nicht einmal von der Sonne besucht werden … Es sind unglaubliche Orte, die einen unvorstellbaren Frieden ausstrahlen.

Wenn man mitten in einer großen Stadt wie Buenos Aires, Mexiko-Stadt oder Madrid lebt, kann man häufig feststellen, dass sich das Stadtzentrum an Sonntagnachmittagen in ein verlassenes Kloster verwandelt: alles nur für dich.

Die innere Stille

Es gibt eine Stille, die nicht davon abhängt, ob man eine leise Umgebung findet. Eine Stille, die man wahrnimmt, wenn es einem gelingt, den Lärm auszublenden und seine eigene Stille zu finden und zu schaffen. Wenn du diese Stille erreicht hast, kannst du nicht nur ihr lauschen, sondern beginnst auch die Dinge, die sehr wohl Geräusche machen, viel deutlicher wahrzunehmen.

Wenn du in die Stille findest, beginnt die Zeit, in der sich die Sensibilität und die Fähigkeit zu hören weiterentwickeln. Wenn du nicht an die intime Kraft der Stille glaubst, dann versuch mal, einer für dich besonderen Person etwas dir Wichtiges anzuvertrauen, ganz alleine, unter einer Brücke, aber genau in dem Moment, in dem ein schwerer Güterzug über eure Köpfe hinwegrast …

Wenn du in die innere und äußere Stille findest,

entdeckst du Dinge, die immer dort waren, von denen du aber trotzdem noch nie gehört hast. Oder du nimmst Dinge auf eine andere Weise wahr, weil du die einzelnen Nuancen jedes Tons hörst.

Die Gesamtheit dieser neuen Fähigkeiten ist Teil einer neuen Sensibilität, die die Tür zu einem immer größeren und immer tieferen Bewusstsein der inneren wie der äußeren Realität aufstößt. Und das ist der erste Erfolg der Meditation, der erste Schritt dahin, den Verstand auszuschalten und so Zugang zu deinem inneren Wesen zu finden und von dort aus zumindest ein klein wenig Einblick in das innere Wesen der anderen.

Meditation und Egozentrik

Meditation ist nicht gleichbedeutend mit Weltabgewandtheit, zumindest nicht im Sinne einer körperlichen Entfernung. Sie bedeutet vielmehr, Gelegenheiten und Wege zu finden, nicht länger von der Außenwelt abhängig zu sein, nicht länger die Zone zwischen innen und außen zu kontrollieren und die Aufmerksamkeit ganz tief nach innen zu richten, um sich selbst zu finden und sich in Ruhe und Gelassenheit mit dem Hier und Jetzt zu verbinden.

Die Meditation, so sage ich immer, ist der beste (oder gar der einzige) Weg, dich von allem zu lösen und zum Mittelpunkt von allem zu werden. Ein Weg, nicht länger um materielle Dinge zu kreisen, sie aus dem Zentrum deiner Aufmerksamkeit zu rücken, damit du, und niemand anders als du, diesen Platz einnehmen kannst.

Auch wenn mir klar ist, dass der vorhergehende Abschnitt dir aufstoßen könnte, weil er für dich egozentrisch, überheblich und so gar nicht nach einem Bestandteil spiritueller Suche klingt … Nimm dir die Zeit, darüber nachzudenken.

Was würde passieren, wenn die Welt, in der du lebst (nicht die der anderen, sondern deine) ihren Mittelpunkt woanders hätte als in dir?

Wenn du dir bewusstmachst, worüber wir reden, liegt die Antwort auf der Hand. Wenn es einen Mittelpunkt gibt, gibt es keine andere Möglichkeit, als um diesen Mittelpunkt zu kreisen. Ob es dir gefällt oder nicht, wenn etwas zum Mittelpunkt deines Lebens wird, wirst du um dieses Etwas kreisen. Du wirst deine Kreise ziehen und von dieser Sache, diesem Ort, dieser Vorstellung, dieser Person abhängen.

Die einzige Möglichkeit, nicht den Mittelpunkt zu verlieren und um andere zu kreisen, ist die Verantwortung anzunehmen, dein eigener Mittelpunkt zu sein und dich in dir selbst zu zentrieren.

Klar, bis zum Egoismus ist es da nicht weit. Du darfst diese Entscheidung, der Mittelpunkt deiner Welt zu sein und um niemand anderen zu kreisen, nicht mit dem eitlen, krankhaften Drang verwechseln, für andere im Mittelpunkt der Welt zu stehen, oder mit dem größenwahnsinnigen Anspruch, dass alle anderen um dich kreisen müssten.

Um aufzuzeigen, wie wichtig es ist, sich zum Mittelpunkt des eigenen Lebens zu machen, schrieb ich in meinem ersten Buch in Anlehnung an das Gestaltgebet Fritz Perls:

> Wenn wir uns begegnen
> sind wir zwei Universen, die sich berühren.
> Du ein Universum, in dessen Mittelpunkt du stehst,
> und ich ein Universum, in dessen Mittelpunkt ich stehe.
> Es wird wunderbar sein, wenn wir uns treffen
> und wir zwei Welten sind, die einander begegnen.

Sich in sich selbst zu zentrieren bedeutet nicht, dass man sich selbst genügt. Ich brauche dich und deinen Blick, etwa um die Dinge in mir zu sehen, für die ich blind bin, und auch, um mit dir zu teilen, was ich gelernt habe und was ich besitze.

Auf der spirituellen Ebene weiß ich, dass diese andere Person, die ich heute und morgen brauche, du sein könntest. Vielleicht möchte ich es auch und fände es schön, dass du es bist, aber ich weiß gleichzeitig, du könntest es auch nicht sein … Weil es keinen Grund gibt, warum du es sein solltest, weil es nicht zwingend ist, dass du es bist, und vor allem, weil ich weiß, dass du nicht verpflichtet bist, es zu sein. Wenn du aus irgendeinem Grund nicht da bist, könnte vielleicht eine andere Person bekommen, was ich zu geben habe. Vielleicht braucht sie es sogar genauso oder noch nötiger als du, und es ist wichtig, das in Erinnerung zu behalten.

Du magst dich im Auge des schlimmsten Sturms befinden, aber wenn du im inneren Frieden lebst, kannst du ruhig sein und auch den Menschen um dich herum Ruhe vermitteln.

Du magst keinen Universitätsabschluss haben, nicht sonderlich belesen sein und nicht wissen, wer den letzten Literaturnobelpreis bekommen hat, aber wenn du so lebst, dass du spirituell wächst, wirst du auch in deiner Beziehung zum Rest der Welt wachsen.

Du magst glauben, dass du nichts zu geben hast, aber wenn du entschlossen bist, dich ganz zu öffnen, wird dies das größte Geschenk für den anderen sein.

Wie meine Großmutter immer sagte: »Es ist nicht gleich, von wem etwas kommt. Aber gleich ist es doch.«

Wenn du nur auf dich selbst schaust, aussortierst, aussiebst, auswählst, einigen hilfst und die anderen darüber vergisst, wirst du früher oder später ein fruchtloses Organ sein, ein armer Tropf, dazu verdammt, die köstlichsten Speisen zuzubereiten für Menschen, die nicht einmal einen Mund haben. Wenn du dich aber selbst vergisst, werden die anderen früher oder später deinem Beispiel folgen und dich auch vergessen und vielleicht zu dem Schluss kommen, dass es dich gar nicht gibt.

> *Wenn ich nicht an mich denke, wer soll es dann tun? Wenn ich nur an mich denke, wer bin ich dann? Und wenn nicht jetzt, wann dann?*
>
> TALMUD

Die Technik

Am Anfang dieses Kapitels sagten wir, dass sich Spiritualität in den verstopften Straßen unserer Städte entfalten kann, in überfüllten Bussen und Metrowaggons oder auf belebten Plätzen. Das stimmt, aber es ist auch so, dass die Suche nach Spiritualität auf die bestmögliche Weise begonnen werden sollte.

Es gibt zahlreiche Meditationstechniken, die mehr oder weniger demselben Muster folgen. Für die meisten Lehrmeister ist die Suche nach der Technik, Methode oder Form der Unterweisung bereits Teil der Meditation.

Ein wenig Technik und Übung, dazu die eine oder andere Erklärung sind sicherlich hilfreich, um zu lernen, den Blick auf sich selbst zu richten. In der traditionellen Erziehung wurde uns das nämlich nicht beigebracht, ganz im Gegenteil: Sich aus freien Stücken mit sich selbst zu befassen, sei Ausdruck des allerschlimmsten Egoismus, hieß es da.

Meditieren heißt, Zeuge deines eigenen Lebens zu sein (und das Wort »Zeuge« wurde absichtlich gewählt, um das Nicht-Eingreifen des Beobachtenden in den beobachteten Prozess deutlich zu machen). Es heißt zuzulassen, dass die innersten Bereiche deiner selbst, die eng mit deiner Spiritualität verbunden sind, die Reaktionen deines Körper und die Empfindungen deiner Seele beobachten, um so den zuvor erwähnten Zustand der Einheit von Körper und Geist zu erreichen (oder diesen zuzulassen).

Es existieren, wie gesagt, Hunderte von Techniken; die einen liegen uns mehr, andere weniger. Es kann sogar sein, dass die, mit der wir zunächst am besten zurechtkommen, nicht die ist, die wir dann wirklich brauchen. Aber am Anfang stehen immer drei Begriffe:

Bewusstsein, Beharrlichkeit und Geduld.

Es ist unsere Aufgabe, die für uns beste Technik zu finden. Denn das kann uns niemand abnehmen, selbst wenn es bedeutet, sämtliche Methoden auszuprobieren, die wir kennen, und uns dann zu entscheiden, mit welcher wir beginnen.

Natürlich ist es mit dieser Entscheidung nicht getan (zu großes Vertrauen in unsere eigenen Entscheidungen zu haben ist etwas, das uns nicht passieren sollte). Wir sollten vielmehr wachsam bleiben. Denn vielleicht lässt sich das, was wir in der Theorie gesehen haben, nicht in die Praxis umsetzen, und die Technik, die wir für geeignet hielten, passt womöglich nicht zu unserer Lebensweise. Vielleicht brauchen wir heute dies und morgen etwas anderes.

Die folgende Geschichte wurde mir oft erzählt (so oft, dass ich immer fand, das könne kein Zufall sein).

> In eine Stadt kamen einmal fünf einfältige Burschen, die trugen ein schweres Holzboot auf ihren Köpfen.
> Die Leute fragten: »Warum tragt ihr dieses Boot auf euren Köpfen? Ist es nicht zu schwer? Hindert es euch nicht am Gehen?«
> »Natürlich ist es lästig«, sagte der Erste in der Reihe.
> »Klar macht es das Gehen beschwerlich«, bestätigte der Zweite.
> »Aber wir sind nicht undankbar«, beteuerte der Dritte.
> »Wir verleugnen unsere Vergangenheit nicht«, ergänzte der Vierte.

»Auf dem Weg hierher mussten wir durch eine Furt«, erklärte der Letzte. »Doch der Regen hatte den Fluss in einen breiten, reißenden Strom verwandelt. Hätten wir ihn durchwaten wollen, wir wären ertrunken. Nur diesem Boot haben wir es zu verdanken, dass wir hier sind. Und zum Zeichen ewiger Dankbarkeit tragen wir es immer auf dem Kopf.«

Die verwendeten Methoden können eine große Hilfe sein, aber wenn sie ausgeschöpft sind, werden sie eine Last, die früher oder später schuld daran ist, dass wir im Meer unserer Unfähigkeit untergehen. Die richtige Methode auszuwählen ist wichtig, aber fast noch wichtiger ist es, sich im richtigen Moment von ihr zu trennen, wenn sie uns nicht mehr weiterhilft.

Wie merken wir, ob eine Technik die richtige für uns ist?

Der erste Schritt kann nur sein, uns einer ehrlichen Selbstbetrachtung zu unterziehen.*

* Sehr wahrscheinlich sind diejenigen, die sich mit Meditation auskennen und ihre Bedeutung zu schätzen wissen, empört, wenn sie das nun Folgende lesen, aber ich hoffe, dass sie verstehen, dass diese Vereinfachung ausschließlich pädagogischen Zwecken dient.

Wenn du nicht weißt, wie du bist, weißt du nicht, was zu dir passt.

Um eine gutsitzende Hose oder irgendein anderes Kleidungsstück zu kaufen, reicht es nicht, deine Kleidergröße zu kennen. Nachdem du verschiedene Modelle anprobiert hast, wirst du feststellen, dass manche Marken dir besser passen als andere, und du wirst diesen Marken treu bleiben. In jedem Fall wirst du immer das Kleidungsstück wählen, das deinen Bedürfnissen und deinem Geschmack am nächsten kommt. Eventuell musst du nach dem Anprobieren ein paar Kleinigkeiten ändern lassen (einen Saum herauslassen oder die Ärmel umnähen). Kleine Verbesserungen, die aus einem Massenfabrikat ein individuelles Kleidungsstück machen.

Mit den Meditationstechniken ist es genauso wie mit der Kleidung von der Stange. Ein Standardmodell reicht für die meisten Menschen, wenn man es hier und dort der jeweiligen Person ein wenig anpasst.

Nun könnte man fragen, warum nicht eigens angefertigte Kleidung tragen? Schließlich passen Maßanfertigungen am besten. Sicherlich ist es nicht dasselbe, ob du ein bereits zugeschnittenes und genähtes Kleidungsstück umarbeiten lässt oder ob du einen Schneider damit beauftragst, Maß zu nehmen und den Stoff genau auf deine Körperproportionen zuzuschneiden. Aber einen Lehrmeister zu finden, der für jeden individuell eine spezielle Meditationstechnik zusammenstellt, ist äußerst schwierig. Das Höchste der Gefühle wird sein, um Hilfe bei der Auswahl aus dem Katalog an Möglichkeiten zu bitten.

Im Bekleidungssektor haben die Händler das Problem gelöst, indem sie das erfunden haben, was wir als Konfektionsware oder Prêt-à-porter kennen.

Ich gehe in ein Geschäft, um ein Hemd zu kaufen. Der Verkäufer zeigt mir eine Auswahl von Hemden in verschiedenen Größen und Schnitten und bittet mich, sie anzuprobieren. Nachdem ich mich ein paarmal umgezogen habe, stellt der Verkäufer fest: »Der Kunde« – also ich – »braucht Hemdengröße 46, Kragenweite 48 und Ärmellänge 44.« Nach einigen weiteren Fragen fügt er hinzu: »Er möchte Manschetten wie an dem blauen Hemd und einen runden Kragen, wie ihn das gelbe Hemd hat, aber in Rosa gestreift.«

Wenn alles gutgeht, habe ich am Ende ein passendes Hemd nach meinen Bedürfnissen und nach meinem Geschmack, aber nicht individuell angefertigt, sondern indem ich mich für das entschieden habe, das mir von allen Hemden, die man mir gezeigt hat, am meisten zusagte.

So habe ich es gelernt, und so empfehle ich es auch: Jeder ist selbst dafür verantwortlich (auch wenn er, wie schon erwähnt, um Hilfe bitten kann), sich auszusuchen, was ihm von jeder Technik am meisten zusagt und weiterhilft und welche Lektüre und Erkenntnisse zu seinem ganz persönlichen Meditationsstil passen.

Meditation »Prêt-à-porter«

Eine mögliche Anfangstechnik sollte zunächst immer einige der folgenden Punkte beinhalten:

Die Vorbereitung. Dazu gehören die Wahl eines Ortes (an dem wir ungestört sind), lockere Kleidung (sonst wird es schwierig) und eine bequeme Position, die keine besondere Aufmerksamkeit verlangt und in der wir ohne Anstrengung verharren können (wenn wir es nicht gewohnt sind, im Lotussitz auf dem Boden zu sitzen, und uns dennoch dazu zwingen, werden wir nichts weiter erreichen, als dass wir ausschließlich damit beschäftigt sind, das Gleichgewicht zu halten).

Eine entspannte, ruhige Haltung. Schließe die Augen oder suche einen ruhigen Punkt, auf dem dein Blick verharren kann. Eine kleine Kerze kann sehr nützlich sein.

Den Atem fließen lassen, ohne ihn zu beeinflussen (zumindest am Anfang). Zulassen, dass sich die ganze Aufmerksamkeit darauf zentriert, wie die Luft durch den Körper strömt, und mit jedem Ausatmen die Muskeln deines Körpers noch weiter entspannen (manchen hilft es, wenn sie dabei einen imaginären Ort visualisieren).

Innerlich zur Ruhe kommen. Nicht denken. Nicht daran denken, nicht zu denken. Wenn ein Gedanke auftaucht, nicht versuchen, ihn aufzuhalten oder wegzuschieben, sondern ihn einfach vorüberziehen lassen (ich stelle mir gerne vor, dass ich in den Himmel schaue und dieser Gedanke ein Vogel ist, der mein Gesichtsfeld kreuzt. Ich schaue ihm nicht hinterher, sondern lasse ihn einfach vorüberfliegen, während ich weiter den Himmel betrachte).

Und was noch? Viel mehr braucht es nicht, außer einer gewissen Geduld und Beharrlichkeit. Nach und nach wirst du spüren, wie etwas mit dir geschieht. Nicht in dir, sondern mit dir. Und plötzlich wird dir einiges klarwerden.

Bevor du dorthin gelangst, wirst du das Leben durch das Brennglas deiner mehr oder weniger neurotischen Anteile wahrnehmen. Manchmal ist es konkav, so dass du alles unverhältnismäßig vergrößert siehst, manchmal konvex, so dass sich die Dinge bedrohlich verkleinern. Der verfälschte Blick, den wir haben, wird durch das ebenmäßige, klare Glas des Geistes automatisch korrigiert.

Diesen Zustand kann man nicht suchen, aber er tritt immer ein.

Es ist ein langer, manchmal auch quälender Prozess, vor allem für jene, die verzweifelt nach unmittelbaren Resultaten suchen. Versuche nicht, den Weg abzukürzen, suche die Richtung und folge ihr.

Halte dich nicht damit auf, immer wieder zu analysieren, ob der Weg, den du gehst, der beste ist oder ob der gewählte Weg der richtige ist, denn dann wirst du an dir selbst scheitern, und die Meditation wird dich nirgendwohin führen.

Erwarte keinen Erfolg von jetzt auf gleich. Sei geduldig, lass dich nicht von der Ungeduld beherrschen. Die Antwort wird im richtigen Moment kommen, und sie wird keine Bestätigung sein, sondern das Zeichen, dass du angekommen bist.

Wenn dich auf dem Weg Zweifel überfallen, versuchst du am besten, über sie zu lachen und gleichzeitig auch über dich selbst.

Die meisten Menschen machen eine Sache von Leben und Tod daraus, wenn sie Zweifel haben, ganz gleich, wie wichtig oder banal das Thema ist. Ich bin überzeugt, dass wir uns hier ein Beispiel an meinen jüdischen Vorfahren nehmen können, die in der Lage waren, über Zweifel und Schwierigkeiten genauso zu lachen wie über profane oder heiligste Dinge. Wir werden später noch ausführlich über das Lachen sprechen, aber an dieser Stelle möchte ich eine Anekdote vorwegnehmen, die dem berühmten jüdischen Humoristen James Louis Baldwin zugeschrieben wird.

In einem Interview wurde er gefragt, ob die meisten Juden an die Existenz Gottes glaubten.

Er antwortete, das jüdische Volk habe viele charakteristische Eigenschaften, und besonders ausgeprägt sei die, an allem zu zweifeln.

»Viele von uns«, sagte Baldwin, »sind nicht besonders sicher, dass es Gott gibt. Aber was wir mit absoluter Sicherheit wissen, ist, dass wir sein auserwähltes Volk sind, ob es ihn nun gibt oder nicht.«

Meditation und Gebet

Francisco Jalics zufolge hat uns die fernöstliche Weisheit in jüngerer Zeit die Vorteile der Meditation nahegebracht. Der Jesuitenpriester empfiehlt sie unumwunden als Weg zur persönlichen Weiterentwicklung.

Wenn es darum geht, praktische Ratschläge zu geben, sagt der Priester ungefähr Folgendes:

Wenn du meditieren willst, suche dir zunächst einen ruhigen Ort, an dem du ungestört bist, wenn möglich still und abgelegen. Das kann jeder beliebige Ort sein, ein ruhiges Zimmer in deiner Wohnung, die kleine Veranda vor dem Haus deiner Tante auf dem Land, ein einsamer Strand oder ein kleiner Platz am Rand der Stadt. Wenn du Schwierigkeiten hast, einen solchen Ort zu finden, versuche es in einer Kirche. Abgesehen von einigen wenigen Stunden ist es in den Kirchen meist ziemlich ruhig und menschenleer.

Setz dich still irgendwohin, wo es dir zusagt, und wiederhole in Gedanken ein Mantra. Das kann dein eigener Name sein, ein Wort in Sanskrit oder irgendein Satz, den du aufsagen kannst, ohne lange darüber nachzudenken. Wenn dir nichts Besseres einfällt, können dir auch das Vaterunser oder das Ave Maria gute Dienste tun.

Jetzt leere deinen Geist von allem außer dem Hier und Jetzt und öffne dein Herz für das, was geschieht.

Es kann passieren, sagt Pater Jalics schließlich, dass manche denken, du betest, wenn sie dich so sehen. Aber keine Sorge, du und ich wissen, dass du meditierst.

Gibt es eine genialere Art, zu erklären, dass Beten in vielerlei Hinsicht eine besondere Form des Meditierens ist?

Als wir die Spiritualität beschrieben, sagten wir, dass sie weit über den physischen und religiösen Anteil des Menschen hinausgehe. Als wir über die Meditation sprachen, sahen wir, dass diese nicht zwangsläufig mit Religiosität verbunden sein muss, auch wenn es sein kann, dass Religionen sich der Meditation bedienen. Man kann Atheist sein und trotzdem meditieren. Das Gebet ist neben der Meditation die spirituelle Handlung schlechthin, auch wenn sie sich in einigen Punkten unterscheiden.

Das Gebet als wesentliches religiöses Hilfsmittel

Das Gebet ist Ausdruck und Manifestation des Glaubens. Deshalb erscheint uns der Gedanke absurd, ein Atheist könne beten. Aber wie wir später sehen werden, bezweifle ich, dass dies so abwegig ist, selbst für diejenigen, die behaupten, nicht zu glauben.

Während beim Meditieren Wörter und Inhalte überflüssig und manchmal hinderlich sind (außer wenn wir ein Mantra sprechen), scheinen die Wörter ein untrennbarer Bestandteil des Betens zu sein, obwohl klar ist, dass die Hingabe und Öffnung im Gebet viel wichtiger sind als ein Abspulen von Formeln, die wir auswendig lernen, als wären sie ein Freibrief für die Zuwendung und Liebe Gottes, selbst wenn wir gar nicht wissen, was sie eigentlich bedeuten.

Paulo Coelho erzählt in seinem Buch *Am Ufer des Rio Piedra saß ich und weinte* eine Geschichte, die uns zum Nachdenken anregt:

> Ein spanischer Missionar besuchte einmal eine Insel. Dort begegnete er drei Aztekenpriestern.
> »Wie betet ihr?«, fragte der Padre.
> »Wir kennen nur ein Gebet«, antwortete einer der Azteken. »Wir sagen: ›Gott, der du unendlich bist, denke an uns.‹«
> »Ein schönes Gebet«, sagte der Missionar. »Aber es ist

nicht genau das, was Gott hören möchte. Ich bringe euch ein richtiges Gebet bei.«

Der Padre brachte ihnen ein traditionelles Lob-Gebet bei und ging seiner Wege. Jahre später, als er mit dem Schiff auf der Rückreise nach Spanien war, kam er erneut an der Insel vorbei. Von Deck aus sah er die drei Priester am Strand stehen, die ihm Zeichen gaben, nachdem sie ihn erkannt hatten.

In diesem Moment begannen die drei über das Wasser zu ihm zu kommen.

»Padre! Padre«, rief der eine, während er auf das Schiff zukam. »Bring uns noch einmal das Gebet bei, das Gott so gerne hört! Wir können uns nicht daran erinnern!«

»Das macht nichts«, sagte der Missionar, als er das Wunder sah. »Ich habe mich geirrt.«

Und er setzte seine Reise fort, beschämt vor Gott, dass er nicht früher begriffen hatte, dass ER, der alle Sprachen spricht, jedes Gebet hört.

Das Gebet ist für die meisten Menschen und Religionen ein Dialog mit dem Göttlichen und folglich ein Akt des Glaubens und ein Beweis der tatsächlichen Gegenwart Gottes. Ohne Gott gibt es kein Gebet, weil es niemanden gibt, an den wir unsere Bitten richten können. Das Gebet bestärkt und bestätigt den Betenden in dem Glauben, dass Gott seine Botschaft hört. Und nicht nur das: Er tut es, weil ihm etwas an der Beziehung zu uns liegt. Das Gebet ist also nicht eine auf gut Glück an einen fernen Gott gerichtete Botschaft, so wie die Botschaften, die zu den

Sternen geschickt werden für den Fall, dass es dort jemanden geben könnte, der sie empfängt, und ohne Hoffnung auf Antwort. Es ist eine Kommunikation, die ein Ich und ein Du voraussetzt.

Eine Kommunikation, die ihr Epizentrum im Inneren des Menschen hat. Es ist das Herz, das betet. Das Gebet ist keine intellektuelle, sondern eine spirituelle Handlung; deshalb sollte man beim Beten nicht zu viel Zeit mit Nachdenken verbringen. Nicht umsonst sagte die heilige Theresa, das Gebet bestehe nicht darin, viel zu denken, sondern viel zu lieben.

Beten ist eine in der Evolution entwickelte Fähigkeit

Als ich vor Jahren bei einer Tagung christlicher Frauen mit einigen Priestern sowie Wissenschaftlern aus allen Disziplinen auf dem Podium saß, stellte ein Biologieprofessor in einer Gesprächsrunde eine These vor, von der ich noch nie gehört hatte. Sie war Antwort, Ergänzung und zugleich Widerspruch zu dem, was ich grundsätzlich über die Entwicklung des Menschen dachte. Ich vertrat den Standpunkt, nicht die Intelligenz sei die größte Errungenschaft des Menschen, sondern seine Fähigkeit, zu lachen und zu weinen. Er stimmte mit mir darin überein, dass der Homo sapiens nicht der Gipfel der Evolution sei; für ihn hatte sich der intelligente Mensch weiterentwickelt, bis er schließlich dem Homo orans Platz machte, der die Fähigkeit besaß zu beten und nach der Wahrheit seiner eigenen spirituellen Existenz sucht.

Mir erschien es höchst interessant, diese Sichtweise zu akzeptieren, insbesondere weil sie mir die Schlussfolgerung erlaubte, dass das Gebet zwar als der wesentliche Ausdruck des religiösen Lebens betrachtet werden kann, aber den religiösen Menschen nicht zwangsläufig vom nichtreligiösen Menschen unterscheidet. Wenn die Technik des Gebets darin besteht, sich nach innen zu kehren – sich von den materiellen Dingen zu lösen, um Gott zu begegnen (es sei denn, man setzte Gott mit Religion gleich, was keiner der Anwesenden wollte) –, wäre die im Idealfall zu erwartende Konsequenz dieser introspektiven Reise, sich gegenüber allen anderen Menschen zu öffnen.

Um eins der poetischsten Bilder des Christentums zu verwenden, könnte man das Gebet als einen mit Liebe beladenen Zug definieren, der auf seinem Weg von unserer Seele zu seinem Bestimmungsort, der immer der Nächste ist, bei Gott haltmacht.

So heißt es in dem berühmten Gebet des heiligen Franz von Assisi:

Oh Herr,
mache mich zu einem Werkzeug deines Friedens.
Dass ich Liebe übe, da wo man mich hasst.
Dass ich verzeihe, da wo man mich beleidigt.
Dass ich verbinde, da wo Streit ist.
Dass ich die Wahrheit sage, da wo Irrtum herrscht.
Dass ich den Glauben bringe, wo Zweifel ist.
Dass ich Hoffnung wecke, wo Verzweiflung quält.
Dass ich dein Licht anzünde, wo die Finsternis waltet.
Dass ich Freude bringe, wo der Kummer wohnt.
Ach Herr, lass mich trachten:
Nicht, dass ich getröstet werde, sondern dass ich tröste.
Nicht, dass ich verstanden werde, sondern dass ich verstehe.
Nicht dass ich geliebt werde, sondern dass ich liebe.
Denn wer sich hingibt, der empfängt,
wer sich selbst vergisst, der findet,
wer verzeiht, dem wird verziehen,
und wer stirbt, der erwacht zu ewigem Leben.

Es wird oft behauptet, das Gebet sei eine Form der Realitätsflucht. Ich glaube, das stimmt, aber ich denke auch, diese Miniflucht kann auch der Wunsch, die Suche und ein Weg sein, besser zu leben.

Natürlich kann der Mensch der Welt nicht entfliehen, in der er lebt, aber er sollte versuchen, besser in dieser Welt zu leben. Diese Verwandlung ist es, die das Gebet und die Spiritualität anstreben.

Die meisten Gläubigen hoffen, wenn sie beten, in irgendeiner Form auf eine Antwort und wünschen, auch wenn sie es nicht zugeben, dass diese so deutlich wie möglich ausfällt (und auch so rasch wie möglich …).

Der Glaube sagt, dass das Gebet ein Samenkorn ist, das immer aufgeht.

In manchen Fällen kann das sehr schnell geschehen; in anderen dauert es lange, doch die Vorstellung ist, dass es nie auf unfruchtbaren Boden fällt: Früher oder später wird es Früchte tragen.

Modernität versus Spiritualität

Die rasante Entwicklung der Technologie, insbesondere der Robotertechnik und des Internets, haben das Leben auf diesem Planeten für immer verändert. Einerseits ermöglicht sie nahezu unbegrenzten sofortigen Zugriff auf das gesamte Wissen der Menschheit, andererseits bietet sie wie nie zuvor neue Möglichkeiten der Interaktion mit der Außenwelt, nicht nur, weil man dafür in den virtuellen Räumen des Internets nicht mehr das Haus verlassen muss, sondern auch, weil man die Möglichkeit hat, in völliger Anonymität virtuelle Dialoge zu führen und Kontakte zu unterhalten.

Wir sind mittendrin in dem, von dem Alvin Toffler prognostizierte, dass es auf die von ihm so genannte »Dritte Welle« folgen würde. Nachdem wir eine Zeitlang die Vorteile und die Bequemlichkeit der bahnbrechenden neuen Technologie genossen haben, beginnen wir nun zunehmend, die einfachen, wesentlichen Dinge zu vermissen. Statt uns in einen weiteren seelenlosen Roboter zu verwandeln, kommen unsere nostalgischen, sensiblen Seiten wieder zum Vorschein.

Auf die Gefahr hin, als »antiquiert« oder »verkalkt« hingestellt zu werden, beginnen wir, die Rückkehr zu den einfachen Dingen zu propagieren – das Leben auf dem Land, frisch gemolkene Milch, die persönliche Begegnung und das Gespräch von Angesicht zu Angesicht, hausgemachtes Brot … –, während die Gesellschaft gleichzeitig von uns erwartet, dass wir den Anbruch der »modernen Zeiten« begrüßen und sie uns zunutze machen, um in den Genuss der Annehmlichkeiten zu kommen, die man uns, zu einem angemessenen Preis natürlich, verspricht.

Dieser Widerspruch kann nicht gut enden …

Die Entscheidung, ein vorgetäuschtes Leben zu leben, kann niemals gut enden.

Um den Begriff der Neurose zu definieren, verwendete Freud ein Bild, das genau verdeutlicht, was ich meine.

Stell dir vor, du bist dazu verurteilt, deine wahre Neigung zu etwas zu verbergen. Stell dir vor, du musst mit einem cholerischen Chef zurechtkommen, weil »es so ist, wie es eben ist«. Du bist gezwungen, ein

Fach zu studieren, das dir nicht liegt, weil deine Eltern es so entschieden haben. Versetze dich in die Lage von jemandem, dem nichts anderes übrigbleibt, als einen großen Teil seines Lebens mit einer Person zu verbringen, mit der ihn nichts verbindet …

Sagen wir nun, dass du beschließt, deine wahren Gefühle in ein Holzfass zu stecken und es mit einem Deckel zu verschließen, um weitermachen zu können wie bisher und nicht den Preis dafür zu zahlen, wenn du zeigen würdest, wie es dir wirklich geht. Da du es dir in dieser ausgedachten Situation nicht erlauben kannst, dass jemand bemerkt, was du in dem Fass verbirgst, beschließt du, es im Wasser zu versenken.

Du wirst nun die ganze Zeit aufpassen müssen, dass das Fass nicht zum Vorschein kommt, denn wenn du es nicht aktiv nach unten drückst, wird es nach oben kommen, und alle werden es sehen können.

Vielleicht findest du es gar nicht so anstrengend, es dort unten zu halten, verglichen mit dem Vorteil, den es dir bringt, oder dem Schaden, den du vermeidest, aber bedenke … Du kannst nicht einfach weggehen, musst immer aufpassen, kannst nie ausruhen. Du kannst dich nur mit dieser Strafe abfinden, die du in gewisser Weise selbst gewählt hast.

Den Schein zu wahren funktioniert genauso. Die Energie, die du darauf verwendest, die Wahrheit zu unterdrücken, kannst du nicht dafür nutzen, dein Leben zu leben, und schon gar nicht, um glücklich zu sein. Diese Energievergeudung ist die Tür zu chronischer Unzufriedenheit, und diese Tür führt immer zu einem toxischen, selbstzerstörerischen Verhalten, das oft die Form einer (körperlichen oder psychischen) Erkrankung annimmt, die sich, für alle anderen unverständlich, in einer heftigen Explosion entladen kann.

Nach dem hier Gesagten ist es nicht schwer zu begreifen, dass der spirituelle Weg, der uns zu unserem eigentlichen Wesen führt, als Heilmittel oder gar Prophylaxe für diese Prozesse dienen kann. Gesund zu bleiben ist sehr schwer, wenn wir nicht authentisch leben, und da dies auf dem spirituellen Weg unmöglich ist, wird die Seele, die sich selbst annimmt und vervollkommnet, Heilung finden, während wir Schritt für Schritt die aufgesetzten Posen und die verlogenen Rollen hinter uns lassen.

Das scheinen auch Hunderte von wissenschaftlichen Artikeln zu belegen, die feststellen, wie wichtig die Spiritualität für die Erlangung und Erhaltung der Gesundheit ist. Ob man dieses existentielle Wohlbefinden nun in der Religion sucht, dem Praktizieren von Meditation oder durch eine der im Westen weitverbreiteten fernöstlichen Disziplinen wie Yoga, Atemübungen oder Tai-Chi.

Die Psychoneuroimmunologie, eine recht neue Wissenschaft zur Erforschung der Wechselwirkungen zwischen Verhalten und körperlichen Auswirkungen, bestätigt, dass diese spirituellen Disziplinen dabei helfen, das Leben konstruktiver und effektiver anzugehen, sowohl in Zeiten der Gesundheit wie bei Krankheit. Es handelt sich nicht nur um zielgerichtete Übungen, um besser mit kritischen Situationen umzugehen, oder um eine aktive Mitarbeit und eine optimistische Einstellung hinsichtlich der Behandlung, die eine Krankheit erfordert; es wurde zudem auch eine deutliche Verbesserung des Immunsystems beim Patienten nachgewiesen.

Die Experimente und Erkenntnisse der letzten fünfundzwanzig Jahre bestätigen eine enge Beziehung zwischen spirituellem Leben und besseren Prognosen, auch wenn die althergebrachte, traditionelle Organmedizin das nicht gerne zugibt.

Das Konzept der ganzheitlichen Gesundheit gewinnt immer mehr an Bedeutung, insbesondere bei Patienten, die unter chronischen Erkrankungen leiden, denn gerade hier sind die positive Einstellung des Patienten und seine Haltung zur eigenen Krankheit und deren Behandlung entscheidend.

Einen Patienten in Meditationstechniken, Visualisierungstechniken oder Entspannungstechniken zu unterweisen, ihn dazu anzuleiten, sich mit der Natur, der Musik oder etwas anderem zu beschäftigen, das ihm Freude macht, ihm vorzuschlagen, seine psychologischen Anteile mit einem Therapeuten zu besprechen oder sich auf die Religion zu besinnen, falls er ihr den Rücken gekehrt hat, kann den Unterschied zwischen einer qualvollen Entwicklung und einem guten und schnelleren Ansprechen auf die Behandlung ausmachen.

Auf diese Weise können Spiritualität und Religion bei schwierigen Patienten zu einem wirksamen positiven Stimulans werden, weil sie es dem Kranken erlauben, auf harmonische Weise zwei Dinge zu verbinden, die sonst unvereinbar wären: die Krankheit anzunehmen und ihr gleichzeitig die Stirn zu bieten, indem man erkennt, was der eigentliche Sinn und Zweck des Lebens ist.

Die Macht des Gebets

Am Institut für Mind-Body-Medizin an der Harvard-Universität wird seit dreißig Jahren die heilende Wirkung von Gebet und Meditation auf den menschlichen Körper untersucht. Statistiken belegen, dass schon die persönliche Suche nach Antworten auf spirituelle Fragen, wie etwa die Bedeutung und die Beziehung des Menschen zum Transzendenten, Änderungen beim Patienten bewirkt, die zu einer neuen Dimension in der Prognose und Behandlung seiner Krankheit führen. Noch mehr gilt dies für den im Rahmen einer Religion praktizierten Glauben. Dessen von Bräuchen, Ritualen und Symbolen bestimmtes System ist Studien zufolge der Königsweg, um den Menschen in Kontakt zu diesen tiefen, spirituellen heilenden Aspekten zu bringen.

Die Wissenschaft kommt nicht umhin, sich zu fragen (und das ist auch gut so), wie religiöser Glaube, Spiritualität, Meditation und Gebet wirken, um diesen positiven Effekt auf die Gesundheit von Personen zu haben.

Es sind Fragen, die sich Ärzte und Wissenschaftler angesichts unerwartet eintretender Besserungen oder wundersamer Heilungen stellen, und natürlich wollen sie herausfinden, nach welchem Mechanismus diese Disziplinen funktionieren.

Hat es mit der Wiederherstellung der Beziehung zwischen Gott und dem Menschen zu tun, wie die Vertreter der Religion behaupten? Oder damit, dass der Mensch seinem Glauben begegnet, wie die Mystiker beteuern?

Oder ist es das Resultat einer veränderten Einstellung des Patienten, nachdem er mit seinen manchmal verschütteten religiösen Überzeugungen konfrontiert wird?

Vielleicht mindern all diese Wege schlichtweg den Stress, unter dem alle Patienten leiden und der sich unweigerlich erschwerend auf die zu behandelnde Erkrankung auswirkt.

Was ist die Wahrheit?

Einige Erkenntnisse

Nach den exzellenten Arbeiten Dr. Bensons von der Harvard-Universität zweifelt niemand mehr an dem positiven Einfluss des Gebets oder der Meditation auf die körperliche Befindlichkeit.

Unterzieht man das Gehirn einem ausführlichen Brain Mapping, so lässt sich feststellen, dass sich die zentrale Hirntätigkeit während des Gebets von den Stirnlappen zu den Schläfenlappen verlagert, wo sich, soweit wir wissen, die Zentren zur zeitlich-räumlichen Vorstellung sowie der Unterscheidung von innen und außen befinden. In einem zweiten Schritt lässt die gesamte Aktivität der Hirnrinde nach und verlagert sich in die hinteren Hirnbereiche, wo im limbischen System unsere Emotionen und Empfindungen registriert und kontrolliert werden, auch solche spiritueller Art. Unterdessen verändern sich die Hirnströme, bis sie schließlich einen

Alpharhythmus aufzeigen, der seit Jahren mit der Wahrnehmung, Kreativität und sogenannten parapsychologischen Phänomenen in Verbindung gebracht wird.

In einer Studie, die bereits seit zwanzig Jahren in den USA läuft, stellten die Ärzte vom General Hospital in San Francisco eindeutig fest, dass nicht nur Patienten, die neben der herkömmlichen medizinischen Behandlung beteten, bessere Fortschritte machten als solche, die nicht beteten. Auch Patienten, für die von anderen gebetet wurde, obwohl sie selbst nicht beteten, sprachen ebenso gut auf die Behandlung an (was darauf hindeutet, dass die »heilende« Wirkung des Gebets nicht oder zumindest nicht ausschließlich vom Glauben des Patienten abhängt).

Diese Erkenntnisse wurden seither durch Dutzende ähnlicher Ergebnisse aus fast allen Bereichen der Medizin bestätigt: Der therapeutische Erfolg verbessert sich, wenn die konventionelle Behandlung spontan oder auf Anregung von außen mit dem Gebet kombiniert wird.

Mehr Schwangerschaften bei künstlicher Befruchtung, insgesamt verkürzte Klinikaufenthalte, schnellere Erholung nach Operationen und weniger Komplikationen bei Eingriffen am offenen Herzen, bessere

Verläufe bei Patienten mit voraussichtlich unheilbaren Krebserkrankungen.

In diesem Zusammenhang muss die Arbeit von Dr. Larry Dossey hervorgehoben werden, Onkologe und überzeugter Atheist.

Überrascht über die Ergebnisse aus San Francisco, beschloss Dossey, eine Studie nach streng wissenschaftlichen Methoden durchzuführen, um herauszufinden, ob diese Verbesserung womöglich lediglich das Ergebnis von Autosuggestion (des Patienten und / oder des Forschers) war.

Dosseys Experiment mag neuartig, provokant und vielleicht auch fragwürdig erscheinen, aber ich finde die Ergebnisse sehr erstaunlich und aufschlussreich.

Dossey teilte die Patienten auf seiner onkologischen Station in vier Gruppen ein. Die erste erhielt lediglich die konventionelle Behandlung. Die zweite betete aus persönlicher Überzeugung. Für eine dritte Gruppe beteten Angehörige oder Freunde, unabhängig davon, ob der Patient selbst betete oder nicht. Für die vierte Gruppe wiederum beteten Personen, die den Patienten unbekannt waren.

Das Experiment bewies von Anfang an eindeutig die positiven Effekte des Gebets, sei es das eigene oder das von anderen. Es muss betont werden, dass der Gesundheitszustand der Patienten von Fachleuten beurteilt wurde, die nicht wussten, welcher Gruppe der Patient angehörte, und diesen auch nicht danach fragen durften.

Aber Dossey wollte noch mehr Gewissheit. Er führte einen Versuch durch, den man in der Medizin Doppel- oder Tripleblind-Studie nennt. Diesmal arbeitete er mit zwei Patientengruppen: Für eine der Gruppen organisierte er Gebetszirkel, für die andere nicht. Die Patienten wussten nicht, zu welcher Gruppe sie gehörten, genauso wenig wie die Ärzte, die sie untersuchten. Am Ende des Versuchs machten achtzig Prozent der Patienten, die in einen Gebetszirkel aufgenommen waren, bessere Fortschritte als jene Patienten, bei denen dies nicht der Fall war.

Der Forschungsbericht, den Larry Dossey auf dem Onkologen-Kongress vorstellte, endete ungefähr so:

»Ich kann die beobachteten und aufgezeichneten Ergebnisse nicht erklären, aber ich weiß, dass da etwas ist. Ich bin nicht sicher, ob ich an Gott glaube, aber ich habe keinerlei Zweifel an der heilenden Wirkung des Gebets auf diese Patienten.«

Natürlich wird es nach wie vor Wissenschaftler geben, die davon ausgehen, dass ein starker Glaube, insbesondere an die »Macht Gottes über alle Dinge«, bei Personen mit einem hohen Selbstwertgefühl zu einer deutlich optimistischen Einstellung bezüglich ihrer Lebensprognose führt und in der Folge zu einer größeren Bereitschaft, bei der Behandlung mitzuarbeiten.

Wie auch immer, es gibt zahlreiche Studien, die beweisen, dass Spiritualität, Glaube und begleitete Introspektion eindeutig die Nebenwirkungen von aggressiven Behandlungen wie Chemotherapien bei schweren Krebserkrankungen verringern, Ängste und Stress bei bestimmten komplizierten oder schmerzhaften Diagnoseverfahren mindern und die Lebensqualität von Patienten mit unheilbaren Erkrankungen verbessern.

Gebet und Spiritualität bei gesunden Menschen

Ein äußerst interessantes Experiment wurde erstmals in Indien und danach an verschiedenen anderen Universitätskrankenhäusern auf der Welt durchgeführt. Eine Gruppe von Studenten stellte sich freiwillig für eine Untersuchung über die organischen Auswirkungen von Spiritualität zur Verfügung. Die Hälfte von ihnen wurde gebeten, sich einen knapp zweistündigen Film über das Wirken Mutter Teresas von Kalkutta anzusehen; den anderen zeigte man eine fünfundvierzigminütige Dokumentation über den Zweiten Weltkrieg. Am nächsten Morgen wurden bei allen Probanden im Labor verschiedene Werte gemessen.

Eine geringfügige Absenkung des Blutdrucks und des Blutzuckerspiegels bei denen, die den Film über Mutter Teresa gesehen hatten, wurde nicht weiter in Betracht gezogen, doch der beträchtlich gestiegene Anteil des Immunglobulins A im Speichel dieser Gruppe machte allen deutlich, dass es dort noch viel zu erforschen gab.

In mehreren Gesundheitszentren begann man fortlaufend das Vorhandensein von heilungsfördernden Stoffen bei Patienten zu messen, für die das Gebet fester Bestandteil ihres Lebens war. Neben dem zu erwartenden höheren Wert an Endorphinen stellte man bei diesen Patienten außerdem geringfügige Mengen von Interleukinen fest, die für eine Anregung des Immunsystems sorgen. Mit anderen Worten: einen höheren Anteil an Abwehrstoffen gegen die Krankheit, einen Schutz gegen Bluthochdruck und eine Verzögerung des Alterungsprozesses.

Beten mit Glauben. Beten ohne Glauben

Obwohl die hier geschilderten Erkenntnisse über die Fortschritte von Patienten, die gar nicht wussten, dass für sie gebetet wurde, für einen wissenschaftlich geschulten Geist ebenso überzeugend wie verwirrend sind, sagt mir mein logischer Verstand nach wie vor, dass es für den positiven Effekt des Gebets den Glauben der betenden Person braucht.

Und ich bin überzeugt, dass es so ist und nicht umgekehrt.

Was ich sagen will: Der Glaube mag auch ohne Gebet Berge versetzen. Aber das Gebet ohne Glauben … ich denke nicht.

Mahatma Gandhi war ein profunder Kenner der Gestalt Jesu von Nazareths; in einigen Biographien über ihn heißt es, er sei kurz davor gewesen, zum Christentum zu konvertieren. Wenn er es nicht tat, dann wegen einer unglücklichen Erfahrung: Als er eines Morgens einen Freund aus Kindertagen begleitete, der ihm seine Kirche zeigen wollte, wurde ihm der Zutritt verweigert, weil er kein Weißer war. Dieses Erlebnis bestimmte ein Leben lang Gandhis Verhältnis zum Christentum, auch wenn er nie aufhörte, Jesus als sein größtes Vorbild zu bezeichnen.

> Angeblich saß Gandhi eines Tages an einem Fluss, als er gefragt wurde, warum er etwas gegen das Christentum habe. Mahatma antwortete, er habe nichts gegen das Christentum, sondern nur etwas gegen viele Christen. Um zu verdeutlichen, warum er das sagte, tauchte er seine Hand ins Wasser, nahm einen runden Kiesel aus dem Fluss und sagte: »Viele Christen sind wie dieser

Stein: Sie werden ein Leben lang vom Fluss der Wahrheit umspült, aber wenn du sie entzweibrichst …«
Gandhi schlug den Kiesel gegen einen größeren Stein. Der Kiesel brach in der Mitte durch, und er zeigte ihn seinen Zuhörern.
»Innen sind sie so trocken wie dieser Stein«, erklärte er. »Nichts von dem Fluss, der sie von außen umspült hat, ist in ihr Inneres eingedrungen.«

Das Gebet ohne Gefühl und Hingabe ist wie Wissen ohne Bildung, wie Kirche ohne Glauben, wie Moral ohne Prinzipien.

Beten ist ein Dialog mit dem Göttlichen; es bedeutet, an Gottes Tür zu klopfen. Und das geht nur, wenn man es mit offenem Herzen tut, auch wenn man nicht weiß, wie man die Türschelle bedient.

Einmal geschah im Dorf des Rabbis Baal Shem Tov ein Wunder: Der Fluss trat über die Ufer, doch das Wasser, das alles zu zerstören drohte, was sich ihm in den Weg stellte, machte wundersamerweise am Rand des Dorfes halt, ohne Schaden anzurichten.
Baal Shem Tov dankte Gott für das Wunder, und dieser antwortete: »Shmuels Bittgebete haben mich gerührt.«
Der große Rabbiner ging zu Shmuel, den alle für den Dorfnarren hielten.
»Welches Gebet hast du an Gott, den Gütigen, gerichtet, als der Fluss über die Ufer trat?«, fragte er, nachdem er ihm zunächst für das gedankt hatte, was er für alle getan habe.

»Ich wusste nicht, welche Wörter ich wählen sollte«, sagte Shmuel. »Ich hatte mein Gebetbuch nicht dabei, und ich hätte auch nicht gewusst, welches ich auswählen sollte … Also betete ich das ABC herunter und sagte zu Gott, dem Allmächtigen: ›Hier sind alle Buchstaben, Herr. Sortiere sie und forme aus ihnen das beste Gebet, um dieses Dorf zu schützen.‹«

Viertes Buch

Die Ergebnisse

Gelassenheit

Nehmen wir einmal an, du bist nun bis zu diesem Kapitel gelangt, nachdem du vorherige Abschnitte überschlagen hast, die dir weniger interessant erschienen sind und die dich weniger angesprochen haben.

Oder vermuten wir lieber, dass du dieses Kapitel besonders aufmerksam liest, weil du tatsächlich denkst, dass das Thema Zeit einer der Punkte ist, mit denen du am schlechtesten zurechtkommst und von dem du weißt, dass du es lösen solltest.

Gehen wir davon aus, dass du hoffst, in dieser kurzen Abhandlung nützliche Lösungsansätze für deine fragwürdige Art zu finden, die vielen tausend Dinge anzugehen, die dich tagtäglich erwarten.

Unterstellen wir, dass du bereits versucht hast, das Problem mit Willenskraft und Disziplin zu lösen, ohne dass eines dieser »Patentrezepte« grundsätzlich etwas daran ändert, dass es dir Kopfschmerzen bereitet, wenn andere zu spät kommen, sinnlos vor sich hin trödeln oder Hektik verbreiten, weil sie alles auf den letzten Drücker erledigen.

Mit diesem Päckchen, das auch viele andere mit sich herumtragen, bist du jetzt auf dieser Seite angelangt, weil du lernen oder herausfinden willst, wie du aus diesem Trott herauskommst, aus diesem Labyrinth, in das du irgendwie und irgendwann hineingeraten bist.

Obwohl du wirklich bei der Sache und offen für Vorschläge bist, die du noch nicht kennst, die du aber von mir erwartest – nachdem du jedes Wort dieses Textes in der Erwartung gelesen hast, dass es dich weiterbringt –, stellst du berechtigterweise fest, dass du zumindest bis hierhin noch nicht gefunden hast, wonach du suchst.

Zumindest bis hierhin ist alles nur einleitendes Geplänkel und dringt nicht zum eigentlichen Problem vor.

Atme tief durch …

Die Aussichten sind nicht sehr vielversprechend.

Es sieht ganz so aus, als hättest du, wenn du diese kleine Betrachtung zu Ende gelesen hast, weitere Minuten deiner kostbaren Zeit verschwendet, obwohl dich genau diese Zeitverschwendung so sehr ärgert …

Denn ehrlich gesagt bringt dich der letzte Abschnitt auch nicht weiter, stimmt's?

Um es ganz deutlich zu sagen:

Die Lektüre dieses Kapitels hat dir überhaupt nichts gebracht, weil ich nämlich nichts gesagt habe.

Gar nichts.

Und – wie geht es dir jetzt damit?

Gelassen werden

Lies den letzten Absatz des vorangehenden Kapitels noch einmal.

Betrachte dich unvoreingenommen, so als wärst du ein Zeuge dessen, was dir gerade passiert …

Frag deine Ungeduld, wie es jetzt weitergehen soll.

Frag die schlechte Laune, die dir deine Ungeduld manchmal bereitet, ob du mir den Streich verzeihst, den ich dir gerade gespielt habe.

Frag deine Anspruchshaltung, ob sie akzeptieren kann, dass dir genau das im Leben immer und immer wieder passieren wird …

Bedenke, dass dir das leider auch in Situationen passiert, in denen du nicht überlegen kannst, das Buch zuzuklappen und es aus dem Fenster zu werfen …

Mein Vorschlag lautet, dass du dir und den Dingen ausnahmsweise einmal Zeit lässt. Vielleicht – und nur vielleicht – ist etwas von dem, was nun folgt, doch nützlich für dich. Und wenn es nur die Bestätigung ist, dass du in diesem Labyrinth voller ungeduldiger, gestresster Menschen nicht allein bist, die Tag für Tag der Zeit hinterherhetzen, die ihnen sprichwörtlich zwischen den Fingern zerrinnt …

Wir alle wissen, dass wir voller Bedürfnisse und Wünsche stecken. Uns ist klar, dass einige stärker sind als andere und dass sie sich manchmal widersprechen. Wir sehen widerstrebend ein, dass wir einigen den Vorrang vor anderen einräumen müssen, weil sie wichtiger oder dringlicher sind, auch wenn es nicht die sind, die am meisten Freude versprechen.

Bevor du weiterliest, möchte ich dir nun vorschlagen, dass du dir ein paar Minuten Zeit nimmst und mit mir gemeinsam eine kleine Aufgabe löst, die uns Material für das gibt, was ich dir danach zu erklären versuche.

Wir nehmen also zwei Blätter Papier und erstellen zwei Listen mit zu erledigenden Dingen, in der Reihenfolge aufgeschrieben, in der sie uns einfallen.

Auf das erste Blatt gehören die Dinge, die wir für dringend halten, ob sie nun wichtig sind oder nicht.

Auf das zweite Blatt gehören Dinge, die wir uns wünschen, die wir erreichen oder nicht verlieren wollen, Dinge, die wirklich wichtig sind. Prioritäten, um die wir uns momentan nicht genug kümmern, weil wir wissen, dass sie nicht drängen, auf die wir aber nicht verzichten wollen oder könnten.

Denk nicht zu lange nach. Der Verstand täuscht sich, wenn es darum geht zu entscheiden, was wichtig oder dringend ist. Das werden wir später noch sehen. Jetzt schreibe fünf oder sechs Dinge auf die erste Liste mit dem, was dringend ist, und dann ebenso viele auf die zweite Liste mit dem, was wichtig ist.

Und weiter.

Frag dich nicht, ob diese Punkte berechtigt dort stehen oder nicht.

Sei kein Richter. Sei einfach nur Zeuge, ein Chronist. Beobachte, was angesichts der Aufgabenstellung vor deinem geistigen Auge auftaucht, und schreibe es auf.

....

Wenn du damit fertig bist, sieh deine Listen durch.

Was sagen diese dringenden Angelegenheiten und Prioritäten über dich aus?

Was sagt das, was du auf diese Blätter geschrieben hast, über diesen Moment deines Lebens aus?

Einige Zeit früher hätten die Listen nämlich noch ganz anders ausgesehen, und es ist normal und sinnvoll, dass es so ist.

Nun folgt die entscheidende Frage:

Steht dein Handeln in Übereinstimmung mit den Listen, insbesondere mit der Liste der Dinge, die dir am wichtigsten sind?

Keine Eile … lass dir Zeit mit der Antwort. Überlege dir ein paar Beispiele, die deinen Eindruck unterstreichen …

Gehen wir ein wenig tiefer in die Analyse.

Gibt es Dinge, die auf beiden Listen auftauchen? Warum?

Überlegst du, den einen oder anderen Punkt zu verschieben?

Würdest du gerne etwas streichen oder auf einer der Listen ergänzen?

Tu es, aber frage dich dabei immer, was dir das darüber sagt, wer du bist und wo du gerade stehst.

Der fehlende Punkt

Ich möchte dieses kleine Spiel benutzen, um deine Aufmerksamkeit auf den Punkt zu lenken, um den es mir geht:

Steht Gelassenheit (oder ein ähnlicher Begriff) auf einer deiner Listen?

Ich hoffe es wirklich, auch wenn ich davon ausgehe, dass sie auf keiner deiner Listen auftaucht, wenn du in diesem Punkt zu den fünfundneunzig Prozent der Menschen gehörst, die dieses Buch lesen.

Wenn sie wirklich nicht dabei ist, bitte ich dich, sie dazuzuschreiben.

Auf welcher der beiden Listen? Das entscheidest du.

Buddha sagt, dass es nur zwei Wege gibt, die uns zu vollkommener Zufriedenheit und innerem Frieden führen können:

Die Befriedigung all unserer Wünsche.

Der Verzicht auf all unsere Wünsche.

Wenn man seine Lehren gelesen hat, wird einem klar, dass der Weg der Wunschlosigkeit für uns, die wir im Westen geboren und erzogen wurden, sehr schwierig ist. Aber gleichzeitig wird einem bewusst, dass auch der erste Weg nicht gangbar ist.

Und ich ergänze: Ist es unvermeidlich, dass die Enttäuschung, die mit vielen unserer Wünsche einhergeht, uns unserer Gelassenheit beraubt?

Nein, behaupte ich. Lass uns schauen, wie wir daran arbeiten können, nicht in diese Falle zu tappen.

In einer Welt, in der fast alles jederzeit verfügbar ist, ist Gelassenheit eine Seltenheit. Es scheint in unserem Leben keine Zeit für Gelassenheit zu geben, und vielleicht ist sie uns deshalb abhandengekommen. Zu viel Arbeit, zu viele Ziele, zu viele Probleme, an die wir denken, und zu viele Dinge, um die wir uns kümmern müssen. Zu viele Zwänge – bis hin zu dem Zwang, das Leben genießen zu müssen.

Stress ist eine gängige Währung in unseren Großstädten, aber nur wenige Menschen scheinen wirklich etwas dagegen zu unternehmen. Wir leben zwischen Asphalt, Smog und ein bisschen Grün, das wir nie aufsuchen. Diät zu halten ist uns wichtiger, als gesund zu essen.

Die individuellen Reaktionen auf den Stress können sich beträchtlich unterscheiden, genau wie die Vehemenz, mit der sie in Erscheinung treten.

Heute werden Ängste, innere Unruhe, emotionale Instabilität, Ungewissheit und all die kleinen täglichen Sorgen als selbstverständlicher Preis dafür angesehen, dass wir in einer modernen Welt leben. Aber das müsste nicht so sein.

Es ist nichts Neues, dass diese (scheinbar nichtigen) Probleme mit der Zeit zur Ausbildung körperlicher Symptome und der Entwicklung richtiger Krankheiten führen, die direkt oder indirekt auf die Schwächung der natürlichen Abwehrkräfte des Körpers zurückzuführen sind. Ursache dafür ist die stetige Abnahme einer bestimmten Form von Blutkörperchen (Lymphozyten), die für die immunologische Abwehr bestimmter Virentypen und vieler Arten von Tumorzellen verantwortlich sind.

Sexuelle Störungen, Kopfschmerzen, Verdauungsprobleme, Hauterkrankungen, Unfruchtbarkeit, Schlaflosigkeit, Magengeschwüre und der altbekannte und gefährliche Bluthochdruck, Ursache für zwei von drei Herzinfarkten, stehen auf der Liste der häufigsten Beeinträchtigungen. Nicht zu sprechen von den psychischen Symptomen: Gedächtnisverlust, verminderte kognitive und intellektuelle Fähigkeiten und Konzentrationsschwierigkeiten, bis hin zu Depressionen oder Panikattacken.

Man bringt uns bei – und wir nehmen es so an –, nach Sicherheit zu streben, um aus dieser Sicherheit heraus zur Gelassenheit zu finden. Das wäre auch gar nicht so falsch, würden wir diese Sicherheit nicht mit dem gleichsetzen, was die Gesellschaft darunter versteht (Macht, Erfolg, Geld, Besitz). Um den Selbstbetrug komplett zu machen, fühlen wir uns durch den Applaus der anderen, die genauso orientierungslos sind wie wir selbst, bestätigt, auf dem richtigen Weg zu sein. Sie beneiden uns, wenn sie uns dort sehen, wo sie selbst gerne wären, und vergessen dabei genau wie wir selbst, dass wir für das gesellschaftliche Kollektiv eher potentielle Konsumenten sind als Menschen auf der Suche nach dem Glück.

Es ist durchaus verständlich, dass man Erfolge genießt und stolz auf das Erreichte ist, und es ist natürlich eine Erleichterung, wenn man seine Ziele erreicht. Doch dieses gute Gefühl dauert nur kurz an, denn kaum sind wir dort, »wo wir immer hinwollten«, scheinen wir gezwungen zu sein, uns ein neues Ziel zu setzen, neue Pläne für die Zukunft zu schmieden, etwas zu finden, das uns noch länger in der Welt der rastlos Suchenden hält, die immer weiter nach etwas streben, was uns die ersehnte Sicherheit gibt (eine Lüge!) und damit den inneren Frieden.

Zeit zum Nichtstun

Wir leben weitgehend nach genau diesem Prinzip. Umgeben uns mit Dingen, die wir nicht brauchen, und mit Gegenständen, die wir nicht nutzen.

Regale voller Bücher, die wir nie gelesen haben; wunderbare Musikaufnahmen, die wir noch nicht ausgepackt haben und die neben der Stereoanlage verstauben. Ersparnisse, von denen wir nicht wissen, ob wir irgendwann etwas davon haben werden; den Kopf voll mit oft unnützem Wissen und Informationen, die wir horten und im Rucksack unseres Intellekts mit uns herumschleppen. Ein Kalender voller Namen und Telefonnummern von Menschen, die wir so gut wie nie sehen und mit denen wir zu selten sprechen.

Auf unserer verzweifelten Flucht vor dem Gefühl der Leere bekommen wir es paradoxerweise jedes Mal mit der Angst zu tun, sobald wir in einen Zustand der Ruhe oder Stille kommen. Dann versuchen wir hektisch, das Schweigen mit Wörtern zu füllen und die Ruhe mit blindem Aktionismus, weil wir die Vorstellung des Nichts nicht ertragen und erst recht nicht den Gedanken, wir könnten das »Ziel« des Glücks nicht erreichen, das uns jemand als Wunsch in den Kopf gesetzt hat.

Ich schlage dir vor, dass du dir von heute an mindestens eine Stunde pro Woche die Zeit nimmst, um einfach dazusitzen und nichts zu tun.

Keine Angst.

Jeder kann es aushalten, eine Stunde nichts zu tun. Auch du.

Nicht lesen, keine Musik hören, keinen Film sehen.

Nichts.

Gar nichts.

In den ersten fünfzehn Minuten wirst du dich ein bisschen unwohl fühlen. Dann folgen Verdrossenheit und Unruhe, und du wirst versucht sein, die Übung abzubrechen. Wenn du durchhältst, kommen vielleicht Traurigkeit, Unbehagen und andere unangenehme Empfindungen in dir hoch. Vor allem wirst du dir selbst vorwerfen, hier herumzusitzen und deine Zeit zu verschwenden (und das, wo du so viel zu tun hättest!) …

Wenn du nicht davonläufst, sondern einfach weiterhin da bist, ohne über dich selbst zu urteilen, wird bald der Moment kommen, in dem die innere Unruhe verschwindet und von ganz tief unten Gelassenheit aufsteigt.

Die Gelassenheit dessen, der sich nicht vor dem fürchtet, was ihm draußen begegnen könnte, weil er keine Angst vor dem hat, was er in sich entdeckt. Die Gelassenheit dessen, der lernt, sein Leben nach dem zu beurteilen, was er ist, und nicht nach dem, was er hat.

Wenn du diese Übung oft genug gemacht hast, kann es sein, dass du spontan mehr Zeit in Ruhe und Stille verbringst. Das ist nur logisch: Wenn man im Frieden mit der Außenwelt und sich selbst ist, ist es überflüssig, das Leben mit zu vielen Worten und Taten zu füllen.

Die Verbindung mit der Zeit

Die Zeit, sie vergeht zu langsam für die Wartenden und zu rasch für die Ängstlichen. Zu lang ist sie für die Trauernden und zu kurz für die Frohlockenden. Den Liebenden aber ist die Zeit eine Ewigkeit.
William Shakespeare

Vor einigen Jahren veröffentlichte Carl Honoré, ein kanadischer Journalist, der in London lebt und arbeitet, ein schmales Büchlein, das in Windeseile seinen Siegeszug um die Welt antrat (was zumindest kurios ist, bedenkt man den Titel des Buchs: *In praise of slow* – Das Lob der Langsamkeit).

Darin schreibt Carl Honoré im ersten Kapitel:
»Was machen Sie morgens als Erstes, wenn Sie aufwachen? Das Fenster öffnen? Sich noch mal in den Kissen umdrehen? Aus dem Bett springen, um zehn Kniebeugen zu machen und dann zu duschen? Nein. Zuallererst schauen Sie auf die Uhr.«

Als ich das zum ersten Mal las, fühlte ich mich plötzlich ganz unbehaglich. Wurde ich heimlich von diesem Kerl beobachtet?

Als Therapeut habe ich gelernt, dass die persönliche Beziehung, die ein Mensch zur Zeit hat, ein wichtiger Indikator für seine Gesundheit und seine Fähigkeit ist, das Leben zu genießen.

Wir alle hatten schon einmal das Bedürfnis, zu verweilen, die Uhr anzuhalten, als ließe das die Zeit stillstehen, um ohne Hast die Gesellschaft eines Menschen, eine bestimmte Situation oder einen schönen Sonnenuntergang zu genießen.

Wenn uns das nicht gelingt, haben wir zu Recht das Gefühl, dass uns das Vergnügen entgeht, diese kleinen Dinge zu betrachten und zu genießen, und damit auch die Möglichkeit, das Leben in vollen Zügen auszukosten, denn in diesen Dingen, die wir in der Hektik nicht wahrnehmen, liegt ein großer Teil des wahren Sinns von allem.

Man fragt sich, wie man alles schaffen soll, wenn man nicht rennt; ohne dabei durchzudrehen. Der Job, der Haushalt, die Lektüre, die Freunde, die Familie, Papierkram … Wir sind in diesem ewigen Hamsterrad gefangen.

Die Eingangstür zu diesem Gefängnis der Entfremdung liegt nicht in den vielen Dingen, die man jeden Tag zu erledigen hat, sondern in der Unfähigkeit, sich Zeit zu lassen, um sie zu erledigen.

Die subjektive Empfindung, nicht mit den sechzig Minuten auszukommen, die eine Stunde dauert, die Angewohnheit, den nächsten vierundzwanzig Stunden mit innerer Unruhe entgegenzusehen, die Tatsache, dass wir verzweifelt sind, weil schon wieder unser Geburtstag vor der Tür steht, sind alarmierende Anzeichen eines mehr oder weniger pathologischen Verhaltens, das symptomatisch für den neurotischen Menschen ist: das Gefühl, Gefangener, Sklave oder Opfer der erbarmungslos verrinnenden Zeit zu sein.

Vor mittlerweile zwanzig Jahren schrieb ich eine Geschichte für einen Patienten, der das Gefühl hatte, ein fremdbestimmter Sklave seiner Pflichten zu sein. Sie erschien zum ersten Mal unter dem Titel ›Rebellion‹ in meinem Buch *Geschichten zum Nachdenken*.

Plötzlich klingelte es.
»Bist du da?«, hörte ich. »Es ist Zeit!«
»Ich komme schon!«, antwortete ich automatisch.
»Es ist schon spät. Mach die Tür auf.«
Ich war es leid.
Ich überlegte, den Hammer zu holen und es zu tun …
Mit ein bisschen Glück könnte ich diesem nicht enden wollenden Martyrium mit einem einzigen Hieb ein Ende setzen.
Es wäre zu schön …
Nicht mehr kontrolliert werden …
Kein Drängeln mehr …
Kein Gefängnis mehr!!!
Früher oder später würden alle erfahren, was ich getan hatte …

Früher oder später würde jemand den Mut haben, es mir nachzumachen …
Und dann vielleicht noch einer …
Und noch einer …
Und viele andere würden sich ein Herz fassen.
Eine Kettenreaktion, die für immer mit der Unterdrückung aufräumte.
Uns ein für alle Mal von ihr befreit.
Der Diktatur in all ihren Erscheinungsformen ein Ende setzen …

Plötzlich wurde mir klar, dass mein Traum nicht zu realisieren war.
Unsere Sklaverei scheint gleichzeitig unsere einzige Möglichkeit zu sein …
Wir haben uns unsere eigenen Kerkerwächter geschaffen, und nun würde die Gesellschaft ohne sie nicht mehr existieren.
Es bleibt dir nichts anderes übrig, als es zuzugeben …
Ohne Uhren könnten wir nicht mehr leben!!!

Die Geschichte bedeutet keine Verdammung, sie ist eine Warnung: ein schlechtes Verhältnis zu diesem Freund und Feind macht uns krank.

Uns fehlt Zeit

Wenn wir merken, dass die Dinge, die wir jeden Tag zu bewältigen haben, uns »über den Kopf wachsen«, reden wir uns zunächst ein, dass es nur vorübergehend ist und dass wir nur ein paar Sachen ändern müssen, um Zeit zu sparen (obwohl auf der Hand liegt, dass es sehr schwierig ist, schnell und effizient zu sein, wenn unser Gedächtnis uns im Stich lässt oder unser Konzentrationsvermögen nachlässt, eben weil es uns so zu schaffen macht, für nichts Zeit zu haben).

Ein neues Leiden (das viele Kollegen übereinstimmend »die Zeitkrankheit« nennen) füllt mittlerweile viele Seiten von Forschungsberichten und Studien, sowohl in der Medizin als auch im Bereich der Sozialarbeit mit Einzelpersonen und Gruppen.

Diese Krankheit ist viel mehr als einfach nur Stress und kann in schweren Fällen bis zum Tod führen.

Als furchtbares Beispiel lässt sich die Situation in Japan anführen, der Wiege der Zen-Philosophie und einem Land, von dem man immer annimmt, dass sich Schönheit und Einfachheit nicht nur in einer reinen, minimalistischen Kunst zeigen, sondern vor allem in der Lebensform.

Offensichtlich hat die Hochleistungsgesellschaft Nippons die hyperaktive Lebensweise derart verinnerlicht, dass nach Informationen der WHO in den letzten fünf Jahren in Japan über hundert Menschen an *Karoshi* gestorben sind – ein neues japanisches Wort, das sich mit »Tod durch zu viel Arbeit« übersetzen ließe. Die meisten Menschen in den westlichen Städten können nicht verhindern, dass der ständige Druck und die Forderung nach Schnelligkeit und Effizienz, die auf der Arbeit von ihnen erwartet wird, auch die Zeit und die Qualität ihrer privaten Begegnungen beeinflusst, insbesondere mit Familie und Freunden. Viele junge und nicht mehr so junge Menschen im Westen haben eine Art Adrenalinsucht entwickelt, die sie dazu treibt, jeden Tag »am Limit« zu leben, auf der Arbeit genau wie beim Sport und sogar in der Zeit, die für Freizeit und Vergnügen reserviert ist.

Als Konsequenz aus dieser neuen »Welle« werden die Begegnungen, die früher einmal dem Vergnügen am Gespräch um seiner selbst willen dienten, immer kürzer, sind weniger spontan (schließlich muss man die Zeit nutzen) und haben weniger Tiefgang (weil keine Zeit bleibt, um in die Tiefe zu gehen).

Mit Hilfe der Technologie – Internet, Handy, Chat, Fax und SMS – führen Ungeduld und mangelndes Hinhören zu einer Kommunikation der knappen Dialoge und der flüchtigen, oberflächlichen Gespräche, die immer nur in eine Richtung gehen und in der Regel selbstreferentiell sind. Und das Schlimmste ist, dass diese Formen der Beziehung mehr und mehr Raum in unser aller Leben einnehmen. Die kurzen Momente der Ekstase, die man im Gegenzug für die Adrenalinsucht bekommt, schaffen einen Teufelskreis, der – wie bei jeder Sucht – schwer zu durchbrechen ist.

Die Eile anhalten

Viele von uns haben aus dem Blick verloren, dass es manchmal nötig ist, sich ein wenig zusätzliche Zeit zu nehmen … Langsamer zu leben … Sich ganz auf das zu konzentrieren, was man gerade tut, ohne uns von dem Gedanken ablenken zu lassen, was wir danach zu erledigen haben.

Wenn aber dieses danach zu Erledigende wichtiger (oder eiliger) ist, sollten wir gleich ganz mit dem aufhören, was wir gerade tun, und uns der anderen Sache widmen. So können wir später mit voller Aufmerksamkeit zu der Sache zurückkehren, die wir halbfertig liegengelassen haben.

Vor wenigen Monaten war ich in Jerusalem – zum Teil, um für dieses Buch zu recherchieren, vor allem aber, weil ich unbedingt diese magische Stadt wiedersehen wollte, in deren von Mauern umgebener Altstadt auf knapp zweihundert Quadratmetern drei der heiligsten Plätze der großen Religionen zu finden sind, die ihren Ursprung im Nahen Osten haben: Judentum, Christentum und Islam.

Nur ein paar Meter von denen entfernt, die inbrünstig an der Klagemauer – den Überresten des jüdischen Tempels – beten, erhebt sich der Felsendom, der über jenem Felsen errichtet wurde, von dem aus der Prophet Mohammed in den Himmel aufstieg.

Nur ein paar Gehminuten weiter durch die schmalen Gassen befindet sich die Grabeskirche, errichtet an jener Stelle, wo Jesus nach seinem Tod am Kreuz begraben wurde und wieder auferstand.

Aber nicht wegen dieses mystischen Nebeneinanders (das nicht nur Zufall sein kann) kommt mir jetzt dieser Ort in den Sinn, sondern wegen einer scheinbar bedeutungslosen Geschichte, die mir an einem anderen, auf seine Weise genauso magischen Ort der Altstadt passierte: dem Jerusalemer Markt. Der Shouk ist ein Straßenmarkt, der sich rings um all diese heiligen Orte erstreckt. Eine Art Mischung aus Bazar, Trödel und Flohmarkt, wo man fast alles zu fast jedem Preis erstehen kann.

Geschäfte werden dort durch Feilschen gemacht. Es wäre fast eine Beleidigung, etwas zu kaufen, ohne zuvor ausführlich über den geforderten Preis zu verhandeln. Und so feilschte ich gerade gemeinsam mit zwei Freunden um einen bestickten Stoff, den eine spanische Freundin kaufen wollte, um sich einen Rock daraus zu nähen. Der Verkäufer und ich verhandelten mit großem Vergnügen darüber, was der Stoff letztlich kosten solle. Nach fast einer halben Stunde hartnäckiger Feilscherei – er in einem armseligen Englisch und ich in einem noch armseligeren Arabisch und Hebräisch (das ich als Kind aufgeschnappt hatte, indem ich meinen Großeltern zuhörte) – war es mir gelungen, den Preis von 1800

Schekel auf 300 Schekel zu drücken. Ich hatte mein erstes Angebot von 100 Schekel auf 150 erhöht und blieb hartnäckig bei dieser Summe. Plötzlich kam ein junger Araber mit einem Kaffeetablett in den Laden. Der Verkäufer drehte sich wortlos um, ließ uns vier mitten im Geschäft stehen, setzte sich an den Ladentisch und begann in aller Seelenruhe seinen Kaffee zu schlürfen. Wir Westler verstanden die Welt nicht mehr. Nach einigen Minuten ging ich zu dem Verkäufer, um ihn zu fragen, ob er uns nicht weiter bedienen wolle.

Er antwortete, jetzt in einem tadellosen Englisch: »Schau, mein Freund, jetzt ist Zeit zum Kaffeetrinken. Und wenn ich Kaffee trinke, verkaufe ich nicht, ich trinke Kaffee. Aber es wäre mir eine Freude, Sie und Ihre Freunde zu einem Kaffee einzuladen, wenn Sie möchten.«

Natürlich nahmen wir an, und wenig später saßen wir zu fünft da und tranken Kaffee. Als wir ausgetrunken hatten (ein köstlicher Kaffee, übrigens), stand er auf und sagte: »250 Schekel. Das ist mein letzter Preis.«

Wir in Madrid, Buenos Aires oder Mexiko-Stadt hätten sicherlich versucht, das Geschäft so schnell wie möglich abzuschließen, wir hätten den Kunden gedrängt und außerdem unseren Kaffee kalt getrunken.

Das Leben bestätigte mir, was mich dieser Verkäufer an jenem Nachmittag im Shouk lehrte, und mir wurde klar, dass ich fast immer mehr erledigt bekomme, wenn ich nicht versuche, besonders schnell zu sein.

Persönlich habe ich mir eine langsamere Gangart angewöhnt, weil ich überrascht festgestellt habe, dass ich das, was ich gerade mache, nur dann wirklich genießen kann, wenn ich nicht hetze, und das Ergebnis außerdem (oder genau deswegen) subjektiv wie objektiv immer wesentlich besser ist.

Hier muss ich an meinen ehemaligen Patienten Emilio denken, einen hochbegabten, virtuosen Musiker, der mittlerweile ein guter Freund von mir ist. Dutzende Male hörte ich Emilio in den Sitzungen bitterlich darüber klagen, wie schwer es ihm falle, die vielen schönen Dinge in seinem Leben zu genießen: zwei wunderbare Kinder, eine herzensgute Ehefrau, eine glänzende Karriere, reichlich Anerkennung und beste Zukunftsaussichten.

Er sagte, er habe das Gefühl, mit Höchstgeschwindigkeit auf einem Fahrrad durch sein Leben zu rasen, so als müsse er immer vor allen anderen ankommen. Das Bild war sehr aussagekräftig und tat uns gute Dienste, als wir in den nächsten Sitzungen an dem Problem arbeiteten.

Eines Tages stellten wir beide überrascht fest, dass

Rennräder im Gegensatz zu Tourenrädern keinen Fahrradständer haben. Man kann sie nur »im Gleichgewicht halten«, solange man in die Pedale tritt. Es war offensichtlich, dass Emilio glaubte, sein Leben werde aus dem Gleichgewicht geraten, wenn er es wagte anzuhalten.

Man kann die Dinge nicht genießen, wenn man an ihnen vorbeirast. Manchmal genügt es auch nicht, die Geschwindigkeit zu verringern. In diesen Fällen muss man anhalten, um die Landschaft zu betrachten, auch auf die Gefahr hin, den Schwung zu verlieren, das Gleichgewicht und, das ist das Wichtigste, nicht mehr mithalten zu können.

In der nächsten Sitzung brachte ich Emilio als Zeichen der Dankbarkeit für das, was wir miteinander gelernt hatten, diese kurze Geschichte mit:

Ein Karren fährt an einem Gaucho vorbei, der mitten im strömenden Regen gemächlich landeinwärts reitet. Der Mann auf dem Karren ruft ihm zu:
»Warum reitest du nicht schneller? Macht es dir nichts aus, nass zu werden?«
»Nicht besonders«, sagt der Gaucho. »Außerdem habe ich noch einen zweitägigen Ritt querfeldein vor mir. Warum soll ich mein Pferd zur Eile antreiben, wenn es weiter vorn auch regnet?«

Mag sein, dass es manchmal wichtig ist, sein Tempo zu beschleunigen, vor allem dann, wenn wir etwas zu Ende bringen wollen. Aber auch in diesen Fällen kann es wirkungsvoller sein, langsam zu machen. Jeder weiß, dass man mit Eile nicht unbedingt schneller ans Ziel kommt.

Die Deutschen haben seit mehr als zwanzig Jahren die kürzesten Arbeitszeiten in Europa, und trotzdem ist ihre Produktionsrate genauso hoch oder höher als in »arbeitsameren« Ländern.

Wenn wir uns ein wenig Zeit lassen könnten, wenn wir in der Lage wären, unsere »Flucht nach vorn« zu stoppen; wenn wir uns die Zeit nähmen, alles deutlicher wahrzunehmen … dann, ja dann wären wir vielleicht in der Lage, selbst in einer unangenehmen Situation etwas zu entdecken, was uns weiterbringt, was uns gefällt oder wodurch wir etwas lernen können.

Von der Eile, ans Ziel zu kommen, und dem Zwölf-Sekunden-Wahnsinn

Wir sind in einer Kultur der Eile und mangelnder Geduld gefangen. Wir leben im ständigen Zustand der Überstimulierung und Hyperaktivität, der uns darin hindert, uns zu freuen und das Leben zu genießen.
CARL HONORÉ

Ungeduld ist neben vielem anderen auch ein kulturelles Problem. Eine bedenkliche, anerzogene Schwäche (so wie Scham- und Schuldgefühle und die meisten Ängste).

In unserer Kultur schuldbewusster, verunsicherter Eltern ist es die Norm, dass wir unsere Kinder »verziehen«, indem wir ihnen – zu schnell, wie meine Mutter uns vorwarf – alles geben, wonach sie verlangen, bevor sie aus Frust darüber, etwas nicht zu bekommen, auch nur zu heulen beginnen. Es ist durchaus wahrscheinlich, dass ein solches Verhalten unsere Jugendlichen daran hindert, den Zusammenhang zwischen Arbeit, Abwarten und endgültigem Ergebnis zu erkennen.

Die Leichtigkeit, mit der wir Zugang zur Information haben, mit der wir einfach den Wasserhahn aufdrehen oder gleich um die Ecke Äpfel kaufen können, hat uns den Blick für den Wert der Dinge verlieren lassen.

Unser Komfortdenken und unsere anerzogene Phobie vor jeglicher Frustration hat uns zu der Überzeugung gelangen lassen, alles sofort und gleich zu bekommen sei nur logisch und natürlich.

Unsere weltweiten Beziehungen via Internet sind ein gutes Brennglas, um uns dieser verschobenen Wahrnehmung bewusst zu werden.

Gonzbuk und Nielsen haben das Verhalten der User im virtuellen Raum des Webs analysiert und kommen zu dem Schluss, dass die Internetuser immer ungeduldiger werden.

Ein Beispiel: Um sich nicht über die Wartezeit ärgern zu müssen, die zwischen dem Einschalten des Computers und dem Lossurfen liegt (zwischen einer und drei Minuten), lassen fast alle Surfer im Netz den Computer ständig hochgefahren und bleiben ins Internet eingelogt.

Und das ist noch nicht alles. Wenn eine Webseite zu lange braucht, um zu laden, schließen neun von zehn Usern das Fenster und suchen woanders. Wie lange ist »zu lange«?, könnte man fragen. Die Experten wissen es. »Zu lange« ist alles, was länger dauert als zwölf Sekunden.

Zwölf Sekunden!

Lass es mich anders sagen.

Einmal angenommen, ich würde eines Tages eine bedeutende Entdeckung für die Zukunft der Menschheit machen (was unwahrscheinlich ist – nur einmal angenommen) und mich dazu entschließen, zur Veröffentlichung die Technologie des Internets zu nutzen. Wenn die Welt nur durch eine Webseite von der Existenz dieser Information erfahren könnte und die Seite aus irgendeinem Grund länger als zwölf Sekunden bräuchte, um sich zu öffnen, würde wahrscheinlich niemand jemals von meiner Entdeckung erfahren.

Die Ansprüche der Ungeduldigen mit ihrer niedrigen Frustrationsschwelle, ihren kurzlebigen Vorlieben und ihrer fast krankhaften Impulsivität bestimmen Angebot und Nachfrage bei fast jedem Produkt in der Welt der Konsumgesellschaft. »Schnell und unkompliziert« ist nahezu überall das beste Verkaufsargument. Schnelles Essen, schnelle Lektüre, schneller Sex.

Es gibt Reis, der in zwei Minuten fertig gekocht ist, Sofortkredite, Instantkaffee, Fertigsuppen und Expresskassen.

Der in der Werbung versprochene sofortige Erfolg garantiert, dass wir keine Geduld brauchen – Warten überflüssig:

Englisch lernen in einer Woche!

Male ein Ölbild in zehn Minuten!

Die Oper verstehen in ein paar Stunden (ohne sie deshalb hören zu müssen)!

Ganz Europa in 12 Tagen!

Ein alter Witz, den ich zum ersten Mal von dem unglaublich witzigen, galligen argentinischen Komiker Enrique Pinti gehört habe, macht sich über diese Form des Reisens lustig, dessen Programm den Besuch möglichst vieler Orte in kürzester Zeit verspricht:

> In einem Bus auf der Fahrt durch Europa fragt die Tochter:
> »Was ist das da draußen vor dem Fenster, Papa?«
> Der Vater fragt zurück: »Welcher Tag ist heute?«
> »Mittwoch, Pa…«
> »Ah!«, antwortet der Vater. »Dann ist es Brüssel!«

Innere Unruhe, Rastlosigkeit, Gier und Hetze sind nur einige »Attribute« der Ungeduldigen.

Bist du ungeduldig?

Du bist ganz bestimmt ungeduldig, wenn du beim Puzzeln gleich aufgibst und dem Hersteller die Schuld gibst, falls es nicht sofort klappt.

Du bist ungeduldig, wenn du einen Krimi liest und nach fünfzig Seiten weiterblätterst, falls du bis dahin noch nicht weißt, wer der Mörder ist.

Du bist ungeduldig, wenn du jedes Mal, falls dich eine Liebesbeziehung nicht sofort zufriedenstellt, zu überlegen beginnst, ob du dich nach etwas Neuem umschauen solltest. Wenn du ungeduldig bist, wirst du mit der Zeit die absurde Einstellung entwickeln, dass Geduld gleichbedeutend mit Resignation ist.

Und natürlich, dass nichts von dem, worüber wir hier sprechen, dir diese Resignation bringen wird.

Vielleicht sollten wir anfangen, ganz bewusst auszuwählen, was wir wirklich wollen. Sucht man zum Beispiel Erfüllung durch das Besitzen von Dingen, muss man immer schneller immer mehr konsumieren (was auch bedeutet, dass man immer mehr Geld braucht), um die naive Illusion aufrechtzuerhalten, dass sich die Zufriedenheit einstellen wird, wenn wir alles haben …

Ratschlag für Ungeduldige (falls sie bis hierhin durchgehalten haben): Es funktioniert nie.

Die Slow-Bewegung

In allen alten Kulturen ist geduldiges Warten eine Voraussetzung für das Erlangen von Weisheit. Wenn wir einräumen, dass daran etwas Wahres ist, müssten wir auch zugeben, dass an unserem Verhalten etwas Dummes ist. Oder?

Kann man Dinge schnell tun? Natürlich kann man das.

Kann man Dinge gut machen, wenn man sie schnell macht? Auch das ist möglich, aber wahrscheinlich sind sie nicht so gut, wie sie hätten sein können.

Ein einfaches Beispiel: Eines der Geheimnisse eines guten argentinischen *asado* ist eine ordentliche Holz- oder Holzkohlenglut, die eine ganze Weile (über Stunden) angefeuert werden muss, bis sie die richtige Temperatur hat. Die Verlockung falsch verstandener Schnelligkeit und Eile bringt so manchen dazu, der vielleicht viel von Zeitmanagement und Ökonomie versteht, aber nicht so viel vom guten Leben, den einen oder anderen Schritt auszulassen oder durch die Segnungen der Technik zu ersetzen und den Super-Ultra-Expressgrill zu kaufen (raucht nicht, stinkt nicht, bereit in 14 Minuten). Das Ergebnis ist gegrilltes Fleisch, aber der Geschmack ist nicht derselbe.

Worum geht es: Etwas gut zu machen oder schnell?*

---

* Der Koch Karlos Arguiñano gibt zu bedenken, dass es nicht länger dauert, ein paar Kartoffeln zu kochen und zu zerdrücken, als ein Fertigpüree herzustellen.

»Eulogio, antworte schnell: Wie viel ist drei mal vier?«
»Elf«, antwortet Eulogio.
»Nein, zwölf!«
»Tut mir leid, aber was willst du? Schnelligkeit oder Genauigkeit?«

Die neue Philosophie der Langsamkeit schlägt vor, unser tägliches Leben zu entschleunigen. Was als Gegenbewegung zur Popularität von Fast Food und »Nahrungsmüll« begann, weitete sich bald auch auf andere Themen aus und firmiert unter einem ganz einfachen Slogan: Gib jeder Sache, jeder Situation, jeder Begegnung und jeder Aufgabe die Zeit und die Aufmerksamkeit, die sie braucht und verdient.

Die Ursprünge

Die Slow-Bewegung entstand 1986 in Rom als Reaktion einer Gruppe von italienischen Köchen um Carlo Petrini auf die Eröffnung eines Fast-Food-Restaurants (genauer: einer McDonald's-Filiale) auf der altehrwürdigen Piazza Navona.

In ihrem Stolz getroffen, riefen diese Köche an die hundert Lokale ins Leben, die sie »Slow Food« nannten; dort hatte man Zeit, zu warten, bis das Essen zubereitet war, um es dann, begleitet von einem guten Wein, in aller Ruhe gemeinsam mit Freunden zu genießen.

Die Slow-Philosophie möchte eine Welt schaffen, in der die Menschen, statt durchs Leben zu hetzen, die Langsamkeit wiederentdecken, um so ihr Leben mehr zu genießen.

Wer gerne liest und weiß, dass ein gutes Buch eines ist, das man noch einmal lesen möchte, obwohl man noch genau weiß, wie es endet, vermisst die herrlich weitschweifigen, ausführlichen Beschreibungen in den Romanen des 19. Jahrhunderts. Literarische Gemälde von Orten, Kleidungsstücken und Situationen, die mittlerweile aus der Literatur verschwunden sind. Heute hingegen wird aus dem Abenteuer des Lesens eine Erfahrung, die dem Anschauen eines Films im Kino gleichkommt (vielleicht auch, weil viele Romane schon mit dem Hintergedanken an eine mögliche Verfilmung geschrieben werden).

Den Rhythmus verlangsamen heißt nicht, sich langsamer zu bewegen, und schon gar nicht, Entscheidungen endlos zu vertagen. Es heißt vor allem, weniger Wert darauf zu legen, schnell ans Ziel zu gelangen, oder zumindest, nicht den Weg darauf auszurichten.

Auch der Sex ist in unserer Gesellschaft von der Zeitkrankheit befallen wie alles andere, auch wenn uns in diesem Fall von Anfang an klar ist, dass wir viel mehr verlieren, als wir gewinnen.

Eine erfüllende Beziehung zu führen ist viel mehr, als einen guten Orgasmus zu haben. Es bedeutet, dem Austausch mit einer anderen Person mehr Tiefe zu verleihen, indem man Körper und Geist mit ihr teilt. Sex, »der größte Spaß, den man haben kann, ohne zu lachen«, wie Woody Allen sagte, braucht Zeit – davor, währenddessen und danach.

Wir sollten uns vornehmen – das ist leichter gesagt als getan! –, schnell zu handeln, wenn es nötig ist, und langsam, wenn es angesagt ist; weniger hektisch zu sein und selbst den Rhythmus zu bestimmen.

Da fällt mir eine Anzeige ein, die ich einmal im Schaufenster eines Optikers sah:

Wir machen Ihre Brille.
Gut, günstig und schnell.
(Für zwei der drei Dinge garantieren wir)

Das erschien mir nur einleuchtend.

Wenn etwas gut und günstig ist, dauert es fast immer länger, bis man es bekommt.

Ist etwas schnell und günstig, ist es meist nicht von guter Qualität.

Und wie wir alle wissen, kommt es nie günstig, wenn man erwartet, dass etwas gut gemacht ist und schnell geht.

Kann man lernen, NICHTS zu tun?

Die Eile ist die Herrscherin der großen Städte, auch wenn das Einzige, über das sie wirklich Macht ausübt, der Mensch selbst ist. Wir sind es, die rennen; die Straßen und Avenuen sind immer da, Gebäude und Plätze bewegen sich nicht; Aufzüge und Rolltreppen fahren mit gleichbleibender Geschwindigkeit auf und ab, ohne sich um unsere Eile zu scheren. Und obwohl es so offensichtlich klingt, fällt es uns nach wie vor schwer, zu akzeptieren, dass unser Leben nicht vorbei ist, wenn wir aufhören zu hasten. Noch schwerer fällt uns vielleicht der Gedanke, dass es möglich ist, besser zu leben, indem man weniger tut.

Um authentisch zu sein, könnten wir einen schrittweisen Plan ausarbeiten, um zu diesem Ziel zu gelangen.

Zum Beispiel damit anfangen, zwei, drei Dinge aus unserem Kalender zu streichen, die nicht so wichtig sind, und der Versuchung zu widerstehen, diesen soeben gewonnenen Freiraum gleich wieder mit drei oder vier anderen Dingen zu füllen (Dinge, die noch zu erledigen sind und von denen du nicht wusstest, wo du sie unterbringen sollst).

In einem nächsten Schritt könnten wir die Fernsehsendungen auswählen, die uns wirklich interessieren, und den Fernseher nur einschalten, um diese Sendungen zu sehen, und nicht aus Gewohnheit.

In der Zeit, die du gewonnen hast, indem du nur die Sendungen schaust, die dich interessieren, könntest du dich an der schwierigen Übung versuchen (und ich sage das ohne Ironie), NICHTS zu tun.

Mal sehen, ob du dich dazu entschließen kannst:

Nimm einen Wecker, eine Stoppuhr oder einen Küchenwecker und stelle ihn auf zehn Minuten ein. Schließ die Augen und mache in dieser Zeit nichts. Und lass dich nicht dabei stören (schon gar nicht von einem »Hast du grad mal Zeit?«).

Ein wichtiger Teil dieses ersten Nichts-Tuns ist es, dich wohl zu fühlen. Such nicht nach der idealen Position, sondern mach es dir einfach bequem. Hast du schon mal gesehen, wie sich eine Katze auf einem Sessel rekelt? Katzen sind sehr gut darin, es sich bequem zu machen, um nichts zu tun. Sie könnten ein gutes Vorbild für dich sein.

Schlaf nicht ein, summe nicht, mache keine Pläne …

Mach zehn Minuten lang einfach nichts.

Wenn die erste Übung gut geklappt hat (falls nicht, auch), dann versuche die zweite (aus offensichtlichen Gründen ist es nicht ratsam, sie im Büro durchzuführen). Nimm ein schönes Vollbad.

Man braucht reichlich klares, heißes Wasser.

Eine Badewanne (am besten in den eigenen vier Wänden).

Ein Schaumbad, Badezusätze oder Düfte können hilfreich sein.

Das Einlassen des Bades ist Teil der Übung; delegiere es nicht an andere, wenn du es vermeiden kannst (genieße mit einem Lächeln die ungewöhnliche Beschäftigung, der Zeit des Nichtstuns Zeit zu widmen).

Tauche langsam in das Bad ein und konzentriere dich auf die Hitze, die deinen Körper einhüllt.

Nimm diesmal kein Buch zur Hand und lasse das Radio aus.

Genieße nur und schwitze.

Weiter?

Eine dritte Übung. Man muss sie nicht unbedingt gleich im Anschluss an die vorherigen machen – obwohl, warum nicht?

Sie lautet: Essen oder trinken, nur wenig und ganz langsam.

Eine Frucht, einen Nachtisch, ein Stück Brot, ein Glas Saft oder kühles Wasser könnten eine gute Wahl sein.

Nimm sie ganz langsam in den Mund.

Schmecke.

Nimm bewusst die Temperatur, den Geschmack oder die Textur dessen wahr, was du zu dir nimmst, und vor allem die Zeit, die du etwas widmest, was du in ein paar Sekunden hinter dich bringen könntest.

Genieße.

Wenn du diese drei Übungen beherrschst, werden dir einige Dinge bewusst werden, die dir beinahe in Vergessenheit geraten sind.

Wenn du mehr willst, ist es an der Zeit, das NICHTS-TUN in der Welt draußen auszuprobieren.

Dafür empfehle ich dir eine weitere Übung:

Wähle einen Ort – einen Park, einen Wald, einen Strand, ein Lokal, einen Fluss –, den du als angenehm empfindest und von dem du das Gefühl hast, dass er dein Nichts-Tun mit dir teilen kann.

Meiner ist die Terrasse des *Anahí*, der kleinen Bar, in der ich jeden Morgen frühstücke. Von meinem Tisch aus – es ist fast immer derselbe – sehe ich die kleine Bucht an der Küste des *Balcón de Europa* in meinem geliebten Nerja.

Als wäre es ein körperliches Mantra, sehe ich schweigend den Fischern zu, die seit dem frühen Morgen an den Strand zurückkehren und routiniert ihre Netze entwirren und neben dem Boot stapeln.

Was mache ich in diesen zwei oder drei Stunden?

Auch wenn es schwer zu glauben ist: nichts. Gar nichts.

Gegen Mittag unternehme ich vielleicht einen Spaziergang. Oder ich bleibe einfach dort, betrachte die herrliche Landschaft, schreibe etwas, lese oder denke nach – aber immer erst danach, wenn meine Zeit des Nichtstuns vorbei ist.

Die letzte Aufgabe, die du in Angriff nehmen solltest, ist einfacher, braucht aber mehr Hingabe. Sie besteht darin, die Gelegenheiten zum NICHTS-TUN zu nutzen, die dir das tägliche Leben bietet.

Entscheide dich beispielsweise bewusst und aus freien Stücken, nichts zu tun, während du beim Arzt wartest, am Flughafen oder an der Bushaltestelle.

Fang nicht an, Strichmännchen zu kritzeln, während du darauf wartest, dass dich die Telefonistin durchstellt, sondern tue einfach nichts. Wenn du warten musst, warte, und nichts anderes. Lies nicht die Zeitung, kaufe keine Zeitschrift, telefoniere nicht mit dem Handy, und vor allem geh nicht die Liste der zu erledigenden Dinge durch.

Es mag unwichtig erscheinen, aber das ist es nicht.

Auf dem spirituellen Weg lernt man diese Zeiten zu schätzen und entdeckt, dass man diese Freiräume finden und sie sogar regelmäßig vorausplanen kann.

Dank dieser Übungen lernt man zum Beispiel, für einen bestimmten Zeitraum (ein paar Stunden, einen Nachmittag, einen Tag, ein Wochenende) alle Termine abzusagen.

Man lernt, anderen freundlich mitzuteilen, dass wir nicht zu sprechen sind, und ihnen klarzumachen, dass sie sich nur im absoluten Notfall an uns wenden sollen.

Man findet oder schafft sich den idealen Ort, an den man sich zurückziehen kann, wenn man das Bedürfnis danach hat.

Man hat den Mut, hin und wieder das Telefon auszustöpseln, den Computer auszuschalten und die Klingel abzustellen … Die Klingel? Ja, die Klingel. Es ist schwer zu begreifen, warum es vielen Menschen so schwerfällt, sich einzugestehen, dass die Welt nicht untergeht, wenn sie für ein paar Stunden oder ein paar Tage nicht erreichbar sind …

Es ist möglich, dass du am Anfang Schuldgefühle hast oder innerlich unruhig bist.

Vielleicht verlierst du wertvolle Minuten deiner Stunde des NICHTS-TUNS damit, dass du dir vorwirfst, Zeit zu vergeuden.

Mache dir klar, dass nichts zu tun nicht bedeutet, dass du verantwortungslos bist.

Diese Aufgabe des NICHTS-TUNS ist notwendig, um weiter deinen Weg gehen zu können.

Um etwas zu tun, wenn du es so entscheidest, oder um nichts zu tun, wenn du es so willst.

Wenn du so bist, wie auch ich es einmal war und wie viele meiner Patienten es nach wie vor sind, und du glaubst, du könntest dir das nicht leisten, dann empfehle ich dir, mit dem Angeln anzufangen, vor allem, wenn du dich nicht fürs Angeln interessierst …

In einer Gruppentherapie machte ich diesen Vorschlag (angeln zu gehen) einem Manager, der mit der Empfehlung seines Arztes zu der Sitzung kam, sein Arbeitspensum herunterzufahren. Der Patient beklagte sich bei den anderen Teilnehmern, er könne diesen Ratschlag nicht befolgen, selbst wenn er es sich fest vornehme. Das, was er ein Leben lang gelernt hatte, ließ nicht zu, dass er einfach dasaß und seine Zeit vergeudete, indem er nichts tat.

Ein anderer Patient kam ihm zu Hilfe.

»Offenbar hast du die Aufgabe nicht verstanden«, sagte er. »Wenn die Stille bedrückend wird oder die Untätigkeit dir unerträglich erscheint, dann wende dich an dich selbst. Schrei dich an, wenn es nötig ist. Sag dir immer wieder, was ja auch die reine Wahrheit ist: ›Es stimmt nicht, dass ich nichts tue. Ich angle …‹«

Diese witzige Bemerkung erwies sich für diesen Manager als der beste Ratschlag und wurde für die Gruppe eine Art geflügeltes Wort, das immer wieder in den Sitzungen auftauchte: »Lasst mich in Ruhe, ja? Ich angle.«

Also setz dich an einen Fluss, auf eine Kaimauer oder in ein Schlauchboot, wirf an einem ruhigen Ort die Angelschnur aus und angle.

Ich möchte dieses Kapitel beenden, indem ich deiner Zeit das beste aller Geschenke mache: eine kleine Geschichte aus dem *Kleinen Prinzen* von Antoine de Saint-Exupéry.

»Guten Tag«, sagte der kleine Prinz.
»Guten Tag«, sagte der Händler.
Er handelte mit höchst wirksamen, durststillenden Pillen. Man schluckt jede Woche eine und spürt überhaupt kein Bedürfnis mehr zu trinken.
»Warum verkaufst du das?«, sagte der kleine Prinz.
»Das ist eine große Zeitersparnis«, sagte der Händler. »Die Sachverständigen haben Berechnungen angestellt. Man erspart dreiundfünfzig Minuten in der Woche.«
»Und was macht man mit diesen dreiundfünfzig Minuten?«
»Man macht damit, was man will …«
»Wenn ich dreiundfünfzig Minuten übrig hätte«, sagte der kleine Prinz, »würde ich ganz gemächlich zu einem Brunnen laufen …«

Vielleicht dauert es eine Weile, aber am Ende lernt man, die reglose Nacktheit des äußeren Schweigens zu ertragen und die träge Stille im Inneren zu genießen.

Dankbarkeit lernen

Dankbar sein. Lieben. Achtsam sein. Vielleicht sind dies die drei wichtigsten Begriffe zum Aufbau, zur Erhaltung und Bereicherung menschlicher Beziehungen auf allen Ebenen, von den privatesten und intimsten bis hin zu den öffentlichsten und allgemeinsten. Es sind drei Begriffe, die zu erlernen Verantwortlichkeit, Sensibilität, Bescheidenheit, Einfühlungsvermögen und Kompromissbereitschaft erfordert.

SERGIO SINAY

Von der religiösen Haltung oder Lebensphilosophie jedes Einzelnen einmal abgesehen, es gibt Menschen, die generell die Fähigkeit besitzen, dankbar zu sein für das, was das Leben ihnen bringt, und andere, die das noch nicht gelernt haben.

Viele von ihnen scheinen unfähig zu sein, einen Bezug zur Dankbarkeit zu entwickeln. Sie sind nie zufrieden mit dem, was ihnen widerfährt, nicht zu sprechen davon, dass ihnen jemals etwas genügte. Diesen Leuten fehlt immer ein Stück vom Glück, wie man in Argentinien sagt.

Das erinnert mich an die Geschichte von dem Pagen, der glücklich und zufrieden war, bis sein König ihm neunundneunzig Goldstücke schenkte. Von da an war es mit seinem Glück vorbei. Von da an beklagte er sich in einem fort, dass ihm Münze Nummer hundert fehle. Vielleicht wegen dieses Unmuts (und er versuchte gar nicht, seine Haltung zu rechtfertigen) konnte er dem König nie für die neunundneunzig Münzen danken, die dieser ihm geschenkt hatte.

Zu viele Leute, die ich kenne, denken immer nur daran, was ihrem Leben noch fehlt, um perfekt zu sein. Es sind Menschen, die sich nicht freuen können, wenn sie vier haben, weil sie fünf möchten, und wenn sie dann die fünf haben, die sie wollten, streben sie nach dem sechsten.

Ich habe nichts gegen gesunden Ehrgeiz – ohne ihn gäbe es keinen Fortschritt (oder vielleicht doch ein bisschen), aber ich habe definitiv etwas gegen mangelnde Dankbarkeit für das, was man hat.

In einer Kapelle saß einmal ein junger Mann bitterlich weinend vor einem Bildnis der Muttergottes und beklagte sich, dass er keine Schuhe habe. Plötzlich hörte er hinter sich ein Schluchzen.

Als er sich umdrehte, sah er dort einen alten Mann knien, der weinte, weil er keine Füße hatte.

Der junge Mann begriff sicherlich etwas besser, wie ungerechtfertigt seine Klage gewesen war, und auch wir können es verstehen. Doch wie viel fehlt uns noch, um dem nachzuleben, was der heilige Franz von Assisi so weise zum Ausdruck brachte: »Muss ich erst jemandem begegnen, der noch mehr leidet als ich, um zu lernen, dankbar zu sein für das, was ich habe?«

Dankbare und Undankbare

Dankbarkeit ist eine Tugend, die aus der Demut entsteht, wenn ein Mensch sich geliebt fühlt und in der Lage ist, sich lieben zu lassen. Sie ist keine Handelsware und auch keine Bringschuld, sondern ein reiner, unwillkürlicher Ausdruck der Liebe.

Wenn Dankbarkeit das Echo auf die Freude desjenigen ist, der gibt, so ist die Undankbarkeit ein schwarzes Loch, das die Freude dessen verschluckt, der gegeben hat.

Dankbarkeit manifestiert sich in ihrer schlichtesten Form, wenn wir mit einem Lächeln »danke« sagen, um einem anderen Menschen zu verstehen zu geben, dass seine Gegenwart, sein Wort oder sein Schweigen uns wichtig waren, dass uns das, was er getan hat, geholfen hat (selbst wenn er es nicht getan hat, um uns zu helfen).

Doch Dankbarkeit beschränkt sich nicht auf oberflächliche Worte. Sie kann eine Bereicherung sein und unser Leben verändern, wenn sie Teil einer Lebenseinstellung ist, eine ständige Form der Anerkennung für die Großzügigkeit der Außenwelt uns gegenüber.

Dankbar zu sein ist ein primärer und grundlegender Akt, der Welt das Beste von uns zurückzugeben, das, was wir letztlich von ihr erhalten haben. Besonders wichtig ist dies bei jenen Beziehungen, die wir ambivalent nennen könnten.

Zum Beispiel: Es ist völlig normal und vorhersehbar, dass die Gefühle für unsere Eltern bis weit in die jungen Erwachsenenjahre hinein zwischen Liebe und Hass schwanken. Liebe für alles, was wir von ihnen bekommen haben (angefangen mit dem Leben selbst), Hass wegen des Widerwillens und der Ablehnung, die jede ungleiche Beziehung hervorruft, vor allem, wenn man viel Frust und Ohnmacht mit sich herumträgt. Ich sage meinen Patienten immer, dass sich solche ambivalenten Beziehungen nicht lösen lassen, indem man versucht, einen ihrer Faktoren auszuschalten (vor allem, weil das nicht auf Knopfdruck funktioniert). Man löst sie, indem man etwas dazutut. Und die Summe der Liebe aus allem, was mir gegeben wurde, und der Wut über alles, was mir weh getan hat, geht in der Dankbarkeit auf. Ich hasse dich nicht, und ich vergöttere dich nicht. Ich bin dir dankbar für das, was du getan hast, weil ich weiß, dass es das Einzige oder das Beste war, was du tun konntest.

Wofür soll man dankbar sein?

Wenn Verantwortung bedeutet, uns mit Hingabe um das zu kümmern, wozu wir verpflichtet sind, so geht Großzügigkeit weit darüber hinaus. Das Erste verdient unsere Anerkennung, das Zweite unsere Dankbarkeit.

Der Egozentriker ist undankbar, nicht weil er nicht in der Lage wäre zu nehmen, und auch nicht, weil er nicht imstande wäre, das Gute zu erkennen, das man ihm tut, sondern weil er nicht zugeben will, dass ihm das Empfangene nicht zwangsläufig zusteht. Für einen undankbaren Menschen ist es nur logisch, dass die Übrigen ihm etwas geben. Es ist das Ergebnis seiner routinierten Manipulation oder zumindest die minimale Anerkennung dessen, was er verdient hat …

Andere hingegen haben gelernt und lernen immer wieder, dass uns nichts daran hindert, dankbar zu sein, selbst wenn wir verdient haben, was wir bekommen, und wir die schöpferische Kraft unserer Wünsche nicht verneinen können. Es kann auch keine Rechtfertigung dafür sein, dass wir es jedes Mal versäumen, danke zu sagen, nur weil es uns gutgeht, dort, wo wir sind, weil wir sind, was wir sind, oder weil wir etwas von dem bekommen, was das Leben, die Umstände oder die Menschen in unserem Umfeld uns geben, uns schenken oder mit uns teilen.

Schon bei den ersten Schritten auf der spirituellen Ebene treffen wir auf die erste Erkenntnis, was dieses Thema betrifft. Wir stellen fest, dass wir unter anderem deswegen hier sind, weil wir von denen lernen konnten, die mehr wussten als wir. Aber auch denen, die nicht mehr wussten als wir oder weniger, sind wir zu Dank verpflichtet, weil sie uns so manchen Weg gezeigt haben.

Nicht lange nachdem ich mich ängstlich auf diesen Weg gemacht hatte, merkte ich, dass ich auch all denen Dank schuldete, die mir unfreiwillig einen Gefallen taten, indem sie mir schaden wollten, und sei es nur, dass ich durch sie erkannte, wer ein wahrer Freund war und wer nicht.

Die Begegnung mit dem wahren Wesen der Dinge und mit uns selbst führt uns zu der Erkenntnis, dass alles, restlos alles, was geschieht, etwas Positives hat und auf lange Sicht dazu beiträgt, dass wir immer mehr dazulernen. Es lehrt uns, achtsam zu sein, aber es hilft uns auch, dem Unvorhergesehenen zu begegnen, ohne vor Angst zu erstarren.

Ein König hatte einmal einen jungen Mönch als Ratgeber, der diese Aufgabe von seinem alten Lehrer übernommen hatte, nachdem dieser an einer schweren Krankheit gestorben war.
Am Tag der Beerdigung seines spirituellen Lehrmeisters hatte der junge Mönch ein Gebet angestimmt, in dem er immer wieder den Satz wiederholte: »Herr, wir danken dir für das, was geschehen ist …«
Als er den Satz zum dritten Mal sagte, sah ihn der konsternierte König vorwurfsvoll an. Der junge Mönch senkte den Kopf und schwieg, ohne eine Erklärung zu geben.
Der König dachte zunächst, der Mönch habe damit gemeint, dass der alte Meister nicht habe leiden müssen, doch in den folgenden Wochen stellte er fest, dass der junge Ratgeber diesen Satz häufig benutzte. Vor allem, wenn etwas nicht so gut lief, senkte der Mönch jedes Mal den Kopf und murmelte »Herr, wir danken dir …«
Eines Tages, als der Hof auf der Jagd war, verletzte sich der König unglücklich am Zeh. Als der Ratgeber den stark blutenden Fuß sah, rief er wie immer: »Herr, wir danken dir …«
Der König, der dieses Benehmen leid war, wurde wütend. Er enthob ihn seines Amtes und schickte ihn fort. Natürlich bestand die einzige Antwort des Ratgebers in einem »Herr, ich danke dir …«, mit dem er den Blick zum Himmel richtete.

Der ehemalige Ratgeber wurde zum Palast zurückgeschickt. Der König folgte später.

Unterwegs wurde der König von einem gefährlichen Stamm gefangen genommen, der ihn zu seinen Zelten brachte, um ihn ihrem Gott zu opfern und ihn dann aufzuessen.

Als man ihn für die Opferung vorbereitete, entdeckte der oberste Priester, dass ihm ein Zeh fehlte. Angewidert spuckte er vor ihm aus, rief, der Gefangene sei der Gottheit nicht würdig, und befahl, ihn so schnell wie möglich freizulassen, damit er mit seiner Unreinheit nicht länger ihren Boden beschmutze …

Auf dem Heimweg begriff der König, wie wahr die Worte des Ratgebers gewesen waren. Im Palast angekommen, ließ er ihn zu sich rufen und erzählte ihm, was passiert war.

»Jetzt verstehe ich, dass ich dankbar sein sollte, dass ich meinen Zeh verloren habe, hat es mich doch davor bewahrt, das Leben zu verlieren. Aber ich verstehe nicht, wofür du gedankt hast, als ich dich entließ …«

Der Ratgeber antwortete:

»Hättest du mich nicht entlassen, wäre ich bei dir gewesen, als du gefangen genommen wurdest. Und nachdem die Indianer dich verschmähten, hätten sie beschlossen, mich aufzuessen!«

Auch wenn es vielleicht nicht ganz richtig erscheint, die Vorteile eines Umstands erst im Nachhinein zu würdigen, lernt man auf der spirituellen Ebene, dieser Empfehlung zu vertrauen, und gewöhnt sich ganz von selbst an, den Wald zu sehen und nicht nur den einzelnen Baum, den Film und nicht nur das Standbild, den Rosenstock und nicht nur die Dornen, und für alles dankbar zu sein.

Formen der Dankbarkeit

Mit Sicherheit ist jede Art von Dankbarkeit besser als Undankbarkeit, und doch sind einige Arten der Dankbarkeit positiver und sinngebender als andere.

Wir könnten sagen, dass es mindestens drei Formen der Dankbarkeit gibt: die kindliche oder schuldbesetzte Dankbarkeit, die unreife oder spekulative Dankbarkeit und die reife oder wahre Dankbarkeit.

Die schuldbesetzte Dankbarkeit

Wie ich in den Jahren meiner Berufs- und Vortragstätigkeit oft erwähnt habe, ist es eines der Merkmale des Menschen, völlig schutzlos zur Welt zu kommen. Fast alle, die sich mit dem menschlichen Verhalten befassen, stimmen heute darin überein, dass es eine Art »zelluläre« Wahrnehmung oder zelluläres Gedächtnis gibt, durch die der Körper frühe Erfahrungen registriert und abspeichert, die, obwohl sie nicht intellektuell zu erfassen sind, ihre Spuren im Leben des Erwachsenen hinterlassen. Ich habe keinen Zweifel, dass der Körper auf diese Weise wahrnimmt, dass er in den ersten Stunden von der Fürsorge anderer abhängig ist, um überleben zu können.

Diese Verletzlichkeit, ergänzt um das Wissen, was andere tatsächlich für uns getan haben, damit wir leben können, ist der Motor für unser erstes, unterbewusstes Schuldempfinden und der Grund dafür, dass ich diese Fürsorge – ganz gleich, ob es viel oder wenig war, gut oder schlecht, liebevoll oder schädlich – durch Dankbarkeit erwidern möchte.

Unnötig zu sagen, dass diese Form von Dankbarkeit sehr gern gesehen ist und in auf Schuldgefühlen basierenden Gesellschaften und Umgebungen – vor allem der familiären – sogar forciert wird. Sie manipulieren die Kinder und jene, die keine Kinder mehr sind, mit der Forderung nach einer als selbstverständlich vorausgesetzten ewigen Dankbarkeit, denn »nichts, was du tust, kann jemals aufwiegen, was wir für dich getan haben«.

Die spekulative Dankbarkeit (die Gefälligkeitskette)

In diesem Fall ist die Dankbarkeit Teil einer Methode persönlicher Zweckdienlichkeit, die auf dem Prinzip beruht, dass die anderen in meiner Schuld stehen. Meistens firmiert sie unter dem Motto »Eine Hand wäscht die andere«; etwas, über das ich mich stets ärgere.

Hier geht es nicht darum, dass ich Pepito einlade, weil Pepito mich eingeladen hat. Es geht nicht darum, die Einladung aus Dankbarkeit zu erwidern, sondern um eine zukünftige Einladung zu bedingen.

Wenn wir uns die Leute einmal näher ansehen, die diese Einstellung vertreten und sich brüsten, dankbar zu sein, werden wir feststellen, dass die meisten von ihnen eine zweckgerichtete und ein bisschen schäbige Einstellung zur Welt haben. Sie beschweren sich ständig, wie undankbar alle sind, dass keiner etwas für den anderen tut und fast alle nur an sich denken und nicht an die anderen. Das ist keine echte Dankbarkeit, sondern vielmehr eine geschäftliche Spekulation, eine Investition, von der ich hoffe, dass sie sich später mit Zinsen auszahlt. Ihre bevorzugten Opfer sind natürlich die Dankbaren mit Schuldgefühlen, denen diese Menschen immer gerne helfen, um auf ihre Dankbarkeit zählen zu können, wenn sie sie brauchen.

Der rein formelle Akt des Dankens kann, wenn er nicht authentisch ist, auf eine strategische Entscheidung reduziert werden: Ich gebe etwas zurück, um eine Schuld einzulösen.

Alle diese Leute führen eine Strichliste (manchmal im wortwörtlichen Sinn!), in der alle vermerkt sind, die ihnen etwas schulden, und wie sie diese Gefälligkeit jeweils zurückzahlen könnten. Eine Art Rechnungsbuch mit Eingängen und Ausgängen, das so geschickt geführt wird, dass die Betroffenen nie mehr aus ihren Schulden herauskommen.

Die wahre Dankbarkeit

Sie ist die Form von Dankbarkeit, von der wir zuvor sagten, dass sie auf der spirituellen Ebene entdeckt werden kann. Eine Dankbarkeit, der nicht nur bewusst ist, dass es keine Verpflichtung zur Dankbarkeit gibt, weil man auf eigenen Wunsch und nach eigenem Empfinden gibt. Sie weiß vielmehr, dass etwas zu bekommen uns nicht ins Recht setzt, von dem anderen zu erwarten, dass er weiterhin gibt. Heute dankbar zu sein für das, was das Leben uns gibt, und morgen, wenn es damit vorbei ist, dankbar zu sein für alles, was es uns gegeben hat.

So wie sich Bewegung ausdrückt, indem man geht, und Liebe, indem man liebt, so zeigt sich Dankbarkeit, indem man dankbar ist und dem Universum (und natürlich allen anderen) zurückgibt, was wir in unserem Leben von allen bekommen haben.

Wahre Dankbarkeit kann auch in der Entscheidung zum Ausdruck kommen, etwas von dem, was ich besitze, an jemanden weiterzugeben, der es jetzt braucht, so wie ich es selbst einmal bekommen habe (wer nicht anerkennt, dass er das, was er besitzt, von anderen bekommen hat, kennt sich selbst nicht).

Es geht hier nicht darum, das, was ich erhalten habe, zurückzugeben, oder dafür zu sorgen, dass ich es später von jemand anderem zurückbekomme, sondern darum, mich mit meiner Art von Liebe, Solidarität und Dienen in Einklang zu bringen.

Die heutige Gesellschaft hat in meinen Augen kein Erziehungskonzept, um die Bedeutung und die Notwendigkeit des Dankbar-Seins ausreichend zu würdigen. Man könnte im Gegenteil den Eindruck gewinnen, dass dieses ganze Gerede von Dankbarkeit das Geschwätz von Schwachköpfen und Kleingeistern ist. Ich bin der festen Überzeugung, dass wir der Vermittlung von Dankbarkeit als verbindliche Norm mehr Aufmerksamkeit widmen sollten.*

Es passiert mir häufig, dass ich nach einem mehrwöchigen Aufenthalt in meinem geliebten Mexiko nach Buenos Aires oder Madrid zurückkehre und man mich in beiden Städten über Wochen hinweg merkwürdig ansieht.

Warum sagst du die ganze Zeit »bitte«?

---

* Meine Großmutter sagte immer: »Dankbarkeit und Weizen gedeihen nur auf gutem Boden.«

Warum entschuldigst du dich für Dinge, für die du gar nichts kannst?

Warum bedankst du dich dauernd?

Es liegt auf der Hand, dass die Kultur eines Volkes durch Gewohnheit oder Nachahmung das alltägliche soziale Verhalten bestimmt.

Man wird mir entgegenhalten, dass das mexikanische Volk nach Meinung vieler ein großes Problem mit dem Selbstwertgefühl hat, dass es sich selbst nicht wertschätzt und kein Durchsetzungsvermögen besitzt. Das mag sein, aber was Herzlichkeit, Dankbarkeit und Respekt vor den Bedürfnissen anderer angeht, können wir viel von ihm lernen.

Man sagt, von allen menschlichen Empfindungen sei Dankbarkeit die kurzlebigste. Daran ist etwas Wahres, aber zum Glück gibt es auch eine Dankbarkeit – die beste –, die aus der Freude über das erwächst, was wir erleben, was wir fühlen und was wir genießen.

Ich paraphrasiere hier einen Teil des Gedichts mit dem Titel »Dankbarkeit« von Oliverio Girondo aus seinem wunderbaren Buch *Überzeugung der Tage.**

* Editorial Losada, Buenos Aires 1942.

Danke, blauer Duft,
rasendes Feuer.
Danke Haar, Pferd, Mandarine.
…
Danke den Trauben, dem Abend,
dem Durst, der Glut,
den Falten, den Brüsten,
der Nacht, dem Tanz,
dem Feuer, dem Dickicht.
Danke dem Rauch,
den Mikroben, beim Erwachen
dem Horn, der Schönheit,
dem Schwamm, dem Zweifel.
…
Danke für die Trunkenheit,
für die Faulheit,
für die Luft, die Haut, die Alleen,
für das Absurde heute und morgen.
…
Danke dem, was geboren wird,
dem, was vergeht,
den Nägeln, den Flügeln,
den Ameisen, den Reflexen,
dem Wind und dem Brecher.
…
Vielen Dank für alles.
Vielen Dank. Oliverio Girondo,
dankbar.

Was könnte man da anderes sagen als:
Danke, Oliverio Girondo.

Das Lachen als spiritueller Weg

Weine, und die Welt weint mit dir. Lache,
und alle werden mit dem Finger auf dich
zeigen und sagen: »Worüber lacht der Idiot?«
GROUCHO MARX

Auch wenn an diesem Satz von Groucho Marx vielleicht mehr dran ist, als mir lieb ist, entspricht er vielleicht doch nicht ganz der Wahrheit.

Wir lachen über viele Dinge – zumindest sind wir alle theoretisch dazu in der Lage. Wir lachen über lächerliche Situationen genauso wie über absurde, unerwartete oder widersinnige Situationen, so wie in dem alten Witz, den ich dir erzähle, damit wir in die richtige Stimmung kommen (wie sonst könnte dieses Kapitel beginnen?).

Treffen sich zwei jüdische Freunde auf der Straße. Der eine wirkt sehr bedrückt.
»Marcos!«, sagt Jacobo gutgelaunt. »Was machst du denn für ein Gesicht! Was ist los?«
»Na, das Gleiche wie immer: Streit mit meiner Frau. Ob wir dies oder das machen, hierhin oder dorthin gehen, jede Entscheidung endet im Streit. Ich habe es satt!«

»Ah, ich verstehe dich gut!«, beteuert Jacobo. »Ich habe das Problem zwar seit Jahren nicht mehr, aber mir ist es genauso gegangen.«

»Und jetzt nicht mehr? Wie hast du das gemacht?«, fragt Marcos ungläubig. »Ihr seid euch in allem einig?«

»In allem«, erklärt Jacobo stolz und vergräbt die Hände in den Hosentaschen, um klarzumachen, dass er dem nichts mehr hinzuzusetzen hat.

Zwei lange Minuten vergehen …

Angesichts der fragenden Miene seines Freundes bequemt sich Jacobo schließlich zu einer Erklärung.

»Schon gut, ich erzähl's dir«, sagt er und senkt die Stimme ein wenig. »Meine Frau und ich haben eine Abmachung.«

»Eine Abmachung?«

»Ja, eine Abmachung. Wie jede Ehefrau auf der Welt fühlt sich Sara sehr schlecht, wenn ich sie keine Entscheidung treffen lasse. Sie sagte immer, es zeuge von Geringschätzung, dass sie nicht entscheiden dürfe, zumindest hin und wieder … Also schlug ich ihr eines Abends diese Abmachung vor, und alles war in Butter.«

»Meine Frau sagt genau dasselbe! Und mit dieser Abmachung habt ihr das Problem gelöst?«

»Absolut!«

»Und was ist das für eine Abmachung, wenn man das erfahren dürfte?«

»Klar darf man das: Sara hat akzeptiert, dass ich die wichtigen Dinge entscheide, und ich habe akzeptiert, dass sie über die unwichtigen Dinge entscheidet. Sie mischt sich nicht in meine Entscheidungen ein und ich mich nicht in ihre.«

»Was für ein guter Vorschlag, Jacobo, gratuliere«, sagt Marcos, aufrichtig beeindruckt. Würde seine Frau so schlau sein, auf eine solche Abmachung einzugehen? Nachdem er eine Weile darüber nachgedacht hat, wie er eine solche Lösung vorschlagen könnte, wenn er nach Hause kommt, wagt Marcos zu fragen:

»Und sag mir … Wie habt ihr euch darüber geeinigt, was wichtig ist und was nicht?«

»Oh, das war das Einfachste von allem. Sie entscheidet, was wir jeden Tag essen, wen wir am Wochenende besuchen, wohin wir in Urlaub fahren, auf welche Schule unsere Kinder gehen, was wir mit unserem Geld machen und ob wir ein neues Auto brauchen oder nicht …«

»Aha. Und du?«

»Ich? Ich entscheide nur, ob es Gott gibt oder nicht.«

Das Interessante (und das Lustige) an dieser Geschichte ist die Wendung, die das Gespräch am Ende nimmt. Einerseits denken wir alle, dass Jacobo angibt, wenn er behauptet, dass er allein zu Hause über die wichtigen Dinge entscheidet, und im letzten Absatz gibt er zu, dass er gar keine konkrete Entscheidungsgewalt besitzt.

Und doch ist wie immer bei Witzen etwas Wahres an dem, was Jacobo sagt: Gibt es etwas Wichtigeres für eine gläubige jüdische Familie als die Entscheidung, ob es Gott gibt oder nicht? Ist diese Entscheidung letzten Endes nicht viel wichtiger als die Frage, ob ein neues Auto angeschafft wird oder nicht?

Auch wir haben, bis wir diese Ebene erreichten, vom Spirituellen als etwas Wichtigem gesprochen, haben aber gehandelt, als ob es das Nebensächlichste der Welt wäre (anders gesagt, wir haben uns überhaupt nicht darum gekümmert). Die Übereinstimmungen mit unserer kleinen Geschichte sind kein Zufall. Einen Großteil unseres Lebens machen wir das Spirituelle zum Thema ernsthafter Überlegungen, gleichzeitig aber bietet es Anlass zu Spott, Gelächter, Diskriminierung und Geringschätzung.

Laotse, der bereits erwähnte Verfasser des Tao Te King, schrieb:

»Wenn der Kluge vom Tao hört, bemüht er sich, ihm zu folgen.

Wenn der Törichte vom Tao hört, lacht er schallend.«

Wenn ich mir mit allem Respekt erlaube, diese Worte in die Sprache zu »übersetzen«, die wir in diesem Buch verwendet haben, könnte das ungefähr so lauten:

Wenn man der Spiritualität begegnet, nachdem man sich auf den letzten Weg gemacht hat, versenkt man sich in sie. Sieht man sie nur von weitem, während man andere auf ihrem Weg beobachtet, kann man sie nicht wertschätzen.

Es ist magisch, zu entdecken, wie uns manchmal das Lachen überkommt, ob wir uns nun von den wesentlichen Dingen entfernen oder uns in sie versenken. Im einen Fall als Ausdruck des Spotts dessen, der nicht versteht; im anderen als Fließen der fröhlichsten Energie, die uns auf dem spirituellen Weg begleitet.

Es heißt, dass in Japan ein Mönch namens Hotei lebte, der auch als »der lachende Buddha« bekannt war. Die Legende erklärt seinen Beinamen:

> Seit er erleuchtet wurde, sprach Hotei kein einziges Wort mehr. Alles, was er tat, war zu lachen. Man erzählt sich, dass sein Lachen ansteckend gewesen sei und jene, die es hörten, ebenfalls zu lachen begannen wie noch nie zuvor.
>
> Wenn seine Schüler ihm eine Frage stellten, schwieg Hotei eine Weile und brach dann in lautes Gelächter aus. Dies war seine einzige Antwort.
>
> Hotei wanderte lachend von Dorf zu Dorf, und die Leute drängten sich auf den Plätzen und in den Straßen, nur um ihn lachen zu hören. Plötzlich und ohne zu wissen, warum, war das Dorf in schallendem Lachen vereint. Das ganze Dorf war erleuchtet worden.

Das ist Hoteis Botschaft: Man muss keine großen Erklärungen finden und keine schwierigen Rätsel lösen, um den Geist zu bilden. Um eins mit dem Universum zu sein, reicht es, zu lachen, zu lachen, zu lachen.

Wenn das stimmt – und ich glaube, dass es teilweise so ist –, ist das Lachen der beste Weg, das Spirituelle zu erreichen und sich mit ihm zu verbinden.

Es ist für alle verfügbar, man benötigt keine vorherige Übung, und als zusätzliches Geschenk ruft es schon durch sein pures Vorhandensein sofortiges körperliches und psychisches Wohlbefinden hervor.

Wir wissen heute, dass das Lachen zu den Dingen gehört, die am meisten Endorphine im Körper freisetzen. Dieses körpereigene Hormon funktioniert wie eine heilende Substanz, indem es augenblickliche Entspannung, eine gesteigerte Wahrnehmung, Offenheit und ein subjektives Wohlbefinden hervorruft.

Es liegt auf der Hand, dass dies die besten Bedingungen sind, um die spirituelle Ebene zu erreichen und auf dem Weg voranzukommen.

Worüber lachst du?

Die meisten Komiker, Psychologen und Geschichtenerzähler stimmen darin überein, dass wir, wenn wir etwas hören oder sehen, den Ausgang des Erzählten oder Beobachteten voraussehen. Es kommt zu dem, was man »vorweggenommene Spannung« nennt. Nimmt die Geschichte plötzlich eine völlig andere Wendung oder endet auf gänzlich unerwartete Weise, wird diese Spannung freigesetzt, und die zurückgehaltene Energie bricht sich ihre Bahn. Eine der wertvollsten Ausdrucksweisen dieses Spannungsabbaus ist das Lachen.

Das erklärt, warum wir es oft so lustig finden, wenn jemand stolpert oder hinfällt, umso mehr, je umsichtiger die betreffende Person sich zu geben versucht.

Vor mittlerweile über vierzig Jahren (eigentlich fast fünfzig) tobten meine Kameraden und ich lachend und johlend durch den Klassenraum, während wir darauf warteten, dass der Französischunterricht anfing, als plötzlich die Lehrerin hereinkam. Jeder rannte zu seinem Platz, während sich Mademoiselle F. in einem Französisch, das wir nicht verstanden, lautstark über unser undiszipliniertes Verhalten beschwerte. Die Wahrheit ist, dass wir ein bisschen Angst vor ihr hatten, mit ihrem ewig strengen Gesicht und ihrer einschüchternden Art.

Ihr Auftritt lief fast immer auf dieselbe Weise ab: Sie kam mit einem Lineal in der Hand in den Klassenraum stolziert, als wollte sie uns damit züchtigen, und ging entschlossen zu dem kleinen Podest vor der Tafel, setzte sich ans Pult und ging die Namensliste durch. Dann rief sie einen von uns nach vorne, im Allgemeinen, um ihm eine schlechte Note zu verpassen.

Aber an diesem Tag, an den ich mich erinnere, geschah etwas anderes. Vielleicht, weil sie spät dran war, vielleicht, weil sie sich über uns ärgerte, übersah Mademoiselle das Podest, stolperte und stürzte mit großem Getöse hinter das Pult …

Wir brachen in schallendes Gelächter aus, das bis ins Rektorat zu hören war.

Vielleicht wäre es dabei geblieben, wenn die Lehrerin in der Lage gewesen wäre, über sich selbst zu lachen oder über den Zwischenfall hinwegzusehen … Aber nein. Mademoiselle F. rappelte sich auf, und während nur ihr Kopf hinter dem Möbel hervorschaute, sagte sie mit einer bissigen Ironie, die völlig fehl am Platz war:

»Möchten die reizenden Herrschaften, dass ich das noch einmal mache?«

Die Antwort war einhellig und grausam:

»Ja! Ja! Noch mal!«

Und dann folgte das unvermeidliche Gelächter …

Die bislang so gefürchtete und strenge Mademoiselle F. rannte, nun verstört und völlig lächerlich gemacht, mit nur einem Schuh aus dem Raum … Und kehrte nie mehr zurück.

Ich kann hier nicht aus eigener Erfahrung sprechen, aber wenn ich die Erleuchtung beschreiben sollte, wie sie von denen geschildert wird, die sie erfuhren, würde ich sagen, dass es ein Erlebnis ist, das große Ähnlichkeit mit einem befreienden Lachen hat. Der Unterschied (vielleicht der einzige Unterschied) ist, dass es hier keine Geschichte ist, die plötzlich eine völlig andere Bedeutung erhält. Es ist das Leben selbst, das uns überrascht. Sowohl das Lachen wie die spirituelle Erweckung geschehen ohne Erklärung, unaufhaltsam und in gewisser Weise irrational.

Mein Freund, der großartige deutsche Schauspieler Edgar M. Böhlke, erzählte mir einmal, dass es manchmal vorkommt, wenn du mit Freunden in lustiger Runde zusammensitzt, dass du plötzlich nicht mehr aufhören kannst zu lachen. Das Lachen hat dich fest im Griff, es hat deine Seele in Besitz genommen und zwingt dich, mit ihr zu lachen, ob du nun willst oder nicht.

Wenn uns jemand einen Witz erst erklären muss, kann es sein, dass uns das ein Lächeln abringt, aber es wird niemals ein herzhaftes Gelächter sein, eines, das von ganz tief innen kommt. Genauso sagen die Taoisten mit den Worten Laotses: »Das Tao, das sich mit Worten erklären lässt, ist nicht das wahre Tao.«

Das spirituelle Erwachen ist genau wie das Lachen nicht das Ergebnis rationalen Begreifens, sondern eine intuitive Erfahrung. Plötzlich ist alles, was wir über das Leben zu wissen glaubten, hinfällig, und wir sehen unser Leben, wie es wirklich ist … und es ist völlig anders.

Die Verbindung des Spirituellen mit dem Lachen ist so eng, dass uns das Lachen manchmal auf den spirituellen Weg bringt; andere Male ist es genau umgekehrt, und es ist die spirituelle Erkenntnis, die uns ein Lachen entlockt. So auch in der Geschichte von Weiyan:

> In dem Dorf Yaoshan lebte einmal ein Zen-Meister namens Weiyan. Eines Nachts verließ er das Kloster, zog sich in die Berge zurück und versetzte sich in eine tiefe Meditation. Nach einiger Zeit klarte der wolkenbedeckte Himmel auf, und ein riesiger, von Sternen umgebener zunehmender Mond kam zum Vorschein. Weiyan fand den Anblick so schön, dass er vor Glück lachte. Dann schlief er ein.
> Am nächsten Morgen waren alle Bewohner von Yaoshan auf der Straße und sprachen über den seltsamen Laut, den sie mitten in der Nacht gehört hatten.
> »Er war so laut, mein ganzes Haus zitterte«, sagte einer.
> »Ich war beim Fischen, und auf dem ganzen See schlugen die Wellen hoch«, sagte ein anderer.
> »Es war wie ein Lachen, das tief aus der Erde kam«, sagte ein Dritter.

Die Leute aus dem Dorf gingen zum Kloster, um zu fragen, was das alles zu bedeuten hatte.

Weiyan war noch nicht zurückgekehrt, aber seine Schüler gaben den Neugierigen Antwort.

»Das war das Lachen unseres Meisters, der in den Bergen weilt.«

Angesichts der ungläubigen Blicke der Dorfbewohner erklärten die Schüler: »Wenn unser Meister lacht, vergisst er, dass er Weiyan ist. Wenn unser Meister lacht, spürt er, dass er und ganz Yaoshan eins sind, und dann lachen der Himmel und die Erde mit ihm.«

Von diesem Tag an erschraken die Bewohner von Yaoshan nicht mehr, wenn sich der Meister in die Berge zurückzog und sie erneut mitten in der Nacht dieses Lachen hörten, das die Möbel hüpfen ließ und das Feuer zum Flackern brachte. Stattdessen lachten sie, tranken und sangen auf den Straßen. Wenn ein Fremder fragte, sagten sie einfach:

»Yaoshan feiert, weil das Lachen aus den Bergen es aufgeweckt hat und es aufs Neue auf den wahren Pfad zurückkehren kann.«

Einen spirituellen Blick haben heißt, hinter die Dinge zu blicken, alles mit anderen Augen zu sehen. Und genau das tun wir, wenn wir lachen: Wir sehen die Dinge auf andere Weise, wir vergessen alles, was wir wussten, um es neu zu entdecken. Wenn wir über das lachen können, was in unserem Leben passiert, können wir die Dinge in einem neuen Licht sehen. Wenn wir über uns selbst lachen können, treten wir von unseren Problemen zurück und empfinden sie als weniger schmerzlich.

Das Komische und das Heilige sind einander ähnlich. In beiden Fällen geht es darum, die Dinge von einem anderen Standpunkt aus zu betrachten, mit größerem Abstand, der es uns erlaubt, zu sehen, was uns zuvor verborgen blieb. Wenn wir das tun, entdecken wir, dass die Dinge einfacher sind, als wir glaubten. Infolgedessen leiden wir weniger und lachen mehr.

> »Wenn ich traurig bin, weine ich, und wenn ich fröhlich bin, lache ich. Das Beste wäre jedoch, zu lachen, wenn ich mich traurig fühle, denn das Lachen macht mich fröhlich.«
> H. James

Ich glaube, ich hatte zu keiner Zeit meines Lebens einen so guten Bezug zur guten Laune und zum Lachen wie in den Jahren, als ich, teilweise aus Neugierde, teilweise aus finanzieller Notwendigkeit, als Clown arbeitete. Noch heute, wenn ich an meinen lächerlichen weißgepunkteten Pyjama denke, die riesige rote Perücke und die ausgelatschten Schuhe, treibt mir das angenehme Gefühl von frecher Respektlosigkeit, das ich mit diesem Bild verbinde, ein breites Grinsen aufs Gesicht – auch jetzt, während ich dies schreibe.

Geraume Zeit allerdings standen einige Religionen oder vielmehr einige ihrer herausragenden Stellvertreter auf dem Standpunkt, dass alles Heilige Anlass für Ernsthaftigkeit sein müsse.

Als ich ein kleiner Junge war und mit meinem Großvater in die Synagoge ging, waren alle Anwesenden hell empört, wenn mein Bruder oder ich über irgendeinen Blödsinn lachten, den einer von uns gesagt oder gemacht hatte, oder über irgendetwas, das uns komisch vorkam, weil wir es nicht verstanden (oder weil es wirklich komisch war). Im Haus Gottes zu lachen war Blasphemie, und über heilige Texte oder Schriften zu scherzen eine schwere Beleidigung Gottes; in jedem Fall aber eine unverzeihliche Abweichung vom rechten Weg hin zu Gott.

Ein exzellentes Beispiel für eine kritische Haltung gegenüber dieser Einstellung liefert uns Umberto Eco in seinem wundervollen Roman *Der Name der Rose.*

Ich gehe davon aus, dass du ihn gelesen hast (falls nicht, lege ich ihn dir wärmstens ans Herz).

Auch auf die Gefahr hin, dir den Schluss des Romans ein wenig zu verderben, möchte ich den Anlass für diese Erinnerung mit dir teilen. Umberto Eco erzählt von einer Serie von Verbrechen, die sich in einer mittelalterlichen Abtei ereignet. Der Franziskanermönch William von Baskerville, ein Detektiv, der bis hin zu seinem Namen an den berühmten Sherlock Holmes erinnert, in der Verfilmung des Romans bemerkenswert gespielt von Sean Connery, wird gebeten, die Morde aufzuklären.

Nach mühsamen Ermittlungen und einigen Aufregungen findet William von Baskerville heraus, dass die Todesfälle mit der Lektüre eines Buchs in Zusammenhang stehen, dessen Seiten vergiftet wurden. Es handelt sich um eine Ausgabe von Aristoteles' Abhandlung über die Komödie, ein Buch, das die Vorzüge des Lachens preist.

Der ehrwürdige Bibliothekar, ein hochbetagter Mönch, versucht, die Existenz dieses Buches zu verheimlichen, und hat die Seiten in Gift getaucht, damit jeder, der es in die Finger nähme, bei der Lektüre sterben würde, bevor er sein Geheimnis weitergeben konnte. Aber wozu dieses Buch verstecken und seine Botschaft verschweigen? Der Mörder selbst verrät es William am Ende des Romans:

»Das Lachen ist gefährlich, weil es uns von der Angst befreit … Und was würde aus der Moral und dem Gesetz ohne die Angst?«

Aber dieser geniale Roman ist nicht das einzige Beispiel.

Im Laufe der Geschichte haben alle Personen, Institutionen und Gesellschaften, die (mehr oder weniger explizit) vorhatten, die Menschen zu kontrollieren oder das Volk zu tyrannisieren, das Lachen verteufelt, den Humor versucht zu unterdrücken, Karikaturen verboten und Satire zensiert.

Und warum?

Weil sie die Angst brauchen, um ihr Gesetz durchzusetzen, und weil sie wissen, dass das, was Eco sagt, völlig richtig ist: Das Lachen lässt uns die Angst vergessen.

Und obwohl genau dies das Wunderbare am Lachen ist, gibt es natürlich andere, die glauben, dass wir ohne die Angst übereinander herfallen würden und die Menschheit sich selbst vernichten würde. Du kannst die Menschen, die so denken, im Alltag leicht erkennen: Es sind diejenigen, die nie lachen.

Ich sehe das anders.

Es wäre zu wenig, zu behaupten, dass ich anderer Meinung bin.

Ich glaube vielmehr das genaue Gegenteil.

Wenn es eine zerstörerische Kraft gibt, die uns Menschen als Feinde denken und handeln lässt, dann ist es die Angst. Deswegen weiß ich nicht nur, dass es falsch ist, wenn ich die Argumente derjenigen höre oder lese, die sich – willentlich oder nicht – der Angst bedienen (sei es vor göttlichen Strafen, gesellschaftlicher Ächtung oder brutaler Gewalt), um den Menschen Respekt aufzuzwingen; ich finde es genauso lächerlich wie die Clowns im Zirkus, die ein brennendes Puppenhaus auf der Bühne mit einem Benzinkanister löschen wollen …

Wenn die Angst uns unter dem Joch der Autorität und in ständigem Misstrauen vor unseren Mitmenschen leben lässt, dann erreicht das Lachen das genaue Gegenteil, und aus diesem Grund ist es das beste Gegenmittel gegen jeden Versuch, andere kontrollieren und manipulieren zu wollen.

Das Lachen erleichtert und tröstet uns. Es geht hier nicht um das dumpfe Verdrängen dessen, der sich betrinkt und sich für den Größten hält, während sein Leben in tausend Stücke zerbricht, und auch nicht um den, der sich mit Drogen betäubt, um seine Sorgen zu vergessen. Nein.

Es geht nicht darum, zu lachen, um uns von unseren Problemen abzulenken. Denn wenn wir lachen, ernstlich und ernsthaft lachen, lachen wir genau über das, was uns zu schaffen macht. Wir lachen über uns selbst, über unsere Zweifel und unser Elend. Letzten Endes lachen wir über die menschliche Natur, die uns oft so lächerlich anmutet, wenn wir sie aus einer gewissen Distanz betrachten.

Wahrscheinlich ist und war der Humor deshalb so wichtig für das jüdische Volk. So sehr, dass so mancher kluge Historiker – ob nun Jude oder nicht – zu dem Schluss kam, dass es eben diese Fähigkeit der Juden gewesen sei, über ihre eigenen Schwächen und ihr Unglück zu lachen, die verhinderte, dass die jüdische Tradition unterging.

In dem Musical *Anatevka* gibt es einen wunderbaren Dialog zwischen dem Milchmann Tevje und dem Allerhöchsten, in dem der arme Bauer nach einem Pogrom in seinem Schtetl zu Gott sagt:

»Ich weiß, o Herr, dass es eine Ehre ist, dein auserwähltes Volk zu sein – aber kannst du nicht manchmal auch ein anderes Volk auswählen?«

Als Volk haben die Juden gelitten wie kein anderes Volk. Sie wurden zu allen Zeiten und in allen Ländern verfolgt und von überall vertrieben, wo sie eine Heimat gefunden zu haben glaubten. Und was hat das jüdische Volk immer wieder gemacht (und ich betone, dass ich hier vom jüdischen Volk spreche, nicht vom Staat Israel)? Es hat die Koffer gepackt, ist weitergezogen und hat sich Witze erzählt. Witze, die sich über die Vertreibung lustig machen, die Gewohnheiten von damals und heute, ihre Schwächen, ihre Koffer und sogar ihre Traditionen.

Vor allem der Familie meiner Mutter habe ich den jüdischen Humor zu verdanken. Einen scharfzüngigen und weisen Humor, entstanden aus dem Bedürfnis, sich gegen die Ablehnung der anderen zu verteidigen, und der Notwendigkeit, einen Weg zu finden, mit dem Leid umzugehen.

Die Spanier machen Witze über die Argentinier, die Argentinier machen Witze über die Spanier (»Galicierwitze«, wie sie in Buenos Aires heißen, ganz gleich, ob der Verspottete ein Madrilene, ein Baske oder ein Andalusier ist). Die Engländer machen Witze über die Iren, die Amerikaner machen Witze über die Polen, aber die Juden – die Juden erzählen Witze über Juden.

Der jüdische Humor lacht per definitionem nicht über die, die fremd oder anders sind; nicht einmal über die, die als Bedrohung empfunden werden. Das jüdische Volk lacht vor allem über sich selbst. Manchmal mit der unverständlichen Haltung dessen, der sich über das lustig macht, was man am meisten an ihm kritisiert. Dem scheint ein Gedanke zugrunde zu liegen, der sich folgendermaßen in Worte fassen ließe: Du hasst mich und ich lache, und vielleicht lache ich am meisten über das, was du an mir hasst.

Vielleicht lässt sich daraus noch etwas viel Wichtigeres lernen: Schwierige Zeiten übersteht man nicht, indem man hadert oder auf Leben und Tod mit seinen Feinden kämpft, sondern indem ich mich selbst und meine Situation wirklich annehme. Eine solch tiefe Erkenntnis kann nur in einem Lachen enden.

Diesen Satz habe ich irgendwo einmal gehört:

»Wenn du Gott zum Lachen bringen willst, erzähl ihm von deinen ehrgeizigsten Plänen.«

Lachen als Energie

Stell dir vor, du wärst ein riesiges Monster mit einem zottigen blauen Fell. Stell dir vor, du hättest scharfe Reißzähne und lange Klauen.

Wenn es dir lieber ist, stell dir vor, du hättest eine grüne, schuppige Haut und ein einziges großes Auge mitten auf deinem lächerlich runden Körper.

Mit dem Aussehen, das besser zu dir passt, stellst du dir jetzt vor, du wärst eine Figur aus dem Disneyfilm *Monsters AG*.

Deine Aufgabe ist es nun, mitten in der Nacht in die Kinderzimmer der Menschenwelt einzudringen und die Kleinen so heftig zu erschrecken, wie du nur kannst. Warum? Dem Film zufolge, um Energie zu sammeln. Je mehr die Kinder sich erschrecken und je lauter sie schreien, desto mehr Energie kannst du in den großen gelben Behältern sammeln, die du dabeihast. Mit dieser Energie wird die ganze Monsterstadt am Laufen gehalten.

Stell dir nun vor, dass eines Tages ein kleines Mädchen in deine Monsterwelt eindringt. Du weißt, dass du es den Behörden übergeben müsstest, weil das natürlich sehr gefährlich ist, aber irgendwie hast du das Mädchen liebgewonnen. Während du es vor den anderen Monstern versteckst und versuchst, es wieder nach Hause zu bringen, machst du ein paar höchst interessante Entdeckungen: dass zum Beispiel die elektrischen Leitungen zu glühen beginnen, Lampen zerbersten und die Sirenen losheulen, wenn das Mädchen lacht.

Schließlich begreifst du etwas, das die Welt, in der du lebst, völlig verändern wird: Das Lachen der Kinder produziert zehnmal so viel Energie wie ihre Angstschreie.

Natürlich wird es nicht leicht, eine Organisation auszuschalten, deren Macht darauf basiert, dass alles so bleibt, wie es ist, aber wenn es dir gelingt, wird sich das Leben aller Monster radikal ändern. Deine Arbeit wird weiterhin darin bestehen, Energie zu sammeln, aber du wirst nun keine Kinder mehr erschrecken müssen, weil du entdeckt hast, dass du und alle anderen viel mehr davon haben, wenn ihr sie zum Lachen bringt.

So weit der bezaubernde Vorschlag eines Zeichentrickfilms für Kinder, ein phantastisches Abenteuer, eine Geschichte, die nichts mit der Realität zu tun hat … Oder vielleicht doch?

Stellen wir uns nun gemeinsam vor, dass unsere Welt gar nicht so viel anders ist als eben beschrieben. Stellen wir uns vor, dass wir alle – die einen mehr, die anderen weniger – in dem Glauben leben, dass jeder, der anders ist als wir, eine Gefahr darstellt und wir ihm Angst einjagen und ihn von uns fernhalten müssen, um weiterbestehen zu können.

Stellen wir uns vor, dass sich die Erkenntnis aus *Monsters AG* auf die reale Welt übertragen ließe. Warum nicht? Dass wir übereinkommen könnten, uns gegenseitig zum Lachen zu bringen, statt alle, die andersartig sind, einzuschüchtern und zu unterjochen. Offen gestanden glaube ich nicht, dass etwas Schlimmes passieren würde; ganz im Gegenteil, wir würden wie im Film feststellen, dass sich unsere Ressourcen vervielfältigen und das Leben für alle besser wird.

Stellen wir uns vor, das Lachen wäre zehnmal mächtiger als die Angst … Wofür würdest du dich entscheiden? Für die Kraft, die aus deinen Ängsten kommt, oder für die Kraft, die durch dein Lachen entsteht? Woher würdest du die Energie nehmen, die du brauchst?

Sehr gut. Du brauchst dir keine weiteren Dinge vorzustellen, denn genau so ist es.

Genau so.

Wir leben in dem Glauben, dass die anderen eine Gefahr darstellen, wir versuchen Stärke zu zeigen, damit die anderen uns fürchten, und am Ende leben wir alle, die einen wie die anderen, in Angst.

Aber da, wo die Angst uns trennt, bringt uns das Lachen einander näher und macht uns zu Brüdern. Wenn wir lachen, begreifen wir, dass die Unterschiede zwischen uns bedeutungslos sind, verglichen mit allem, was uns eint. Und genau das, so sagen die Weisen, geschieht, wenn jemand die Erleuchtung erlangt, eine höhere Bewusstseinsebene erreicht und spirituell wächst: Er versteht jenseits von Intellekt und Verstand, dass er Teil eines größeren Ganzen ist und dass sein Leben eine Dimension besitzt, die über die rationale Welt hinausreicht.

Das ist der tiefere Sinn der Nasreddin-Geschichten aus dem türkischen Kulturraum und der unglaublichen Geschichten rund um »die Weisen von Chelm« aus der chassidischen Tradition (die sich immer wieder über Pseudointellektuelle lustig macht, die sich ihrer Klugheit wegen für etwas Besseres halten).

In Argentinien sagt man »am Muster erkennt man das Tuch«, und dieses Tuch (das wir hier »Der Schatz von Chelm« nennen) stammt aus dem Nähkästlein eines der größten Geschichtenerzähler jüdischer Tradition: Isaac Bashevis Singer.

Von allen Narren von Chelm waren die berühmtesten die sieben Dorfältesten, die, weil sie die Ältesten und zugleich die Dümmsten waren, in Chelm das Sagen hatten. Sie hatten lange weiße Bärte und hohe Stirnen, bestimmt, weil sie so viel nachdachten.

In der Chanukka-Nacht legte dichter Schneefall eine silberne Decke über ganz Chelm. Später kam der Mond zum Vorschein, und die Sterne funkelten am Himmel. In den Straßen von Chelm glitzerte der Schnee wie Tausende von Edelsteinen.

In dieser Nacht saßen die sieben Dorfältesten wie immer zusammen und dachten über die Geschicke des Dorfes nach. Ihre größte Sorge war, dass das Dorf Geld brauchte, und sie wussten nicht, wo sie es herholen sollten. Während sie die Stirn in Falten legten und auf einen rettenden Einfall hofften, sah Schlomo, der Älteste und zugleich der Dümmste von allen, zufällig aus dem Fenster. Es hatte noch nie zuvor geschneit in Chelm. Beim Anblick des verschneiten Schtetls stockte Schlomo der Atem … Plötzlich rief er:

»Schaut nur! Ganz Chelm ist mit Silber bedeckt!«

Tatsächlich sah der Schnee im Mondlicht wie Silber aus …

»Ich sehe Perlen im Schnee!«, rief Shmuel.

»Und ich Diamanten!«, ergänzte Jankel.

Die Weisen von Chelm begannen zu tanzen und fielen sich in die Arme. Es gab keinen Zweifel – Gott hatte einen Schatz vom Himmel gesandt.

Doch bald begannen Sorgen sie umzutreiben.
Jumkel, der Jüngste von ihnen, sagte, sein Großvater habe ihm erzählt, er habe schon einmal gesehen, wie es im Dorf schneite. Das Dorf habe wunderschön ausgesehen, aber wenn man auf den Schnee getreten sei, sei er verschwunden, und am Abend sei die ganze Pracht von den Stiefeln der Dorfbewohner zertreten gewesen.
Eine schreckliche Vorstellung!
Die Leute von Chelm gingen gern spazieren; bestimmt würden sie den Schatz zertrampeln. Was sollte man da machen?
Der dumme Zwi hatte eine Idee:
»Wir schicken einen Boten, der soll an alle Fenster klopfen und allen sagen, dass sie in ihren Häusern bleiben, bis wir das Silber, die Perlen und die Diamanten eingesammelt haben.«
Ein Weilchen waren die Alten zufrieden. Sie rieben sich die Hände und lobten den klugen Einfall. Doch dann teilte Leikisch, der die ganze Zeit geschwiegen hatte, seine Bedenken mit:
»Wenn wir es so machen, wird der Bote den Schatz zertrampeln.«
Die anderen Dorfältesten begriffen, dass Leikisch recht hatte, und runzelten erneut die Stirn, um eine Lösung zu finden.
»Ich hab's!«, rief Schlomo schließlich, der Älteste und zugleich der Dümmste von allen.
»Sag schon, sag!«, drängten die anderen sechs.
»Der Bote darf nicht zu Fuß gehen … Er soll auf einem Tisch getragen werden, damit seine Füße nicht mit dem kostbaren Schnee in Berührung kommen.«

Alle waren begeistert von Schlomos Vorschlag. Sie klatschten in die Hände und dankten Gott für den rettenden Schatz und ihre eigene Weisheit.
Die Dorfältesten schickten sofort jemanden in die Küche, um Juval, den Botenjungen, zu holen, und sie stellten ihn auf einen Tisch.
Aber wer sollte den Tisch tragen?
Zum Glück befanden sich in der Küche außerdem noch der Koch, der Kartoffelschäler, der Geißhirt und der Pferdeschmied.
Allen vieren wurde befohlen, den Tisch hochzuheben, auf dem Juval bereits saß. Jeder fasste ein Bein, und obenauf saß der Junge, einen Holzhammer in der Hand, um an die Fenster der Dorfbewohner zu klopfen.
So gingen sie los. Juval klopfte an jedes Fenster und sagte:
»Auf Befehl des Dorfrats darf heute Nacht keiner sein Haus verlassen. Es ist ein Schatz vom Himmel gefallen, und es ist strengstens verboten, ihn zu zertrampeln.«
Die Leute von Chelm hörten wie immer auf die Ältesten und blieben die ganze Nacht zu Hause.
Unterdessen setzten sich die Dorfältesten zusammen und berieten, was sie am besten mit dem Schatz machen sollten.
Der dumme Zwi schlug vor, ihn zu verkaufen und dafür eine Gans zu erstehen, die goldene Eier legte. So hätte die Gemeinde ein festes Einkommen.
Leikisch hatte eine andere Idee. Warum nicht Brillen mit Vergrößerungsgläsern kaufen, die alles in Chelm größer machten? Die Häuser, die Straßen, die Geschäfte – alles würde größer aussehen, und wenn Chelm größer aus-

sähe, dann wäre es auch größer. Es wäre nicht länger ein Dorf, sondern eine große Stadt.

Sie hatten noch viele ähnlich kluge Ideen, doch während die Dorfältesten die verschiedenen Pläne gegeneinander abwogen, wurde es Morgen, und die Sonne kam heraus.

Wie groß war die Enttäuschung der Weisen von Chelm und des ganzen Dorfes, als sie aus dem Fenster schauten und sahen, dass der ganze Schnee zertrampelt war.

Im Laufe der nächsten Stunde fanden die Dorfältesten heraus, was geschehen war: Die Männer, die den Tisch trugen, hatten mit ihren schweren Stiefeln den Schatz zerstört.

Die Ältesten von Chelm strichen sich über die weißen Bärte und mussten sich eingestehen, dass sie einen Fehler gemacht hatten. Da war nichts mehr zu machen, aber sie begannen sogleich darüber nachzudenken, wie sie es anstellen würden, wenn Gott ihnen beim nächsten Chanukka erneut den Schatz aus Silber und Edelsteinen schicken würde …

Nach der ersten Enttäuschung wurde den Bewohnern von Chelm bewusst, dass sie für eine Nacht reich gewesen waren, und sie gingen auf die Straße, um zu feiern. Gab es ein glücklicheres Dorf? Gott hatte *ihnen* einen Schatz geschickt. Vielleicht hatte er gemerkt, dass sie auf einen solchen Überfluss nicht vorbereitet waren, und beschlossen, sie noch ein wenig warten zu lassen.

Die Dorfältesten dachten im stillen Kämmerlein monatelang nach und fanden schließlich die Lösung. Wenn Gott ihnen noch eine Chance gewährte – und sie würden alle auffordern, dafür zu beten –, würden sie den gleichen Fehler nicht noch einmal machen. Diesmal würden

vier weitere Personen die vier Männer auf den Schultern tragen, die den Tisch trugen, auf dem Juval saß. So konnte keiner von ihnen den Schatz zertrampeln …
So lange würden sie arbeiten und Gott dafür danken, dass er so an sie dachte, insbesondere aber für das Glück, dass sie mit ihren sieben klugen Dorfältesten hatten, die stets eine Lösung fanden, so schwierig das Problem auch sein mochte.

Weitergeben und dienen

Dankbarkeit ist ein hervorragender Weg, uns auf gute Weise mit der Welt um uns herum zu verbinden, aber es ist nicht der einzige. Sich aufrichtig in den Dienst derer zu stellen, die uns brauchen, und weiterzugeben oder zu teilen, was wir haben, ist auch ein Weg, der Welt zurückzugeben, was wir von ihr erhalten haben. Denn alles, was wir wissen, im Guten wie im Schlechten, haben wir von irgendjemandem gelernt, gemeinsam mit anderen herausgefunden oder durch sie entdeckt.

Ich fand es sehr interessant, zu erfahren, dass das hebräische Wort für Wohltätigkeit *tzedaka* lautet, dessen etymologische Wurzel nicht auf die Barmherzigkeit, sondern auf Gerechtigkeit zurückgeht. Das kleinliche Verhalten derjenigen, die sich weigern, ihr Wissen weiterzugeben und zu helfen, wo sie können, sollten wir folglich nicht Undank nennen, sondern vielmehr Ungerechtigkeit.

Ich möchte dir eine weitere Übung vorschlagen. Ich bitte dich, ein Blatt Papier zu nehmen und in der Mitte eine senkrechte Linie zu ziehen.

Ich möchte nun, dass du auf einer Seite – sagen wir, der linken – alles auflistest, was du in deiner Kindheit von zu Hause mitbekommen hast, insbesondere von deinen Eltern. Gutes wie Schlechtes, alles. Lass dir Zeit, mach es in Ruhe, versuche, die Liste so vollständig wie möglich zu machen …

Jetzt schreib auf der rechten Seite alles hin, was dir gefehlt hat, was du gerne von deinen Eltern oder deinem familiären Umfeld bekommen hättest und nie bekamst, oder das, was hätte gewesen sein können und nie stattfand. Nimm dir auch diesmal Zeit und mache die Liste so vollständig wie möglich …

Wenn du jetzt gerade keine Zeit oder keine Möglichkeit hast, die vorgeschlagene Aufgabe zu erledigen, dann überspringe diese Seiten und kehre später noch einmal zu ihnen zurück, wenn es besser passt. Die Übung wird dich nicht weiterbringen, wenn du nicht die Zeit und die Aufmerksamkeit darauf verwendest, um die ich dich bitte.

Du hast es hinbekommen? Prima, dann geht's weiter.

Denke jetzt über folgende Frage nach:

Wenn jemand (du oder eine andere Person) in die Welt hinausgeht, was, denkst du, hofft er dort zu finden? Wird er nach dem suchen, was er bereits hat, oder wird er versuchen, das zu finden, was er nie bekommen hat, was ihm immer gefehlt hat?

Verständlicherweise wird er wahrscheinlich nach dem suchen, was ihm fehlt.

Eine weitere Überlegung:

Was könnten wir als Wiedergutmachung oder als Dank für das geben, was wir bekommen haben?

Zumindest scheint klar, dass wir nicht »mit gleicher Münze« zurückzahlen können, weil wir diese Münze nicht besitzen (und keiner kann etwas geben, was er nicht besitzt). Wir können nur das bieten, was wir haben, also all das, was wir einmal erhalten haben, was wir wissen und können und von dem wir uns erinnern, es in unserer Kindheit mitbekommen zu haben, vor allem von Mama und Papa.

Wenn wir diese Überlegungen resümieren, könnten wir stark vereinfacht sagen, dass jeder im Leben danach strebt, das hinzuzugewinnen, was ihm fehlt, und dafür im Gegenzug das bietet, was er mitbekommen hat.

Oder, was dasselbe ist: Jeder, der durchs Leben geht, bietet das, was er zu geben hat (was in etwa das ist, was er mitbekam), während er gleichzeitig erbittet, erhofft oder einfordert, was er braucht (weil er es als Kind nie hatte).

Später, mit der Zeit, lernt man viel im Leben … Aber das ist erst später. Am Anfang (und vielleicht auch am Ende …) steht einem nur das zur Verfügung, was einem in den ersten Jahren mitgegeben wurde, als man nicht die Möglichkeit, das Bewusstsein oder das Recht hatte, etwas anderes einzufordern. Hunderte komplexer psychologischer Theorien – etwa das Konzept des »Inneren Kindes« des genialen John Bradshaw – erklären das menschliche Verhalten auf der Grundlage dieses Ansatzes.

Einmal entstand eine schmerzliche Situation, als ich einer meiner Gruppen diese Aufgabe stellte. Nachdem sie ihre Listen erstellt hatte, wollte eine Patientin zu Recht darüber reden, wie sie die Unzulänglichkeiten ihrer Kindheit empfand oder erinnerte. Auf die Seite mit dem, was sie bekommen hatte, schrieb sie groß und in Großbuchstaben: NICHTS. Auf die andere Seite, bei dem, was ihr gefehlt hatte, schrieb sie mit dem gleichen Nachdruck ebenfalls ein einziges Wort: ALLES.

Ohne zu wissen, was jeder Einzelne geschrieben hatte, bat ich nun alle, die Übung weiterzuführen. Es ging darum, zwei Sätze zu bilden.

Der erste begann mit »Ich erhoffe mir von den anderen …« und sollte um sämtliche Begriffe von der Liste mit den Dingen, die mir fehlten, ergänzt werden.

Der zweite begann mit »Im Gegenzug biete ich …«, und darauf folgte alles, was ich bekommen hatte.

Am Ende lasen wir einer nach dem anderen die beiden Sätze laut vor.

Meine beiden lauteten ungefähr so: »Ich erhoffe mir Wertschätzung und Anerkennung, ständige Anwesenheit, flexible Regeln und jemanden, der mit mir in den Zirkus geht. Im Gegenzug biete ich bedingungslose Liebe, einen kritischen Blick, ein einfaches Zuhause und einfaches Essen, gute Laune und eine solide, auf Werten basierende und von ethischen Prinzipien getragene Erziehung.«

Wir alle lachten über die Kombinationen, die da zustande kamen. Man musste zugeben, dass sich tatsächlich manches davon in unserem täglichen Verhalten widerspiegelte.

Aber das Lachen verging uns und wurde zu einem betroffenen Schweigen, als wir hörten, wie die oben erwähnte Teilnehmerin schluchzte und unter Tränen sagte: »Genauso ist es … Genau so verhalte ich mich … genau so.«

Die Kombination der Sätze hatte bei meiner Patientin Folgendes ergeben: »Ich erhoffe mir von den anderen alles, und im Gegenzug dafür biete ich nichts.«

Ohne über diese Sätze zu erschrecken, müssen wir uns eingestehen, dass das Leben auch ein Austausch ist. Eine Art Handel – aber kein Geschäft –, bei dem ich gebe und nehme und bei dem einer oder viele mir geben, was sie haben, und ich auf meine Weise zurückgebe, was ich zu geben habe – nicht unbedingt denselben Personen, von denen ich etwas bekommen habe, nicht immer denen, die es am meisten verdienen, und natürlich abhängig von dem, was ich bin und was ich im jeweiligen Augenblick empfinde.

> Ein Vater wurde einmal gefragt, welches seiner vier Kinder ihm das liebste sei. Der Vater antwortete, dass er alle vier gleich liebe, doch der Frager hakte immer wieder nach, um ihm eine Antwort zu entlocken. Schließlich sagte der Vater, nachdem er lange nachgedacht hatte:
> »Ich muss gestehen, dass ich das am meisten liebe, von dem ich glaube, dass es mich gerade am meisten braucht.
> Wenn ein Kind krank ist, liebe ich dieses Kind am meisten.
> Wenn ein Kind Probleme hat, liebe ich dieses Kind am meisten.
> Wenn ein Kind in finanziellen Schwierigkeiten steckt, liebe ich dieses Kind am meisten.
> Wenn ein Kind Liebeskummer hat, liebe ich dieses Kind am meisten.
> Wenn ein Kind Zweifel hat, ob es von irgendjemand geliebt wird, liebe ich dieses Kind am meisten.
> Wenn ein Kind nicht mehr weiterweiß, liebe ich dieses Kind am meisten.«

Individualität und Dienst am anderen

Es heißt überall, in der heutigen Gesellschaft werde das alltägliche Verhalten von einem übersteigerten Individualismus bestimmt. Diese Eskalation führe dazu, dass man nicht mehr an der Ehe festhalte, die »für ein ganzes Leben« geschlossen werde, und Freundschaften entwickelten sich zu einem aus der Mode gekommenen Auslaufmodell. Beziehungen würden zunehmend oberflächlicher, die Menschen hätten keine Zukunftspläne mehr, und Begegnungen liefen schematisch und ohne jede Verpflichtung ab, bis hin zum schnellen, einmaligen sexuellen Austausch zwischen völlig Fremden, die sich danach nie wiedersähen.

Auch ich registriere manche dieser unangemessenen Verhaltensweisen und Werteveränderungen, aber ich stimme nicht mit denen überein, die den Individualismus dafür verantwortlich machen. Individualismus und Gesellschaft müssen nicht zwangsläufig gegensätzliche Pole ein und desselben Prinzips sein. Anders gesagt: Man kann individualistisch *und* solidarisch sein, und man kann alles aufgeben, sogar sich selbst, aus Gründen, die nichts mit dem Wunsch zu tun haben, seinem Nächsten zu helfen.

Vielleicht ist nicht die Kultur des Individuellen das Problem, sondern mangelndes soziales Bewusstsein. Wie ich schon oft gesagt und geschrieben habe (vor allem in *El camino del encuentro*, Der Weg der Begegnung), ist es nicht wahr, dass übermäßige Eigenliebe dir keinen Raum lässt, auch andere zu lieben.

Ich glaube aufrichtig, dass das Problem vor allem im Konkurrenzprinzip der Konsumgesellschaft zu suchen ist, in der wir leben. Das Gefühl oder die falsche Annahme, dass es nicht für alle reichen könnte. Der Wunsch, das beste Stück von der Torte abzubekommen. Das Bedürfnis, für schlechtere Zeiten vorzusorgen.

Diese Einstellung ist eher schäbig als individualistisch zu nennen; sie ist mehr Ausdruck innerer Armut als übersteigerter Habgier, eher einfältig als egoistisch.

Der Mensch ist dazu bestimmt, mit anderen zu leben, auf deren Blick er angewiesen ist und auf deren Gegenwart er weder verzichten kann noch will. Und doch erzieht er seine Kinder (unsere Kinder) dazu, zwischen Dein und Mein zu unterscheiden, zwischen Unser und Euer, meinen Leuten und deinen Leuten. Wir erziehen sie dazu, hart zu arbeiten, damit sie sich alles leisten können, was sie wollen, obwohl viele von uns bereits wissen, dass ihnen daraus später keine wirkliche Freude am Leben erwachsen wird. Und für die, die es noch nicht wissen, sage ich es hier noch einmal: Der Unterschied zwischen dem, was ich möchte, und dem, was ich wirklich brauche, liegt darin, mich mit anderen zu verbinden, um das teilen zu können, was ich habe.

Auf dem spirituellen Weg legt man den Wunsch ab, andere zu übertrumpfen, zu vernichten oder auszubooten, und lernt den Zauber zu schätzen, der in uns wirkt, wenn diese falschen Anreize einer konkurrenzorientierten Erziehung verschwinden.

Es war einmal eine Pfarrgemeinde, in der es Brauch war, dass sich sonntags nach der Messe alle Gläubigen um einen Tisch versammelten, um ein Glas Saft zu trinken, etwas Obst zu essen und über Gott und die ganz alltäglichen Dinge zu plaudern.

Eines Tages kamen zwei einflussreiche Männer in die Gemeinde. Sie nahmen an der Messe teil und saßen nach dem Gottesdienst mit allen anderen um den Tisch. Als alle Gemeindemitglieder aufgebrochen waren, gingen sie zum Pfarrer, um ihm ihre Eindrücke mitzuteilen. Sie sagten ihm, dass ihnen alles sehr gut gefallen habe, insbesondere das Agapemahl, das nach der Messe gefeiert wurde.

»Schade nur«, setzte einer der beiden nach diesen Komplimenten hinzu, »dass es wie überall auch in deiner Herde fehlgeleitete Schafe gibt …«

»Warum sagt ihr das?«, fragte der Pfarrer.

»Wir haben es bemerkt, als alle nach der Messe zu dem anschließenden Beisammensein gingen«, erklärte der andere. »Wir haben mit Freude gesehen, dass einige deiner Gemeindemitglieder wirklich für ihre Nächsten da sind. Ohne dass sie jemand darum gebeten hätte, bringen sie zwei Stühle aus der Kirche mit: einen für sich selbst und den zweiten für eine andere Person. Aber wir haben auch die anderen gesehen, die »Bequemen«. Diese

Trägen und Berechnenden, die aus der Kirche kommen, ohne einen Stuhl mitzunehmen und sich einfach irgendwohin setzen, wo ein Platz frei ist.«
»Aber das sind noch nicht die Schlimmsten«, ergänzte sein Freund. »Ich glaube nämlich, dass etliche gar nicht bequem sind, sondern ignorant. Die Egoisten sind es, die mir am meisten Sorgen machen, diese schäbigen Seelen, die genau wissen, dass Stühle gebraucht werden, aber nur einen für sich selbst mitnehmen.«
»Wir erzählen dir das nur«, schloss der andere, »weil wir wissen, dass du immer so voll des Lobes über deine Schäfchen bist. Du sollst wissen, dass von allen welche darunter sind – was ja völlig logisch ist.«
Der Pfarrer, der aufmerksam zugehört hatte, sagte:
»Das Einzige, dessen ich mich brüste, ist, dass ich meine Schäfchen gut kenne, auch wenn mir bewusst ist, dass ich sie nur mit meinen Augen sehen kann, und zwar nicht zwangsläufig mit denen, die ich unter meinen Augenbrauen habe. Ja, es gibt solche unter ihnen, die an ihren Nächsten denken und einen Stuhl für sich und ein zweites Gemeindemitglied mitnehmen, aber auch jene, die ohne einen Stuhl aus der Kirche kommen, und jene, die du ›bequem‹, ›träge‹ und ›berechnend‹ nennst, kenne ich sehr gut. Es sind jene, die so großes Vertrauen in ihre Brüder und Schwestern aus der Gemeinde setzen, dass sie genau wissen, sie müssen keinen Stuhl mitnehmen, weil immer einer für sie da sein wird.«
Der Priester machte eine Pause, sah die beiden Männer an und wandte sich dann an den zweiten.
»Auch die anderen, die du ›egoistisch‹ nennst, kenne ich. In meinen Augen sind es die Besten. Es sind jene, die ge-

lernt haben, den Dienst am anderen mit äußerstem Vertrauen zu kombinieren. Sie nehmen nur einen Stuhl mit, um ihn jemandem anzubieten, der ihn benötigt; für sich selbst aber nehmen sie keinen mit, weil sie genau wissen, dass für sie jemand anders einen Stuhl mitbringen wird. Natürlich sehe ich sie mit anderen Augen, als ihr sie seht. Und ich frage mich, warum das so ist …«

Das ist der Sinn von Dienen, Verständnis, Hilfsbereitschaft, Mitgefühl und der Empfindsamkeit, die Bedürfnisse der anderen zu erkennen.

Denen einen Weg weisen, die uns folgen

Hierin liegt eine notwendige, jedoch ganz und gar nicht einfache Verpflichtung.

Wie sollen wir unsere Kinder erziehen, ohne in ihnen Ängste zu erzeugen oder aber ihnen die Wahrheit zu verschweigen?

Das ist die Frage, die wir Eltern beantworten müssen, und zwar so früh wie möglich.

Als ich vor einigen Jahren meinen Roman *El candidato* (Der Kandidat) vorstellte und das Gespräch auf die Unvollkommenheit des Gesetzes kam, erzählte man mir, Umfragen zufolge sei *Wer die Nachtigall stört* der amerikanischen Schriftstellerin Harper Lee der beliebteste Roman in den Südstaaten.

Ich hatte noch nie von dem Roman gehört, also besorgte ich ihn mir umgehend und las ihn mit großem Vergnügen.

Wer die Nachtigall stört erschien 1960 und brachte seiner Autorin nicht nur den Pulitzer-Preis und das Lob der US-amerikanischen Kritiker ein, sondern diente auch als Vorlage für eine äußerst erfolgreiche und preisgekrönte Verfilmung.

Der Roman spielt in einer Kleinstadt in Alabama zur Zeit der Großen Depression in den dreißiger Jahren. Im Mittelpunkt der Handlung steht Atticus Finch, ein Anwalt, der von einem Richter verpflichtet wird, einen Schwarzen zu verteidigen, der beschuldigt wird, eine weiße Frau vergewaltigt zu haben.

Finch nimmt den Auftrag an, was ihm jedoch die Ablehnung der meisten Mitbürger einbringt, die ihm vorwerfen, ein »Niggerverteidiger« zu sein.

Von allen angefeindet, verbietet der Anwalt seinen Kindern, an dem erbittert geführten Prozess teilzunehmen. Er will ihnen den Schmerz ersparen, ihren Vater in dieser Situation zu sehen und mit der Grausamkeit der Leute in der Stadt konfrontiert zu werden.

Der Roman ist ein großartiges Plädoyer gegen den Rassismus und lohnt sich schon allein deswegen, gelesen zu werden. Aber was mich beim Lesen am meisten beeindruckte, war weder die Gerichtsverhandlung noch die Kritik am Rechtssystem der USA, sondern die Art und Weise, wie der Anwalt mit seinen beiden kleinen Kindern über die Situation in der Stadt redet und über seine Zweifel, wie er die beiden erziehen soll. Am Ende sagt Finch zu seinem besten Freund:

»Ich möchte, wie wahrscheinlich alle Väter, dass meine Kinder in einer Welt leben, in der es nicht nur Böses gibt … Aber ich kann nicht verhindern, dass es Böses gibt, und deswegen liegt es in unserer Verantwortung, sie darauf vorzubereiten, damit sie als Erwachsene wissen, wie sie damit umzugehen haben. Alles andere wäre unheilvoll für ihre Zukunft, denn das Leben wird ihnen nicht immer sein liebenswertes und gütiges Gesicht zeigen.«

Sicher, es ist eine große Versuchung, unseren Kindern die schrecklichen Dinge im Leben vorzuenthalten, Morde, Kriege, Terrorismus, Armut und Gewalt von ihren Augen und Ohren fernzuhalten … Doch sosehr wir das auch wünschten, wir wissen, dass es unmöglich ist; wir können die Realität noch so sehr verleugnen, am Ende wird sich immer die Wahrheit durchsetzen.

Vielleicht wird deshalb niemand, der bei klarem Verstand ist, ernstlich behaupten wollen, der beste Weg, unsere Kinder von Drogen fernzuhalten, sei, »niemals darüber zu sprechen«. Damit erreicht man nichts weiter, als dass sie zu naiven Opfern des erstbesten Dealers werden, der ihnen über den Weg läuft, um ihnen »eine magische Reise« anzubieten.

Ich bleibe bei diesem Beispiel, weil das Thema Drogen das womöglich dringendste und dramatischste von allen ist. In diesem wie in anderen Fällen bringt es nichts, das Gespräch zu vertagen, bis der beste Moment zum Reden gekommen ist, denn der kommt vielleicht nie. Der richtige Moment ist dann, wenn Gesprächsbedarf besteht, wenn die Frage auftaucht, einfach, wenn das Thema auf den Tisch kommt. Bei Drogen funktioniert der Spruch nicht, dass Zeit der beste Lehrmeister ist, denn selbst wenn es so wäre, bringt dieser Meister auf dem Weg seine Schüler um.

Eltern, die ihre Kinder vor jedem Problem, vor jeder Enttäuschung, vor jeder verstörenden Nachricht bewahren, schaffen ihnen im besten Fall eine glückliche Kindheit und ein unglückliches Erwachsenenleben. Denn sosehr wir uns auch bemühen, alle Schläge von ihnen fernzuhalten, irgendwann wird der Moment kommen, in dem wir nicht mehr da sein werden, um sie zu beschützen.

Es wäre wundervoll, wenn wir den Mut hätten, zu akzeptieren, dass die Welt, in der sie leben werden, eine völlig andere sein wird und dass das Rüstzeug, das wir ihnen mitgeben können, nie ausreichen wird. Nur so können wir sie lehren, sich ihr eigenes Rüstzeug zu schaffen.

Die Familie als Vorbereitung für den großen Sprung

Ich sage immer, Kinder zu erziehen heißt, ein Sprungbrett zu bauen, über das unsere Kinder sicher und ohne Angst gehen können, um irgendwann den Sprung in das Schwimmbecken ihres Erwachsenenlebens zu meistern.

Dieses Sprungbrett ruht auf vier Säulen, und von der Standfestigkeit dieser Säulen hängt es ab, ob die Athleten, die darüberlaufen, sich vor dem Absprung nicht verletzen.

Die vier Säulen dieses Sprungbretts sind:

1.) Die Liebe, verstanden als die Liebe der Eltern, die Liebe der Kinder und die Liebe der Geschwister untereinander.
2.) Ein gutes Maß an Wertschätzung, Selbstwertgefühl und Anerkennung; damit ist auch die Wertschätzung der Eltern untereinander, die gegenseitige Wertschätzung von Eltern und Kindern und die Wertschätzung der Kinder untereinander gemeint. Eine Erziehung, die auf gegenseitigem Respekt be-

ruht. (»Wir sind froh, dass du unser Kind bist, und wir mögen diese Familie, so wie sie ist, mit allen Stärken und Schwächen.«)
3.) Das Vorhandensein von Regeln, die nicht streng sein müssen, aber klar. (»Wir können jeden Tag Ausnahmen machen, aber die Regeln bleiben, wie wir sie besprochen haben.«)
4.) Eine echte, vertrauensvolle Bindung, die die zuverlässige und konsequente Gegenwart der Eltern einschließt. (»Du musst mir nichts erzählen, aber wenn du es tun willst, bin ich da, um dir zuzuhören.«)

Wir brauchen nicht weit zurückzublicken, sondern lediglich zu überlegen, wie die Erziehung unserer Eltern war und wie wir unsere Kinder erziehen, um zu sehen, dass sich die Prinzipien der Erziehung innerhalb weniger Jahrzehnte von einem Extrem zum anderen gewandelt haben.

Heute wissen wir, dass Erziehung auf Beharrlichkeit und Liebe beruht.

Kochen lernt man, indem man kocht, Vater oder Mutter zu sein, indem man Vater oder Mutter ist. Das ist keine gute Nachricht für ältere Kinder, aber es ist die Wahrheit.

Psychologische Statistiken belegen, dass Einzelkinder häufiger Anzeichen und Symptome von Neurosen entwickeln (das soll nicht heißen, dass alle Einzelkinder Probleme haben, wohl aber, dass sie statistisch diejenigen sind, die größere Probleme haben). Diese Daten scheinen sich zu bestätigen, wenn man dieselben Statistiken für Familien mit mehreren Kindern betrachtet und dabei feststellt, dass die ältesten Kinder – diejenigen also, die auch einmal Einzelkinder waren – »dank« unerfahrener Eltern die schwierigsten zu sein scheinen.

Aus psychologischer Sicht sind unsere Kinder, auch adoptierte, ein Teil von uns, eine Erweiterung unseres Seins, und das erklärt von selbst die bedingungslose Liebe des Vaters oder der Mutter zu ihren Kindern. Unnötig zu betonen, dass anders herum wir keine Erweiterung unserer Kinder sind.

Das Ziel aller Eltern ist es, dass ihre Kinder es einmal besser haben als sie selbst. Wenn ihnen das gelingt, ist ihre Aufgabe erfüllt. Deshalb ist es der Wunsch aller Eltern, das Zepter weiterzureichen, als Zeugnis dafür, was sie getan haben. Auch wenn das nicht vor der unguten Einstellung bewahrt (vielleicht sollte ich mich trauen, zu schreiben »der perversen Einstellung«, wie ich es zuerst vorhatte), zu erwarten, dass die Kinder das Leben leben, das die Eltern sich nicht zugestanden haben, das sie nicht leben konnten oder zu leben wussten.

Um unsere Aufgabe noch weiter zu erschweren, gibt es einige Dinge, die sich einfach nicht erklären oder zeigen lassen, Dinge, die jeder für sich selbst entdecken, verarbeiten und überwinden muss. In diesen Fällen können wir Eltern nur einen Weg weisen, vor Gefahren warnen, im Gespräch bleiben und von unseren eigenen Erfahrungen berichten (nebenbei bemerkt, gehört der spirituelle Weg zu jenen Dingen, die man selbst entdecken muss).

Woran kein Zweifel besteht, ist, dass wir als Eltern im strengen Sinne für alles geradestehen müssen, was wir mit unseren Kindern machen oder nicht machen, wenn auch nicht immer für alle Resultate. Ich bin da kein gutes Beispiel, aber erlaube mir dennoch, als Beweis dafür eine Erfahrung mit dir zu teilen.

In Argentinien darf man mit achtzehn Jahren den Führerschein machen. Als mein Sohn siebzehn war, konnte er schon ziemlich gut fahren. Er hatte ein bisschen mit mir geübt, ein bisschen mit seinen Freunden und ein bisschen mit seiner Mutter. Es war für alle klar, dass ich ihm, sobald er den Führerschein hatte, mein Auto leihen und ihm irgendwann eines kaufen würde. Irgendwann, sechs Monate vor seinem achtzehnten Geburtstag, begann er darauf zu drängen, dass wir ihm das Auto geben sollten. Ich sagte:

»Wenn du fahren willst, habe ich nichts dagegen, solange du in den Straßen hinterm Park fährst, wo kein Verkehr ist, und solange ich dabei bin. Aber allein darfst du nicht fahren; dafür brauchst du einen Führerschein, und den kannst du noch nicht machen.«

Mein Sohn entgegnete: »Aber alle meine Freunde dürfen.«

Ich wusste, dass das stimmte, aber meine Antwort lautete trotzdem:

»Aber deine Freunde sind nicht meine Kinder. Deine Freunde können machen, was sie wollen, wenn ihre Eltern es ihnen erlauben. Aber du kannst das nicht, weil ich es dir nicht erlaube und weil man einen Führerschein braucht, um ein Auto zu fahren, und den hast du nicht. Und hör genau zu: Ich sagte EIN Auto und nicht MEIN Auto. Du fährst GAR KEIN Auto, bis du den Führerschein hast.«

Mein Sohn ließ nicht locker.

»Du schränkst mich ein, und außerdem steh ich vor meinen Freunden blöd da.«

Ich antwortete: »Mag sein. Ich verstehe dich, aber ich werde in dieser Sache nicht nachgeben.«

Daraufhin fragte er: »Und mit welchem Argument?«

Ich antwortete immer mehr oder weniger dasselbe:

»Ich bin dein Vater und glaube, dass es das Beste

für dich ist. Und in diesem Fall, wie sonst auch, wenn es darum geht, etwas zu erlauben oder zu verweigern, begegnen wir uns nicht auf Augenhöhe. Wenn wir uns einig werden, machen wir, was du willst, und wenn wir uns nicht einig werden, machen wir, was ich sage.«

Angesichts dieser Erklärung fauchte mein Sohn mich an:

»Du bist ein Tyrann.«

Worauf ich entgegnete:

»Mag sein. Man sagt ja, es gibt mehrere Leben. Für dein nächstes Leben wünsche ich dir nur das Beste, vor allem, was den Vater angeht, den du bekommst. Bis dahin bin ich dein Vater, und in diesem Fall entscheide ich, was geht und was nicht. Und du darfst nicht ohne Führerschein fahren.«

Mein Sohn war deswegen stinkwütend auf mich.

Vielleicht war ich im Unrecht. Vielleicht hätte ein Vater, der mehr in sich selbst ruht, eine Erklärung gefunden, auf die er gehört hätte, aber ich habe das Beste getan, was ich konnte. Ich war verantwortlich und habe das getan, von dem ich glaubte, dass ich es tun müsse. Es war meine Verantwortlichkeit, und ich wollte nicht mit mir darüber verhandeln lassen.

Seither sind viele Jahre vergangen. Er ist mittlerweile selbst Vater, und vielleicht sieht er diese Episode heute mit anderen Augen. Vielleicht – ich glaube nicht – müssen wir beide auch noch ein bisschen abwarten, vielleicht bis zu dem Moment, wo mein Enkel ihn um sein Auto bittet …

Eltern wollen immer das Beste für ihre Kinder (zumindest, wenn ihnen ein winziger Rest an gesundem Menschenverstand geblieben ist), was nicht automatisch bedeutet, dass die Kinder machen, was die Eltern wollen. Ob es uns gefällt oder nicht, Erziehung ist keine Demagogie, sie ist nicht einmal demokratisch.

Und natürlich sind wir Eltern nicht unfehlbar, aber das ist auch nicht nötig. Der Schlüssel lautet, aufmerksam und interessiert zu bleiben und die Rolle anzunehmen, die jedem von uns zugewiesen ist; das sollte genügen, um vieles richtig zu machen und wenig falsch, vor allem in den entscheidenden Dingen. Bei allem anderen können wir uns ein paar Fehler mehr erlauben; schließlich habe ich in meiner Praxis oft genug gesehen, wie Irrtümer der Eltern sich am Ende ins Positive wenden und unseren Kindern bei der schwierigen Kunst helfen, mit Problemen umzugehen.

Wir Eltern sollten nicht vergessen, dass man die Früchte der Erziehung erst später erntet. Meistens müssen unsere Kinder durch einiges hindurchgehen, bevor sie die Früchte ernten können, die wir ihnen in ihrer Kindheit als Samenkorn eingepflanzt haben.

Und sie werden die meisten dieser Früchte ernten, einige aber erst, wenn wir nicht mehr sind.

Ich möchte das Thema Eltern / Kinder verlassen, um eine Geschichte zu erzählen, die auch davon handelt, sich in den Dienst der anderen zu stellen. Eine Geschichte, die wirklich passiert ist, wie man mir versicherte.

> Ein deutscher Autohersteller nimmt einen Industriemechaniker aus Südamerika unter Vertrag und schickt ihn zur Ausbildung ins Hauptwerk des Unternehmens.
> Rings um das Werk gibt es einen großen Parkplatz mit genügend Plätzen, damit alle Arbeiter mit dem eigenen Wagen zur Arbeit fahren können.
> Da der Gast aus der Fremde kein Auto hat, holt ihn der Leiter der Motorenabteilung zu Hause ab und nimmt ihn mit in die Firma. Nach Feierabend bringt er ihn wieder nach Hause.
> Vielleicht aus übergroßem Pflichtbewusstsein kommt der Abteilungsleiter immer schon, lange bevor die Sirene zum Schichtbeginn ertönt. Jeden Morgen ist der Parkplatz fast leer, aber der Abteilungsleiter stellt seinen Wagen ganz hinten ab, ziemlich weit vom Personaleingang entfernt. Irgendwann sagt der Mechaniker:
> »Wir sind immer früher da als alle anderen, und der Parkplatz ist so gut wie leer. Ich verstehe nicht, warum du das Auto so weit vom Eingang zur Fertigungshalle entfernt abstellst …«
> Der Abteilungsleiter antwortet:

»Das hat mir mein erster Chef beigebracht, als ich in der Fabrik angefangen habe. Wer früh kommt, hat genug Zeit, um ein Stückchen zu gehen; wer hingegen später kommt, hat es eilig. Für die Zuspätkommenden ist es wichtiger, einen Parkplatz in der Nähe der Tür zu finden, weil sie es nur so pünktlich auf die Arbeit schaffen …«

Eine wahre Begebenheit

Die Philosophie des Tao ist einer der wichtigsten Wege zur Befreiung des Geistes, den die Menschheit im Laufe ihrer Geschichte entwickelt hat. Das Tao Te King, das klassische Werk der taoistischen Literatur, gewährt dem Leser Zugang zu großer Weisheit, die ebenso anregend wie innovativ ist.

Der Taoismus legt insbesondere großen Wert auf das Gleichgewicht zwischen unserem Bewusstsein für die Realität und unserem natürlichen Wesen.

Denen zufolge, die mehr darüber wissen, besitzt das Wort *tao* zwei Bedeutungen. Auf der einen Seite bedeutet es »der Weg«, auf der anderen Seite lässt es sich auch mit »die Natur oder das Wesen der Dinge« übersetzen.

Wenn wir beide Bedeutungen zusammennehmen, verstehen wir das Tao (den spirituellen Weg) als ein Werkzeug, um zum Wesen der Dinge zu gelangen, zum Wesen unserer selbst und unserer Beziehung zu den anderen. Letzten Endes eine bessere und poetischere Art, das auszudrücken, worüber wir von der ersten Seite dieses Buches an reden.

Vor Jahren behandelten Julia und ich im Andalusischen Zentrum für Psychotherapie in Granada einen Patienten, der extra aus Almería zu uns kam. Aber trotz all unserer Bemühungen machte er keine Fortschritte. Er machte immer zwei Schritte vor und zwei zurück.

Nach einiger Zeit empfand der Patient etwas, das er uns später als »Gefühl der Ernüchterung« beschrieb, und sagte uns, dass er Urlaub von der Therapie brauche.

Sechs Monate später kehrte er völlig verändert zurück. Während seines Urlaubs, so erzählte er uns, hatte er eine Menge von den Dingen in die Praxis umgesetzt, die wir ihm während der Therapie beizubringen versucht hatten und die er nie verstanden hatte. Es war, als hätten ihm die Zeit und der Abstand erlaubt, dieses Wissen zu »internalisieren«, mit dem er damals nichts anfangen konnte.

Unser Patient verstand genau, was mit ihm passiert war, und indem er den anderen Gruppenmitgliedern von seiner Erfahrung erzählte, konnten wir alle einen Nutzen aus seinem Weggang und seiner Rückkehr ziehen. Patienten wie auch wir als Therapeuten lernten die Bedeutung der Zeit im Prozess des Wachsens neu zu bewerten und die Verantwortung jedes Menschen, die wirklich wichtigen, entscheidenden Dinge, die man lernt, zumindest an einen Menschen weiterzugeben.

Mein Freund Karl Groß, Buchhändler in Grefrath, Deutschland, hat mir großzügigerweise die Lebensgeschichte des Arztes Dr. David Servan-Schreiber zukommen lassen, die dieser in seinem Anti-Krebs-Buch erzählt hat. Ich habe sie mir bis zum Schluss aufgehoben, weil ich denke, dass mit ihr alles gesagt ist.

David Servan-Schreiber begann sein Buch zu schreiben, als er von seiner eigenen Krebsdiagnose erfuhr. Von da an widmete er seine Arbeit fast ausschließlich der Begleitung todkranker Patienten. In seinem Buch schildert er viele bewegende Fälle, aber ich habe den ausgewählt, der mich am meisten berührte.

Es handelt sich um die Geschichte eines Mannes, der sich auf elektronischem Weg an ihn wendet, wie paralysiert von der Diagnose seiner schweren Lungenerkrankung: Lungenkrebs mit multiplen Metastasen.

Er gerät in diese Mischung aus Depression und Wut, die man bei solchen Patienten häufig beobachten kann. Er hadert mit Gott, dem Leben und sich selbst.

Dr. Servan erzählt, dass er ihn davon zu überzeugen versuchte, die Zeit, die ihm noch blieb, mit etwas zu verbringen, das ihm Kraft gibt oder ihn tröstet. Doch der Patient schlägt seinen Rat aus; nichts auf der Welt könne ihn trösten. Habe es nie gegeben. Trotzdem beschließt er, einmal in der Woche zur Therapie zu kommen.

Eines Morgens, als der Patient in die Praxis kommt, entschuldigt sich Dr. Servan und sagt ihm, dass die heutige Sitzung nicht stattfinden könne, weil er zur Dorfkirche müsse: Eine Mauer des Gebäudes habe während des nächtlichen Sturms Risse bekommen und drohe einzustürzen. Mehrere Mitglieder der Pfarrei hätten sich eingefunden, um den Schaden zu reparieren, und hätten ihn angerufen, ob er helfen könne.

Der Patient beklagt sich über sein Pech, worauf ihn der Therapeut, ohne lange nachzudenken, fragt, ob er ihn nicht begleiten wolle, wo er doch an diesem Tag wirklich nichts zu tun habe.

Die nächsten vier Stunden verbringen die beiden damit, gemeinsam mit sechs anderen Männern die Mauer mit dicken Holzbalken abzustützen. Dann verabreden sie sich für den nächsten Tag, um den am stärksten beschädigten Teil der Mauer einzureißen und wieder neu aufzubauen.

Wie versprochen baut die Gruppe eine neue Mauer. Jemand schlägt vor, sie zu verputzen und zu streichen. Alle sind einverstanden, aber über die Hälfte der Aushilfsmaurer können nicht länger ihrer Arbeit fernbleiben. Obwohl die anderen damit mehr Arbeit am Hals haben, beschließen sie, es zu machen.

Am Ende der Woche haben nur der Therapeut und sein Patient dieses Arbeitspensum beibehalten können, aber die Mauer ist fertig. Der Pfarrer dankt ihnen und beklagt sich, dass der Zustand der übrigen Wände auch nicht viel besser sei.

Die beiden Männer sehen sich an, und ohne dass es nötig wäre, darüber zu reden, versprechen sie, bewegt von der Situation, auch die neue Aufgabe zu übernehmen.

Nach sechs Monaten, in denen der Patient manchmal ganz alleine gearbeitet hat, ist die Kirche bereit für einen Anstrich. Bald wird sie »wie neu« aussehen.

An der Messe, die zum Dank für die Arbeit der Männer abgehalten wird, kann der Patient nicht mehr teilnehmen. Er leidet unter starker Atemnot und liegt auf der Intensivstation des Kreiskrankenhauses. Dr. Servan geht ihn besuchen.

Als er eintrifft, teilt ihm der Onkologe mit, dass der Zustand des Patienten sehr ernst sei und dieser nur noch wenige Stunden zu leben habe.

Der Therapeut beschließt zu bleiben und ihn in seinen letzten Momenten zu begleiten. In der Nacht geht es mit dem Patienten zu Ende. Seine letzten Worte gelten dem Therapeuten, er sagt:

»Ich danke ihnen sehr, Dr. Servan. Ich weiß nicht, ob Sie es bemerkt haben, aber Sie haben mir das Leben gerettet …«

Dr. Servan hat recht mit dem, was er sagt und was er vorschlägt.

Und auch sein Patient hatte recht.

Nur ein Leben, das Sinn hat, kann als solches bezeichnet werden, und bevor er diese baufällige Kirche betrat, hatte sein Patient seine Tage vergeudet, sich von unwichtigen Dingen ablenken lassen, war durchs Leben gegangen – was nicht dasselbe ist wie leben –, ohne es wertzuschätzen.

Zu arbeiten, seine Hände, seine Zeit und sein Herz in den Dienst einer Sache zu stellen, die anderen zugutekommt, konnte seinen Körper nicht retten, und doch rettete das Wissen, anderen nützlich zu sein, ihm im wahrsten Sinne des Wortes das Leben. Weil es seinem Wesen, seinem Sein, seinem Geist einen höheren Sinn gab.

Im Grunde ermöglichte es diesem Mann:

»vom Gipfel aus immer höhere Höhen zu erklimmen«.

Epilog

Misstraue dem, was ich dir sage.

Misstraue mit dem Blick des Forschers, nicht des Ungläubigen. Aber misstraue dem, was ich dir sage.

Misstraue mit der Haltung eines Suchenden, nicht des Skeptikers. Aber misstraue dem, was ich dir sage.

Misstraue mit offenem Herzen und dem Wunsch zu lernen, nicht mit dem Hochmut dessen, der glaubt, alles zu wissen. Aber misstraue dem, was ich dir sage.

Misstraue mir, aber nicht dir.

Dazu fällt mir eine Zen-Geschichte ein:

> Ein Schüler ging zu seinem Meister und sagte:
> »Meister, ich möchte, dass du mir die wirklich wichtigen Dinge zeigst.«
> Der Meister antwortete:
> »Um die wichtigen Dinge zu kennen, musst du zuerst die alltäglichen Dinge kennen, die dir jeden Tag begegnen. Du kommst tagtäglich viermal oder noch öfter an diesem Fluss vorbei, wenn du ins Dorf gehst. Wenn du dich fragen würdest: Was ist ein Fluss? Wüsstest du dir eine Antwort zu geben?«

Der Schüler verstand nicht genau, worauf der Meister mit seiner Frage hinauswollte, aber er erzählte ihm alles, was er über Flüsse wusste. Als er mit seinen Ausführungen fertig war, stellte der Meister ihm eine weitere Frage:
»Ist das alles?«
Nachdem der Schüler eine Weile nachgedacht hatte, erzählte er noch zwanzig weitere Dinge über Flüsse.
»Ist das alles?«, fragte der Meister erneut.
Durch sein stetes Nachfragen erreichte der Meister, dass der Schüler ihm noch viele weitere Dinge erzählte. Schließlich sagte der Meister:
»Schau, dort oben, in den Bergen, entspringt dieser Fluss … Und er endet dort unten, am Meer. Jetzt geh und wandere an ihm entlang. Wenn du selbst dir die Frage stellst, musst du die Antwort nicht in Worte fassen. Du wirst wissen, was ein Fluss ist.«

Wenn ich dir rate, mir zu misstrauen, dann deshalb, weil ich den Fluss des spirituellen Weges nicht einmal zur Hälfte entlanggewandert bin.

Ich habe viel gelesen, habe vieles erforscht, habe alles selbst ausprobiert, was ich dir vorschlage. Aus dem, was ich dabei gelernt habe, habe ich das Beste gemacht, was ich konnte: Ich habe dir erzählt, was ich über diesen Weg weiß, um dich einzuladen, ihn zu gehen. Aber es ist klar, dass das nicht reicht.

Wenn du deine Antworten finden willst, wirst du ihn selbst gehen müssen.

Ich frage mich, wie ich dieses Buch beenden soll, das von Anfang an nur Ausgangspunkt sein wollte. Mir scheint, ich sollte noch einmal auf den Talmud zurückkommen, in dem die ganze Weisheit des jüdischen Volkes und die klügsten Worte ihrer bekanntesten Denker enthalten sind.

Jede Seite des Talmud ist durch einen Buchstaben bezeichnet, da im Hebräischen statt Zahlzeichen Buchstaben verwendet werden (Aleph steht für die 1, Beth für die 2 usw.). Die erste Seite des Talmud trägt nach der Tradition den Buchstaben Beth (was der Zahl 2 entspricht). Die erste Seite ist also … die zweite.

Es ist kein Versehen, es ist ein Symbol.

Im letzten Kapitel des letzten Bandes rät einer der Rabbiner dem Leser:

»Und rühme dich nicht, dass du bis hierhin gelesen oder alles verstanden hättest, denn noch fehlt dir die erste Seite des ersten Bandes.«

Das Begreifen des Spirituellen ist wie das Leben im steten Wandel begriffen. Wenn wir am Ende angelangt sind, stellen wir vielleicht wie der Leser des Talmud fest, dass wir erst noch den Anfang begreifen müssen.

Um auf dem spirituellen Weg voranzukommen, muss man in der Lage sein, dieses Paradoxon mit Demut hinzunehmen.

Bibliographie

Alper, Matthew, *The »God« Part of the Brain: A Scientific Interpretation of Human Spirituality and God.* Sourcebooks 2008.

Carter, Rita, *Atlas Gehirn. Entdeckungsreisen durch unser Unterbewusstsein.* Schneekluth 1999.

Frankl, Victor, *Der Mensch auf der Suche nach Sinn.* Herder 1976.

Fromm, Erich, *Die Furcht vor der Freiheit.* dtv 1993.

Garriga Bacardí, Joan, *Vivir en el Alma.* Rigden Institut Gestalt 2011.

Golas, Thaddeus, *Der Erleuchtung ist es egal, wie du sie erlangst.* Übers. Matthias Güldenstein. Sphinx 2008.

Govinda, Anagarika, *Grundlagen tibetischer Mystik.* Aquamarin 2008.

Ders.: *Lebendiger Buddhismus im Abendland.* Goldmann 1995.

Ders.: *Buddhistische Reflexionen.* Fischer 1990.

Jung, C. G., *Psychologie und Religion.* dtv 2001.

Ders.: *Synchronizität als ein Prinzip akausaler Zusammenhänge.* In: Gesammelte Werke, Bd. 8. Walter 1971.

Ders.: *Erinnerungen, Träume, Gedanken.* Patmos 2011.

Ders.: *Realität der Seele.* Walter 1978.

Kornfield, Jack, *Das weise Herz: Die universellen Prinzipien Buddhistischer Psychologie.* Übers. Elisabeth Liebl. Arkana 2008.

Krishnamurti, Jiddu, *Schöpferische Freiheit*. Übers. Christine Bendner. Theseus 2012.
Ders.: *Zu Füßen des Meisters*. Übers. Peter Michel. Aquamarin 2004.
Maslow, Abraham H., *Psychologie des Seins. Ein Entwurf*. Übers. Paul Kruntorad. Fischer 1990.
Ders.: *The Farther Reaches of Human Nature*. Penguin 1993.
Ders.: *Motivation und Persönlichkeit*. Übers. Paul Kruntorad. Rowohlt 1999.
Maurer, Robert, *Kleine Schritte, die Ihr Leben verändern: KAIZEN für die persönliche Entwicklung*. Vak 2011.
Nandou, Jean, *Buddhist of Kashmir*. Delhi 1980.
Newberg, Andrew, *Der Fingerabdruck Gottes. Wie religiöse und spirituelle Erfahrungen unser Gehirn verändern*. Übers. Dagmar Mallett. Goldmann 2012.
Nietzsche, Friedrich, *Unzeitgemäße Betrachtungen. Stück* 3. *Schopenhauer als Erzieher*. Adamant Media Corporation 2001.
Osho, *Tao. Das Herz der Freiheit*. Übers. Prem Nirvano. Innenwelt 2007.
Ders.: *Der Mann, der die Möwen liebte*. Übers. Nirvano Spohr. Innenwelt 2010.
Ders.: *Kein Wasser, kein Mond*. Übers. Prem Nirvano. Osho Verlag 1996.
Ders. *Wörterbuch der Erleuchtung A-Z*. Übers. Anette Marin Cardenas. Goldmann 2004.
Ders.: *Meditation*. Übers. Rajmani Müller. Goldmann 1999.
Paluch, Ari, *El Combustible Espiritual*. Planeta 2010.
Powell, Andrew, *Living Buddhism*. British Museum 1989.
Ramachandran, Vilayanur, *Eine kurze Reise durch Geist und Gehirn*. Übers. Hainer Kober. Rowohlt 2005.

Ratey, John J., *Das menschliche Gehirn. Eine Gebrauchsanweisung*. Übers. Sonja Schuhmacher u. a. Piper 2006.
Shah, Idries, *Die Sufis. Botschaft der Derwische, Weisheit der Magier.* Übers. J. Eggert u. S. Schumacher. Diederichs 2006.
Solergibert, Frederic, *Lo que no se ve*. Urano 2000.
Thich Nhat Hanh, *Ich pflanze ein Lächeln*. Übers. Jürgen Saupe. Arkana 2007.
Thoreau, Henry David, *Walden oder Leben in den Wäldern*. Diogenes 2012.
Walsch, Neale D., *Gespräche mit Gott*. Übers. Susanne Kahn-Ackermann. Goldmann 2009.
Watts, Alan, *Vom Geist des Zen*. Übers. Julius Schwabe. Insel 2008.
Ders.: *Der Lauf des Wassers*. Übers. Susanne Schaup. Knaur 2011.

Jorge und Demián Bucay

Eltern und Kinder

Vom Gelingen einer lebenslangen Beziehung

256 Seiten. Gebunden

Kinder bereichern das Leben. Doch in jedem Kapitel der Beziehung zwischen Eltern und Kindern gibt es unterschiedliche Herausforderungen: Wie mit dem träumerischen kleinen Sohn umgehen, wie die große Tochter ins eigene Leben begleiten? Und was bedeutet es, wenn die Eltern älter werden?

Jorge Bucay und sein Sohn Demián betrachten diese lebenslange Beziehung von der Geburt des Kindes bis zum Altwerden der Eltern. Und es ist ein Glück, dass beide aus ihrem reichen Erfahrungsschatz als Psychotherapeuten und als Väter schöpfen können. In persönlichen Anekdoten, in Romanen und Filmen finden sie Antworten auf so manche knifflige Frage – immer verständnisvoll und erhellend.

»Was wir als eine der wichtigsten Aufgaben
von Eltern ansehen: Trost spenden.«
Jorge und Demián Bucay

Jorge Bucay
Drei Fragen
Wer bin ich? Wohin gehe ich? Und mit wem?
Aus dem Spanischen
von Stephanie von Harrach
Band 18954

Wie können wir glücklich werden? Dafür gibt es definitiv kein Rezept. Doch Jorge Bucay weiß, dass wir bei der Suche nach einem erfüllten Leben von drei Fragen geleitet werden. Oder von drei Aufgaben, die sich jedem stellen, der sich auf die Suche begibt. Die erste Aufgabe besteht in der aufrichtigen Begegnung mit mir selbst, die zweite darin, zu entscheiden, welchen Sinn ich in meinem Leben finde, und die dritte, sich der Liebe zu öffnen und meinen Wegbegleiter oder meine Wegbegleiterin zu finden. Aus seiner jahrzehntelangen Erfahrung als Therapeut bringt Jorge Bucay komplexe Sachverhalte sinnfällig auf den Punkt und gibt Antworten auf Fragen, die uns bei der Suche nach Glück und Sinn begleiten können.

»Jorge Bucay versteht sich auf die Kunst des heilenden Erzählens. Er ist ein Meister der pointierten Anekdote, charmant, witzig, schlagfertig.«
Neue Zürcher Zeitung